KB200575

존 비비어의

결혼

존 비비어의
결혼

지은이 | 존 비비어 · 리사 비비어
옮긴이 | 유정희
초판 발행 | 2015. 4. 21
15쇄 발행 | 2024. 2. 16
등록번호 | 제1988-000080호
등록된 곳 | 서울특별시 용산구 서빙고로65길 38
발행처 | 사단법인 두란노서원
영업부 | 2078-3333 FAX | 080-749-3705
출판부 | 2078-3332

책값은 뒤표지에 있습니다.
ISBN 978-89-531-2211-6 03230

독자의 의견을 기다립니다.
tpress@duranno.com http://www.duranno.com

두란노서원은 바울 사도가 3차 전도 여행 때 에베소에서 성령 받은 제자들을 따로 세워 하나님의 말씀으로 양육
하던 장소입니다. 사도행전 19장 8-20절의 정신에 따라 첫째 목회자를 돕는 사역과 평신도를 훈련시키는 사역,
둘째 세계선교ᵀᴹ와 문서선교 단행본·잡지 사역, 셋째 예수문화 및 경배와 찬양 사역, 그리고 가정·상담 사역 등을
감당하고 있습니다. 1980년 12월 22일에 창립된 두란노서원은 주님 오실 때까지 이 사역들을 계속할 것입니다.

존 비비어의 결혼

존 비비어 · 리사 비비어 지음

유정희 옮김

두란노

결혼은,
너희가 아닌 하나님의 작품이다.
그 세부사항 하나하나에까지
그분의 영이 깃들어 있다

(말 2:15, 메시지성경)

CONTENTS

PART 2

"내가 원한 건 이런 게 아니었는데…"

'비전 없는 결혼'은 인생의 무덤이다

PART 3

"아무리 말해도 내 남편은(아내는) 바뀌지 않아"

변화는 '나의 회개'에서 시작된다

PART 6

"아직 늦지 않았다, 오늘 시작하라"

우리 가정, 다시 에덴으로!

당신의 러브스토리는
아직 끝나지 않았다

　"왜 또 결혼에 관한 책인가?"라고 물을지 모르겠다. 우리의 첫 반응 역시 그러했다. 시중에 결혼에 관한 훌륭한 도서가 많이 나와 있는데, 굳이 이 주제로 책을 쓰게 된 데에는 몇 가지 이유가 있다.

　첫째는 하나님의 인도하심을 느꼈기 때문이었고, 둘째는 우리 아이들과 여러 사역자들의 끈질긴 요청이 있었고, 셋째는 강연에서 만난 많은 독자들의 쇄도하는 요구 때문이었다.

　우리가 보기에 대다수의 결혼 도서가 한쪽 배우자의 입장에서 많이 치우쳐 있다. 모름지기 훌륭한 결혼생활은 훌륭한 파트너십에서 온다고 하지 않았는가. 그래서 우리는 이 주제에 대해 부부가 함께 이야기할 수 있다는 점에 의미를 두었다.

　각 사람의 결혼 이야기가 모두 다를 것이다. 우리도 우리들만의 이야기가 있다. 우리 부부는 둘 다 의지가 강한 사람이다. 결혼생활 30년 동안 수없이 독특한 과제들에 직면해 왔었고 그 것을 헤쳐 나왔다. 그동안 우리는 알게 모르게 다양한 경험들과 깨달음을 얻게 되었다.

그래서 이 책에서 결혼이 사람들을 가두는 틀이 아님을 알려주고 싶다. 또한 모든 사람이 개인적인 필요와 거룩한 목적에 가장 잘 맞는 자신들만의 결혼생활을 설계할 창의적인 자격이 있음을 강조하고 싶다. 이 책이 당신만의 독특한 이야기를 발견하고 써 나가는 데 도움이 되기를 바란다.

누구를 위한
책인가

이 책은 결혼을 준비하는 사람들, 이미 결혼한 사람들, 그리고 결혼생활을 더 잘 이해하기 원하는 사람들을 위한 것이다.

우리는 이혼이 매우 흔한 시대를 살고 있다. 그래서 많은 사람들이 자신의 이야기를 꺼내기 두려워한다. 지금까지 살아온 것으로 앞날을 규정할 필요는 없다. 우리 부부는 어떤 문제에 갇혀 있는 이들이 그 문제 때문에 결혼생활을 끝내는 것을 원치 않는다. 부디 한 고비를 넘기도록 돕고 싶다. 또 영원할 것 같았던 러브스토리가 이혼이나 사별로 갑자기 깨져 버린 수많은 사람들이 있다. 그러나 거기가 끝이 아니다. 당신의 이야기는 아직 끝나지 않았다는 것을 말해 주고 싶다.

이 책은 결혼생활의 모든 면을 다루는 포괄적인 책이 아니다. 이미 결혼생활의 다양한 부분을 다루는 책들이 많이 있고, 또한 우리는 모든 문제에 대한 해답을 가지고 있지 않다. 다만 우리는 우리의 이야기를 쓰고자 한다. 여기에는 우리의 가장 힘들었던 순간들이 고스란히 담겨 있다. 우리가 걸어온 삶이 누군 가에게 도움이 되리라 믿기 때문이다.

마지막으로, 결혼은 예수님이 우리를 어떻게 사랑하시는지를 보여 주는 틀이다. 이 책이 미혼자와 기혼자들, 젊은이와 나이 든 사람들 모두에게 믿음과 소망과 사랑을 불어넣어 주기를 기도한다. 다시 꿈을 가져라!

PART 1

"결혼만 하면 행복해질 거야!"

결혼을
설계하신 분의
'처음 계획'이
있었다

여호와 하나님이 그 땅에서 보기에 아름답
고 먹기에 좋은 나무가 나게 하시니 동산
가운데에는 생명나무와 선악을 알게 하는
나무도 있더라(창 2:9).

01

결혼은
생명나무와 같다

태초에 당신 부부만을 위한
계획이 있었다

　　　　　　　　옛날에 동산이 하나 있
었고 그 동산 한가운데에는 나무가 두 그루 있었다. 알다시피,
이곳은 평범한 동산이 아니었다. 다툼과 부패가 없는 곳이었다.
강들이 에덴동산을 가로질러 흐르며 동산에 사는 모든 이들에게
깨끗하고 맑은 물을 공급했다.

　　우리는 그런 환경에서 자라는 나무의 웅장한 자태를 상상
만 할 수 있을 뿐이다. 각 나무는 흠 없는 생명의 상징이었다. 옥

토에 뿌리를 내리고, 끊임없이 흐르는 물소리에 잠을 깨며, 밝게 빛나면서도 절제된 햇빛으로부터 영양을 공급받는 생명이었다. 동산에는 나무들이 많았다. 그러나 성경은 오직 두 나무만 언급한다. 생명나무와 선악을 알게 하는 나무다. 이 두 나무는 똑같이 오염되지 않은 완벽한 환경을 누렸다. 이 타락한 세상은 감히 흉내 낼 수도 없는 환경이었다. 그러나 한 나무는 생명을 낳고 다른 한 나무는 죽음을 낳았다.

전에도 들은 적이 있는 이야기일 것이다. 모든 결혼 이야기는 에덴동산의 이 두 나무에 기원을 두기 때문이다. 여러 가지 면에서 결혼생활은 생명나무와 비슷할 수 있다. 결혼생활은 때에 따라 성장 속도가 다르며, 성숙한 뿌리들이 지탱해 줄 때 가장 잘 자란다. 그들은 열매 맺는 시기와 메마른 시기를 경험한다. 이례적인 성장을 하는 시기가 있는가 하면 성장이 정체된 때도 있다. 각 결혼생활은 현지 기후, 계절 변화, 몰아치는 폭풍우의 영향을 받는다. 그러나 결혼생활은 늘 변하는 인생의 바람으로부터 피할 곳을 제공해 준다.

이 책의 원서는 나무의 일생을 어렴풋이 보여 주는 이미지를 표지에 실었다. 나이테 속의 그 많은 원들 속에서 나무의 실제 삶의 이야기를 본다. 나무의 여정을 보여 주는 지문인 셈이다.

우리는 학교에서 배웠기 때문에 나이테를 세어 나무의 나이를 대충 짐작할 수 있다. 우리 부부는 나무를 무척 사랑하고 나무의 나이테를 세는 데는 능숙하지만 그렇다고 산림학자는 아니다. 나무 전문가들은 나무의 횡단면만 관찰하고도 나무의 정확한 나이뿐 아니라 나무의 일생에 관한 자세한 사항들을 알려 줄 수 있다. 숙달된 사람의 눈에는 각각의 원들이 하나의 이야기로 보이는 것이다. 각기 다른 테의 너비를 보면 그 나무가 온화한 겨울을 보냈는지 아니면 유난히 혹독한 겨울을 보냈는지 알수 있고, 가뭄이 있었는지 혹은 비를 충분히 맞았는지 알수 있다. 자세히 조사해 보면 상해를 입었거나 전염병에 걸린 적이 있는지도 알 수 있다. 각 나이테는 여러 계절을 보낸 1년을 나타내며, 모양은 둥글고 저마다 독특한 특성이 있다.

결혼생활의 매해가 나무의 나이테와 비슷할 것이다. 둥근 모양에 독특한 특성이 있다. 결혼기념일은 한 해의 끝이자 또 한 해의 시작을 나타낸다. 기념일의 날짜는 명확히 표시되어 있지만, 1년 달력을 가득 채우고 있는 매일, 매주, 매달은 기쁨과 고통, 수고, 심지어 깜짝 놀랄 일들이 다 모여 있다.

당신만의 이야기를
디자인하라

우리와 함께 이 여행을 시작할 때 명심할 것이 있다. 각자 이야기가 모두 다르다는 것이다. 모든 삶과 결혼생활에는 기쁨과 승리와 도전들이 모여 있다. 너무 오랫동안 많은 교회들이 결혼생활을 병들게 하는 문제들에 대해 포괄적인 처방을 내렸다. 우리는 "아내들이여, 복종하

라. 남편들이여, 사랑하라"고 들어 왔다. 이 말 속에 진리와 가치가 있지만, 솔직히 결혼생활을 세우는 데 있어 모든 경우에 적용되는 지침은 없다. 각각의 결혼생활에는 저마다 독특한 지문이 있기 때문이다.

이런 식으로 생각해 보자. 모든 집의 설계도에는 기초, 버팀벽, 지붕이 포함되어 있지만, 건축가는 그 집에 살 사람들의 필요와 바람에 따라 디자인을 다르게 할 창조적 자유가 있다. 우리의 결혼생활도 그렇다. 우리는 우리에게 가장 잘 맞는 결혼생활을 디자인할 창조적 자격이 있다. 각 영역이 다르게 보여야 하며, 인생의 계절에 따라 변화를 줄 자유가 있다. 예를 들면, 우리는 이제 육아가 주된 역할이 아닌 시기로 들어가고 있다. 이는 머지않아 우리 집에 전처럼 침실이 여러 개 필요치 않을 거라는 뜻이다. 결혼생활에서 그런 변화는 계절의 변화만큼 자연스러운 것이다. 모두 정상적인 일이다.

결혼생활을 온전히 하나님의 계획대로 나아가게 할 일반적이고 영원한 진리와 가치들이 있다. 하나님은 각 가정이 사랑과 존중, 기쁨, 복종, 공급, 충성, 양육, 친밀감, 유산 등으로 지어지길 원하신다. 그러나 이 건축 자재들이 각자 삶 속에서 나타나는 방식은 각자 성격 특성과 결혼생활의 여러 계절들에 따라 다르다. 하나님은 주요 원리들을 제시해 주시지만 세부적인 부분에서는 우리 각자에게 표현의 여지를 남겨 두신다.

하나님은 다양성을 사랑하신다. 창조 세계를 대충 훑어만 보아도 확실히 알 수 있다. 한 가지 포괄적인 결혼생활 틀에 모든 부부가 맞는 것은 아니다. 이 사실을 처음부터 명확히 하려 한다. 요즘에는 부부가 맞벌이를 하는 경우가 많고(2012년에는 미국에서 생산 연령 여성의 거의 60퍼센트가 활발하게 일을 하고 있었다[1]), 아내가 남편보다 돈을 더 많이 벌기도 한다. 아내가 경제력이 있다고 해서 순종적이지 않다거나 남편이 리더가 아닌 것은 아니다. 다만 두 배우자가 가정의 수입에 기여하며, 이는 그들의 결혼생활이 조부모님 때와는 다르게 보일 가능성이 크다는 뜻이다.

우리 부부도 그렇다. 둘 다 일을 하고, 집 밖에서 리더 역할을 하고 있다. 함께 일하기도 하고 때로는 따로 일하기도 하지만, 우리 결혼생활의 목표와 근본 가치는 흔들리지 않는다. 남편과 아내의 관계와 역할이 소득 창출 능력에 따라 달라지는 것은 아니다.

최초 동산에서 하나님은 아담과 하와에게 생육하고 번성하라고 말씀하셨다. 하와에게 집안에 들어앉아서 아담이 이루는 일들을 관리하라고 하지 않으셨다. 잠언 31장에 나오는 현숙한 여인은 훌륭한 가정주부이자 사업가였다. 당신의 결혼생활에 적합하다면 그렇게 해라! 아이들이 있든 없든 둘 중 한 사람이 전업주부로 살기 원할 수도 있다. 어느 쪽도 나쁘지 않다.

처음에는 다른 사람들에게 효과가 좋았던 것이 모두에게 효과가 있을 거라고 생각하기 쉽다. 그러나 우리는 어느 모로 보나 독특한 문제를 지닌 독특한 시대에 살고 있다. 우리는 당신의 결혼생활이 강건하길 원한다. 다른 누군가가 꿈꾸는 결혼생활이 아니라 바로 당신이 꿈꾸는 결혼생활을 만들어 가야 한다는 뜻이다.

진리의 영이신 성령님께 그의 영원한 진리들이 어떻게 결혼생활을 변화시켜 특별한 연합을 이루실 수 있는지 보여 달라고 간구하는 시간을 갖기 바란다. 그 연합은 태초에 하나님이 바로 당신을 위해 계획해 두신 것이다.

02

━━━♥━━━♥━━━♥━━━♥━━━♥━━━♥━━━

결혼은
주님의
것이다

낙망의 순간에
은혜가 임한다

여행의 햇수가 그 여행
의 모든 것을 말해 주지 않는다. 50년 결혼생활이 고난의 50년일
수도 있고 행복의 연속인 50년이었을 수도 있다. 하지만 대개 결
혼생활은 여러 계절들을 모아 놓은 것이다.

나무의 나이테는 나무 지름을 크게 만든다. 힘든 한 해였는
지 풍요로운 한 해였는지 상관없이, 시간은 인생의 폭을 넓혀 주
고 여행에 의미를 더해 주었다. 3세기 넘게 출간되고 있는 존 번

연의 《천로역정》(*The Pilgrim's Progress*)에서, 만일 주인공 크리스천이 절망의 구렁텅이를 지나고 절망의 거인과 싸워 이기는 일 없이 목적지인 천상의 도시에 도달했다면 그 책이 이토록 오랫동안 명작으로 남았을까? 기쁨과 도전들이 복잡하게 얽히지 않았다면 이야기는 지루하고 밋밋했을 것이다. 크리스천이 견디고 극복한 위험들이 그의 이야기를 읽을 가치가 있게 만든 것이다. 우리 결혼생활 속에서도 어려운 문제들이 그와 비슷한 흥분과 의미를 불어넣어 줄 수 있다.

낙망의 순간들을 경멸하지 말라. 하나님의 은혜를 의지하고 당신의 감정적, 영적인 능력의 한계를 깨는 하나님의 거룩한 능력을 발견할 기회로 삼으라. 30년 넘게 결혼생활을 해 오면서, 우리는 가장 어둡게 보이는 순간들이 나중에 길을 비춰 주는 불빛이 되었다는 것을 알게 됐다. 그 순간들이 우리를 일으켜 세우고 버티게 했다. 지금 겪는 어려움들이 당신의 이야기 속에서 가장 중요한 순간들이 될 수 있다.

풍랑 앞에서
쉽게 배를 버리는 부부들

본격적으로 결혼 이야기를 시작하기 전에 잠시 결혼의 목적을 살펴보자. 결혼이 아름다운 것임은 명백한 사실이나, 때로 결혼은 고통스러운 과정이기도 하다. 우리는 대부분 어떤 일의 목적을 이해할 때 과정에 따르는 고통을 훨씬 더 잘 견딘다. 예를 들어, 치과 치료를 받으면 지긋지긋한 치통을 뿌리 뽑을 수 있다는 것을 알기 때문에 치과 의자에서 한두 시간을 견딜 수 있다. 결혼생활에서, 해변을 거니는 것보다 치과 의자에 앉아 있는 것처럼 힘든 날들이 있었을 것이다. 그런 고통스러운 순간에 결혼의 목적을 인식하는 것이 무엇보다 중요하다.

오늘날에는 결혼의 목적이 분명하지 않다. 그리고 많은 사람들이 자신들의 연합의 목적을 이해하지 못하기 때문에 사나운 풍랑에 배가 흔들리면 금방 배에서 내리고 만다. 어떤 이들은 결혼이라는 제도 자체가 온전치 못하므로 재조정하거나 없애야 한다고 주장한다. 심지어 혼인 계약을 미리 일정한 기간으로 정해야 한다고 제안하는 사람도 있다. 누구에게나 영원한 사랑을 기대하는 건 무리라는 것이다. 당장 내일의 감정도 조절하기 힘든 상황에서 20년 후의 감정에 대해 결정을 내리는 것은 비현실적이라고 주장한다.

힙합 그룹 '아웃캐스트'(OutKast)는 〈미스 잭슨〉(Ms. Jackson)이라는 유명한 노래를 통해 대중의 정서를 표현했다.

나와 당신의 딸은
특별한 사랑을 하고 있었어요.
당신은 그게 풋사랑이라 말하지만
우린 이미 어른이 다 되었다고 말했죠.
우리가 지금 느끼는 대로, 그렇게 영원히 사랑할 수 있기를 바랐거든요.

당신은 멋진 피크닉을 계획할 수는 있지만

날씨까지 예측할 수는 없어요.

〈미스 잭슨〉은 한 남자가 어린 소녀를 임신시켰지만 더 이상 그녀에게 사랑을 느끼지 않기에 그녀의 어머니에게 사과하는 노래다. 슬프지만 이 노래는 사랑과 결혼에 대한 일반적인 견해를 완벽하게 반영한다. 즉 사랑과 결혼이 나를 기분 좋게 해야 한다는 것이다. 이 관점은 감정이 옳고 그른 것을 말해 주며, 우리는 감정을 조절할 수 없다는 믿음에 근거한다. 내가 행복하다고 느끼지 않는다면 분명 변화를 주어야 한다는 것이다. 결국 나는 계절의 변화를 통제할 수 없는 것처럼 내 감정을 통제할 수 없다. 또는 '아웃캐스트'의 표현처럼, 멋진 피크닉을 계획할 순 있지만 날씨까지 예측할 수는 없다.

때에 따라 결혼의 정의를 조정하려는 사람들도 있다. 그들은 이렇게 묻는다. "왜 좀 더 융통성을 가질 수 없는 거죠? 이 제도가 살아남으려면 남자와 남자, 또는 여자와 여자 사이의 결합도 포함시킬 필요가 있습니다." 어떤 연예인들은 결혼의 한계가 재조정될 때까지 결혼을 거부하고 있다. 분명히 말하는데, 각 사람의 결혼생활은 항상 성장하고 조정해 나가야 하지만 결혼의 정의와 구성원은 바뀌지 않는다.

그러면 누구의 말을 들어야 하는가? 누가 결혼을 정의할, 또는 재정의할 권한이 있는가? 결혼이 삶에 어떤 영향을 미쳐야 하는지 말해 줄 자격을 가진 사람은 누구인가?

우리는 이 권한을 가진 유일한 분이 바로 하나님이라고 믿는다. 그의 말씀을 보자.

> 결혼은, 너희가 아닌 하나님의 작품이다. 그 세부사항 하나 하나에까지 그분의 영이 깃들어 있다. … 그러니 너희는 부부간의 도리를 잘 지키며 살아야 한다(말 2:15, 메시지성경).

이 구절은 의심의 여지를 남기지 않는다. "결혼은, 너희가 아닌 하나님의 작품이다." 하나님은 결혼을 창조하셨을 뿐만 아니라 두 사람이 하나가 되는 과정에 개인적으로 관여하신다. 모든 결혼은 여러 가지 요소들로 이루어지며, 어떤 것들은 단순하고 어떤 것들은 매우 복잡하다. 그러나 하나님은 그의 영으로 결혼의 가장 세밀한 부분들에 활기를 더해 주신다.

말라기 2장 15절에서 "그 세부사항 하나하나에까지 그분의 영이 깃들어 있다"(메시지성경)고 말하는 것에 주목하라. 다시 말해서, 하나님은 우리에게 결혼생활 안에서 독창성을 나타내도록 허락하시지만, 결혼이 무엇이며 누구를 포함하는가에 관해서는 창조주로서의 권한을 모두 가지고 계신다는 것이다. 하나님의 동의와 참여 없이는 결혼생활이 되살아날 수 없고, 하나님은 근본적인 문제들에 대해 분명히 말씀하신다. "나 여호와는 변하지 아니하나니"(말 3:6).

다시

에덴으로 가라

다시 에덴으로 가보자. 두 나무를 기억하는가? 그중 선악을 알게 하는 나무의 열매는 아담과 하와에게 유일하게 금지된 것이었다. 하나님은 그들이 그 나무 열매를 먹으면 죽을 것이라고 경고하셨다. 하지만 그 나무의 무언가에 이끌려 그들은 하나님의 경고를 무시한 채 금지된 열매를 같이 먹었다.

> 여자가 그 나무를 본즉 먹음직도 하고 보암직도 하고 지혜롭게 할 만큼 탐스럽기도 한 나무인지라(창 3:6).

물론 이 동산에 있던 많은 나무들이 먹음직하고 보암직했다. 하지만 사람을 하나님의 지위로 높여 주는 힘을 가진 나무의 열매는 매우 달랐다. 하와는 자신이 이미 받은 것 이상의 무언가가 있을 거라고 생각했다. 그 여자는 가져서는 안 될 것(하나님과 동등해지는 것)을 붙잡으려 했고 그 과정에서 그녀가 소유할 수 있었던 것(지혜)을 잃어버리는 놀라운 일이 벌어졌다.

아담과 하와는 하나님의 영향력과 권위를 떠나 하나님처럼 되고 싶었다. 자신들이 차지해서는 안 될 역할을 붙잡으려 했다. 이는 그들의 후손이 선택한 것과 극명한 대조를 이룬다.

> 그는 근본 하나님의 본체시나 하나님과 동등됨을 취할 것

으로 여기지 아니하시고(빌 2:6).

아담과 하와는 하나님의 형상으로 지음받았으나 하나님과 동등하지 않았다. 형상이란 모습을 말하는 것이지 전 존재를 나타내는 것은 아니다. 하나님과 동등해질 거라는 거짓 약속 때문에 남자와 여자는 무언가를 얻고 있다고 생각했다. 사실은 잃어버리고 있는데 말이다. 그들은 지혜를 받지 않고 기만을 받아들였다.[2]

기만당하고 불순종한 부부는 동산에서 쫓겨났다. 다시는 생명나무 열매에 접근하지 못할 것이다. 이 생명의 열매가 없으면 아담과 하와는 언젠가 죽을 수밖에 없는 운명이었다. 그들은 죽었고, 그들의 동산은 오래전에 사라졌다. 하지만 어떤 면에서 그들은 살아 있다. 우리가 그들의 자손이기 때문이다. 사람들은 더 이상 개인적으로 이 세상에서 불멸의 삶을 누릴 수 없지만, 결혼은 생식을 통해 생명이 계속 이어지게 하는 길이다.

좋은 소식은 그리스도의 십자가가 이제 우리의 궁극적인 생명나무라는 것이다. 이는 에덴동산에서 잃어버렸던 모든 것을 되찾게 한다. 그리고 경건한 결혼은 생명을 보존하는 나무 역할을 할 수 있다. 이는 유산과 친밀한 관계를 위해 꼭 필요한 틀을 제공한다. 우리가 결혼을 소중히 여기고 부부간의 도리를 지키며 서로 깊이 사랑하는 것을 하나님이 매우 중요하게 생각하시는 이유가 그것이다.

에덴동산에서 현재로 넘어오는 과정에서 매우 중요한 것을 잃어버렸다는 것은 굳이 관계 전문가가 말해 주지 않아도 알 수 있다. 많은 결혼생활들이 생명을 존속시키는 나무와 정반대의 모습을 드러내고 있다. 이혼, 간음, 실망, 불행, 범죄가 결혼생활과 가정을 황폐하게 만든다. 이러한 사랑의 상실 때문에 많은 사람들이 결혼의 목적을, 또한 그들이 결혼을 하려고 하는 이유조차 이해하지 못한다. 어떤 결혼한 이들은 단지 십자포화 속에서 살아남으려 애쓰고 있다. 그들에게 결혼은 안전한 피난처가 아니라 교전 지역이다.

03

하나 됨은
영적 서약이다

사랑의 원천

그리스도의 몸인 우리가
올바로 사랑하며 살지 않으면 사람들이 하나님의 이름을 모독할
것이다.

하나님의 이름이 너희 때문에 이방인 중에서 모독을 받는
도다(롬 2:24).

놀라운 일이 아니다. 우리가 스스로를 '그리스도인'이라 칭한다면 그리스도의 사신임을 자청하는 것이기 때문이다. 사도 바울의 글을 보자.

> 곧 하나님께서 그리스도 안에 계시사 세상을 자기와 화목하게 하시며 그들의 죄를 그들에게 돌리지 아니하시고 화목하게 하는 말씀을 우리에게 부탁하셨느니라. 그러므로 우리가 그리스도를 대신하여 사신이 되어 하나님이 우리를 통하여 너희를 권면하시는 것 같이 그리스도를 대신하여 간청하노니(고후 5:19-20).

사신은 공인된 전달자 혹은 대리인이다.[3] 그리스도인으로서 우리는 그리스도를 대변한다. 얼마나 큰 특권인가! 우리는 하나님의 화목케하는 사역에 동참하도록 초대받았고, 심지어 임무를 부여받았다. 우리의 말과 행동으로 하나님을 대변한다. 이는 우리 삶의 목적이다. 우리는 이 땅에서 하나님 나라를 이루어 가는 하나님의 동역자들이다.

그러면 그리스도는 그의 사신인 우리에게 무엇을 하라고 명하셨는가? 예수님은 "새 계명을 너희에게 주노니 서로 사랑하라. 내가 너희를 사랑한 것 같이 너희도 서로 사랑하라"(요 13:34)고 하셨다.

감사하게도 이 사명은 우리 자신의 의지력으로 이루는 것이 아니다. 성경은 목적을 이루기 위해 먼저 우리가 그리스도 안에 있어야 한다고 분명히 밝힌다. 즉 그리스도의 십자가 구원 사역을 통해 그의 은혜의 후사가 되어야 한다. 그럴 때에만 성령의 변화시키는 능력 안에서 일할 수 있고, 하나님이 우리를 사랑하시는 것처럼 서로 사랑할 수 있다.

은혜의 새 언약 아래서는 하나님이 어떤 명령을 하실 때 그 명령을 완수할 능력도 함께 주실 것이다. 우리가 그리스도 안에 있으므로 성령이 우리의 결혼생활과 개인적인 삶을 통해 주님의 임재와 사랑을 세상에 나타내실 것이다. 그러나 우리 자신이 먼저 그 사랑을 경험하기 전에는 그의 사랑을 나타낼 수 없다. 에베소서 3장 16-19절에서 바울은 그리스도의 사랑의 능력을 받는 비결을 이야기한다.

> 그의 영광의 풍성함을 따라 그의 성령으로 말미암아 너희 속사람을 능력으로 강건하게 하시오며 믿음으로 말미암아 그리스도께서 너희 마음에 계시게 하시옵고 너희가 사랑 가운데서 뿌리가 박히고 터가 굳어져서 능히 모든 성도와 함께 지식에 넘치는 그리스도의 사랑을 알고 그 너비와 길이와 높이와 깊이가 어떠함을 깨달아 하나님의 모든 충만하신 것으로 너희에게 충만하게 하시기를 구하노라.

그리스도의 사랑의 계시를 받으려면, 먼저 하나님이 성령을 통해 우리의 속사람을 능력으로 강건하게 하셔야만 한다. 그러나 삶을 하나님께 드리지 않았다면 이런 일은 일어날 수 없다.

일단 우리 삶이 그의 것이 되면, 그의 사랑 안에서 계속 성장할 기회를 가질 것이다. 그리고 결국은 충만하고 온전한 삶으로 나아갈 것이다.

바울은 그리스도의 사랑을 아는 데서 오는 능력에 대해 말한 후에 곧바로 이 능력의 목적을 설명했다.

> 그러므로 주 안에서 갇힌 내가 너희를 권하노니 너희가 부르심을 받은 일에 합당하게 행하여 모든 겸손과 온유로 하고 오래 참음으로 사랑 가운데서 서로 용납하고 평안의 매는 줄로 성령이 하나 되게 하신 것을 힘써 지키라(엡 4:1-3).

바울이 "부르심을 받은 일에 합당하게 행하라"고 말한 것을 주목하라. 다시 말하지만, 그는 우리의 목적을 이야기하고 있다. 하나님의 사랑과 진리와 생명의 길(하나님 나라)을 세상에 나타내는 것이다. 하나님의 사랑을 경험하여 알지 못하면 이들 중 어느 것도 할 수 없다. 이론적 지식으로는 불가능하다. 오직 하나님의 사랑에 대한 개인적인 체험이 있을 때에만 부르심에 합당한 삶과 결혼생활을 세워 갈 능력을 부여받는 것이다.

이 구절에서 바울은 결혼생활의 모범 사례들과 매우 비슷해 보이는 행동 양식들을 묘사했다. 겸손하라, 온유하라, 오래 참으라, 서로 용납하라, 평안으로 하나 된 것을 힘써 지켜라. 에베소서의 바로 다음 장에서 결혼에 관한 가장 유명한 성경 구절들을 발견할 수 있는 것은 결코 우연의 일치가 아니다(성경의 장과

절은 13세기에 교회가 추가한 것으로 바울의 본래 서신에는 없었다). 에베소서 1-4장은 바울이 하고자 하는 이야기를 나누기 위해 독자들의 마음을 준비시키는 부분이라고 할 수 있다. 결혼에 관한 근본적인 진리를 말하려 하는데, 그러려면 하나님의 사랑에 대한 근본적인 지식이 필요하기 때문이다.

바로 이렇게 진행된다. 배우자든 다른 사람이든, 누군가를 올바로 사랑하려면 먼저 당신을 위한 하나님의 사랑의 깊이를 발견해야 한다. 하나님의 사랑에 대한 당신의 지식은 다른 사람에게 전해 들은 정보를 기반으로 해선 안 된다. 직접 그 사랑을 경험해야만 한다. 그리스도의 사랑을 경험할 때 "당신은 하나님의 모든 충만하신 것으로 충만해질" 것이다. 그럴 때에만 당신의 부르심에 합당한 삶을 살 수 있다. 온전한 삶과 사랑의 능력은 당신을 향한 하나님의 한없는 사랑을 깊이 아는 데서 온다.

결혼의 목적

개인적인 목적이 세상에서 그리스도를 나타내는 것이라면 결혼의 목적은 무엇인가?

먼저 이것부터 생각해 보자. 하나님은 사랑이시다. 사랑은 하나님이 하시는 일을 말하는 것이 아니다. 하나님이 갖고 계신 것을 말하는 것도 아니다. 하나님 자신이 사랑이시다. 결혼은 사랑의 제도로서 하나님이 정하신 첫 번째 제도다. 그뿐만 아니라,

결혼은 하나님이 그의 교회이자 신부인 우리를 향한 사랑과 헌신의 깊이를 말씀하실 때 사용하시는 시적 상징이기도 하다. 신부와 신랑은 교회와 그리스도를 상징한다.

이 심오한 상징 때문에, 결혼에 대한 비난의 배후에는 훨씬 더 깊고 어두운 의도가 있다. 그 동기를 알아채는 사람은 거의 없다. 결혼의 정의, 명칭, 거룩한 기원 등, 결혼에 대한 공격은 단지 정치나 사회적 진보와 관련된 것만이 아니다. 성경은 우리의 싸움이 단지 혈과 육을 상대하는 것이 아니며 우리의 대적은 정부나 조직이 아니라고 분명히 말한다(엡 6:12 참조). 보이지 않는 곳에서 거룩한 연합을 왜곡하고 방해하려 하는 아주 오래된 적, 우리 영혼의 원수가 있다. 그는 하나님이 그의 백성들을 사랑하시고 관계를 맺으시는 방식을 이해하는 우리의 기준틀을 완전히 왜곡시킬 때까지 결혼에 대한 공격을 멈추지 않을 것이다. 사탄이 가장 원치 않는 일은 우리가 하나님의 변화시키는 사랑을 발견하고 받아들이는 것이다. 하지만 하나님의 은혜로 우리는 원수를 물리치고 우리의 결혼생활 속에서 하나님이 바라시는 모든 것을 받아들일 수 있다.

예수님은
어떻게 생각하시는가

하나님은 결혼을 만드셨을 뿐 아니라 결혼에 대한 변치 않는 계획과 목적을 갖고 계신다. 결혼의 세부 사항들에 관한 논의는 수천 년 동안 관심 대상이었지만, 하나님은 여전히 그의 본래 계획을 확고히 고수하신다. 결혼에 관한 예수님의 가장 유명한 대화 중 하나를 살펴보며, 예수님이 바리새인들에게 뭐라고 말씀하셨는지 보라.

> 하루는 바리새인들이 그분을 귀찮게 했다. "무엇이든 이유만 있으면 남자가 아내와 이혼하는 것이 율법에 맞습니까?" 예수께서 대답하셨다. "너희는 창조주께서 본래 남자와 여자를 서로를 위해 지어 주신 것을 성경에서 읽어 보지 못했느냐? 그러므로 남자는 부모를 떠나 아내와 굳게 맺어져 한 몸이 된다. 더 이상 둘이 아니라 한 몸이다. 남자와 여자의 이 유기적인 연합은 하나님께서 창조하신 것이다. 그러니 누구도 그들을 갈라놓아서 그분의 작품을 모독해서는 안 된다"(마 19:3-6, 메시지성경).

바리새인들은 무엇이 율법에 맞는지만 알면 그만이었지만, 예수님은 그들이 사랑의 힘을 이해하길 원하셨다.

하나님이 본래 남자와 여자를 서로를 위해 지어 주신 사실을 우리는 부인할 수 없다. 결혼할 때 그들은 생명의 연합을 이루기 위해 부모를 떠난다. 일단 둘이 하나가 되면 아무도 그들의 하나 됨을 갈라놓아서는 안 된다.

《메시지성경》은 이혼이 하나님의 작품을 모독하는 것이라고 말한다. 결혼이 하나님의 작품, 즉 하나님이 만드신 것이기 때문에 이혼은 매우 중요한 사건이다.

'모독한다'는 것은 거룩한 것을 폭력적이고 무례하게 다루는 것이다.[4] 같은 뜻의 단어로는 '비방하다', '더럽히다', '훼손하다', '모욕하다', '위반하다' 등이 있다. 이런 극단적인 용어들은 모두 폭력의 의미를 담고 있다. 《메시지성경》뿐 아니라 모든 번역본에서 하나님이 하나 되게 하신 것을 나누는 것이 매우 중대한 일임을 전달하고 있다. 그리고 문맥을 잘 살펴보면 예수님이 모든 결혼에 대해 이야기하시는 것으로 추론할 수 있다.[5]

만약 어떤 사람이 레오나르도 다빈치의 〈모나리자〉를 훼손했다면 세상이 어떤 반응을 보일지 상상이 가는가? 모든 뉴스가 그 이야기를 다룰 것이다. 장본인은 사회의 지탄을 받을 것이며 어쩌면 남은 생을 감옥에서 보내야 할지도 모른다. 감히 누가 인류의 가장 위대한 예술 작품을 모독할 수 있단 말인가? 다빈치가 무덤 속에서 통곡할 일이다.

그런데 하나님은 결혼을 그가 가장 아끼는 피조물을 통해 표현될, 가장 위대한 작품으로 여기신다. 결혼에 대한 그의 열정은 바리새인들에 대한 예수님의 대답에 분명히 나타난다. 그들은 예수님 말씀을 받아들이기가 버거웠다. 그래서 예수님께 단순하게 대답하지 않았다. 하나님의 본래 의도에 맞게 결혼을 이해할 수 없었기 때문에 모세의 율법 뒤에 숨었다. 율법은 그들에게 결혼생활을 유지할 권한을 부여하기보다 배우자를 떠나는 것을 허용해 주었기 때문이다.

> 그들이 반박하여 쏘아붙였다. "그렇다면 모세는 왜 이혼증서와 이혼 절차에 대한 지침을 주었습니까?" 예수께서 말씀하셨다. "모세는 너희의 사악한 마음을 염려해서 이혼을 규정했지만, 그것이 하나님의 처음 계획은 아니다. 너희는 처음 계획을 따라야 한다. 만일 너희가 정숙한 아내와 이혼하고 다른 여자와 결혼하면, 너희는 간음죄를 짓는 것이다. 다만 배우자가 간음을 저지른 경우는 예외다"(마 19:7-9, 메시지 성경).

모세는 인간의 마음이 완악하기 때문에 양보했지만 이는 하나의 조항이지 하나님의 본래 목적은 아니었다. 오해하지 말라. 하나님은 이혼의 결과들을 싫어하신다. 남편과 아내가 서로 갈라지면 하나님의 창조의 비밀 중 하나(에베소서 5:31-32에 결혼이 그렇게 묘사되어 있다)를 훼손하고 더럽히는 것이기 때문이다.

04

하나 됨은
자기희생으로만
가능하다

하나님이 주시는
새 마음

결혼에 대한 하나님의 처음 계획을 따르라는 것은 그가 그렇게 살 수 있게 하신다는 뜻이다.

너희는 처음 계획을 따라야 한다. 만일 너희가 정숙한 아내와 이혼하고 다른 여자와 결혼하면 너희는 간음죄를 짓는 것이다(마 19:9, 메시지성경).

다시 말하지만, 예수님이 우리에게 어떤 일을 요구하실 때는 반드시 그 일을 할 수 있게 하신다. 모세의 율법은 인간의 사악한 마음을 고려한 것이지만, 우리는 예수님의 희생을 통해 굳은 마음이 아니라 성령에게서 난 새 마음을 받는다.

> 또 새 영을 너희 속에 두고 새 마음을 너희에게 주되 너희 육신에서 굳은 마음을 제거하고 부드러운 마음을 줄 것이며(겔 36:26).

신약성경에는 이 말이 여러 번 반복되었다. 사도 바울은 이렇게 권면했다.

> 소망이 우리를 부끄럽게 하지 아니함은 우리에게 주신 성령으로 말미암아 하나님의 사랑이 우리 마음에 부은 바 됨이니(롬 5:5).

우리는 새 마음을 우리가 만들어 낼 수 없다. 하나님의 능력과 그의 사랑의 힘에 달려 있다. 우리는 겸손한 자세로 그 능력을 받아들일 책임이 있다. 하나님은 결코 당신에게 그의 사랑을 받아들이도록 강요하지 않으신다. 그는 절대로 강요하지 않으시는 신사이다.

우리는 그리스도의 사랑을 받아들일 수 있는 새 마음을 갖고 있기 때문에 이제 결혼과 이혼에 관한 하나님의 처음 계획에 대한 예수님의 중대한 말씀을 받아들일 수 있다.

《메시지성경》은 정숙한 아내를 버리는 사람에 대해 "간음죄를 짓는 것"이라고 표현한다. 이는 간음에 대한 "법적 책임이 있다"는 뜻이다.[6] 무리한 요구처럼 들릴 것이다. 하지만 하나님이 이 기준을 요구하신다면, 기꺼이 우리에게 그 기준을 충족시킬 수 있는 은혜를 주실 것이다. 하지만 그 과정이 쉽거나 저절로 되는 것은 아니기 때문에 포기하는 사람들이 너무 많다.

한 연구에 의하면, 불행한 결혼생활을 하는 부부들 세 쌍 중 두 쌍은 이혼을 하지 않을 경우 5년 내에 행복한 결혼생활을 하게 된다고 한다.[7] 그러니 포기하지 말라! 지금 결혼생활이 지금 어떤지 모르지만 무력함을 느끼더라도 희망은 있다. 바로 모퉁이만 돌면 돌파구가 보일지도 모른다. 예수님은 좋은 결혼생활을 더 좋게 만들고 깨진 결혼생활을 온전케 만들기 위해 오셨다. 당신이나 자녀들에게 위험한 상황이라면 절대 그대로 있어서는 안 된다. 학대가 있다면 안전을 위해 즉각 조치를 취하기 바란다.

과거는 하나님께
속한 것이다

예수님은 처음 계획에 예외가 있다고 분명히 말씀하셨다. "다만 배우자가 간음을 저지른 경우는 예외다"(마 19:9, 메시지성경). 그러나 간음한 경우에도 결혼생활을 끝내는 것은 선택의 문제다. 만일 배우자가 부정을 저질렀다면 결혼생활을 유지할 필요가 없지만, 그렇다고 헤어질 필요도 없다. 다만 어떤 길을 택하든지, 반드시 용서해야 한다.

용서와 화해 사이에는 엄청난 차이가 있다. 도둑질한 사람을 용서해야 하지만, 그렇다고 그 도둑을 집으로 초대해야 한다는 뜻은 아니다. 화해는 부부간의 언약과 믿음과 신뢰가 심하게 손상된 후에 다시 하나 됨을 회복할 수 있을 때에만 가능하다.

우리는 간음죄로 힘들었던 적은 없지만 그런 끔찍한 일을 겪는 친구들과 함께 있어 준 적이 있다. 이 부부들 가운데 어떤 이들은 화해를 받아들이는 쪽을 택했다. 그들은 언약의 부서진 조각들을 다시 맞추는 힘든 일을 해냈다. 부정을 저지른 배우자가 깨어져서 회개하는 자리에 이르렀다. 분명히 말하건대, 회개 없이는 화해가 있을 수 없다. 은혜와 자비가 무한하신 하나님도 우리와 화해하시기 전에 회개할 것을 요구하신다. 마음과 생각의 변화를 요구하신다.

물론 화해하지 못한 부부들도 있다. 비록 화해하지 못했어도 무거운 죄책감을 가질 필요는 없다. 예수님도 배신의 심각성을 이해하셨기 때문에 필요한 예외를 두신 것이다. 우리는 이 친구들이 이혼의 상처에서 벗어날 때 하나님이 그들을 축복해 주시는 것을 보았다.

만약 이혼을 겪었다면 그 일로 자신을 규정하지 말라고 말하고 싶다. 물론 당신 과거의 일부분이지만, 미래 풍경을 결정짓게 할 필요는 없다.

과거는 당신의 것이 아니다. 하나님께 속한 것이다. 우리 영혼의 원수는 과거를 이용해서 미래를 위한 하나님의 계획들을 좌절시키려 한다. 하나님은 오늘을 주셨고, 오늘 하는 선택들은 어제가 아니라 내일에 영향을 미친다는 것을 명심하라. 잘못된 선택들을 했다면 하나님의 지혜와 능력을 받으라. 회개를 통해 자신을 겸손케 하고 하나님의 놀라운 은혜들을 경험하라. 이는 가장 암울한 상황들을 변화시키는 능력이 있다.

배우자를 위해 나를 버리라고요?

하나님의 결혼 계획에 대한 예수님의 묘사는 정말 표준을 한참 벗어났다. 예수님 말씀은 제자들을 고무시키기보다 오히려 제자들에게 스트레스를 주었다. 그들의 불평을 들어보라.

> 예수의 제자들이 이의를 달았다. "그것이 결혼의 조건이라면 우리는 막막합니다. 어쩌자고 결혼을 하겠습니까?"(마 19:10, 메시지성경)

막막하다고? 결혼생활을 바라보는 최악의 관점이 아닌가! 그러나 제자들과 마찬가지로 우리 중에도 결혼을 제약하고 가두는 것으로 보는 사람들이 많다. 얼마나 많은 미혼 남녀들이 잘못된 사람과 결혼하여 막막한 상태에 빠질 두려움에 시달리는가?

결혼이란 알맞은 상대를 찾는 것보다 자기가 알맞은 상대가 되는 것이 더 중요하다. 오해하지 말라. 배우자를 찾을 때는 경건한 조언과 성령의 평안을 구하는 것이 중요하다. 그러나 우리는 알맞은 사람이 나타나 기적처럼 우리 삶의 모든 큰 구멍들을 메워 줄 거라고 믿을 때가 너무 많다. 그렇게 해 줄 수 있는 사람은 아무도 없다. 오직 하나님만이 하실 수 있는 역할이다. 또한 당신은 다른 사람의 상태를 관리할 수 없고, 필요에 맞게 그들을 개조할 수도 없다. 하나님이 다듬어 가시는 과정을 받아들이고 현재나 미래의 배우자를 위해 헌신적으로 자신의 생명을 버리는 사람이 되는 길 외에는 달리 방법이 없다. 생명을 버리는 과정에서, 자신의 이익을 구할 때보다 더 큰 만족감을 발견할 것이다.

마태복음 6장 22절은 눈이 몸의 등불이라고 말한다. 인식이 곧 현실이 될 거라는 뜻이다. "막막하다"고 생각하면 하나님이 결혼생활 속에서, 또 그 결혼생활을 통해 하실 수 있는 일을 제한할 수 있다. 자신의 결혼생활을 절망의 덫으로 인식한다면 정말로 그렇게 될 것이다. 영적인 시각이 궁극적으로 자연적 상태를 결정할 것이며, 결혼생활도 예외가 아니다.

이렇게 생각할지도 모른다. '존과 리사 씨, 너무 많은 걸 요구하고 있어요. 내가 배우자를 위해 목숨을 바치길 원하십니까? 말도 안 돼요. 나의 필요, 소망, 꿈들은 다 어쩌고요? 예수님은 내가 행복하길 원하십니다. 당신들이 한 이야기들은 그냥 좋은 생각, 희망 사항일 뿐이에요.' 틀림없이 하나님은 당신이 행복하길 바라신다. 하지만 참된 행복은 더 큰 것을 추구함으로써 얻는 부산물이다. 행복은 더 높은 목적을 달성하는 데서 오며, 가치 있는 목적은 목숨까지 바칠 것을 요구한다. 우리는 이기심을 뿌리 뽑는 데서 참된 행복을 발견한다. 결혼생활은 이 자기중심적인 마음과 대결할 완벽한 환경을 제공한다.

팀 켈러(Timothy Keller)와 캐시 켈러(Kathy Keller)는 이렇게 말한다. "두 배우자가 각각 '결혼생활에서 나의 자기중심성을 중요한 문제로 다루겠습니다'라고 말한다면 참으로 행복한 결혼생활을 할 수 있다."[8] 자기중심성은 행복한 결혼생활을 누리지 못하게 방해한다. 자기희생이 결혼생활을 충만하게 누리는 열쇠라는 뜻이다. 배우자와의 관계가 힘들다면 아마 자기중심성이 문제의 근원일 것이다.

05

결혼의 큰 뜻,
성장이다

결혼의
큰 뜻

예수께서 말씀하셨다. "누구나 다 결혼생활을 할 만큼 성숙한 것은 아니다. 결혼해서 살려면 어느 정도 자질과 은혜가 필요하다. 결혼은 모든 사람을 위한 것이 아니다. 나면서부터 결혼에 일절 관심이 없는 사람도 있다. 청혼을 받지 않거나 청혼에 응하지 않는 사람도 있다. 그런가 하면, 하나님 나라를 위해 결혼하지 않기로 결심하는 사람도 있다. 그러나 너희가 성숙하여 결혼의 큰 뜻에 이를 수 있겠거든, 그렇게 하여라"(마 9:11-12, 메시지성경).

제자들은 막막함에 초점을 두었지만 예수님은 그들의 존재의 한계를 넓힐 가능성에 대해 말씀하셨다. 예수님은 결혼을 올가미로 보지 않으시고, 우리 삶을 확장할 통로로 보신다.

결혼은 당사자들의 가치를 축소시키는 것처럼 보인다. 그러나 결혼은 축소시키거나 나누는 것이 아니라 오히려 증가시키는 것이다. 둘이 하나가 될 때 삶의 모든 영역에서 증식이 일어난다. 하와가 창조되기 전까지 하나님은 아담에게 생육하고 번성하라는 명령을 하실 수가 없었다. 그 명령은 아기를 낳는 것에 국한되지 않았다. 결혼생활 속에서 참된 번성의 가능성은 수량화할 수 없고 너무 광대해서 측정할 수도 없다.

만일 결혼하지 않았다면 이 책을 읽는 일은 없었을 것이다. 우리는 작은 삶을 살았을 것이다. 내가(존) 오늘날의 존이 된 것은 하나님의 은혜 덕분이고 하나님이 선물로 주신 리사 비비어 덕분이다. 우리의 결혼생활이 항상 편안했을까? 당연히 아니다! 그러나 하나님은 결혼생활을 사용하셔서 모든 면에서 나의 삶을 확장시키셨다.

나(리사)도 똑같이 생각하며 하나님이 남편을 통해 삶을 확장해 주신 것에 매우 감사하다. 처음 결혼했을 때 나는 사람들을 무서워했다. 다섯 살 때 암으로 한쪽 눈을 실명한 것에 대한 불안감 때문이었다. 존은 나의 두려움을 알면서도 내 삶에 주신 하나님의 선물에 대해 이야기해 주었다. 그의 격려 덕분에 자유함을 얻고 하나님의 계획과 더 큰 삶으로 들어갔다. 놀랍게도 지금 나는 사람들을 위해 많은 사역을 하고 있다.

앞서 말했듯이, 하나님이 우리에게 번성하라고 명하신 것은 단지 아기를 낳는 것을 의미하지 않는다. 하나님은 남자와 여자가 결합하면(1 더하기 1이라는 단순한 덧셈으로 보이지만) 큰 번성의 기회를 만들어 낸다는 것을 아셨다. 이 원리는 직장, 가정생활, 영적 생활 등 모든 영역에서 유효하다. 결혼생활 속에서, 하나님은 우리 한 계선을 넓힐 수 있는 것을 주셨다. 삶에 축복과 번성이 없다면 이제는 분투를 멈추고 배우자를 존중하고 소중히 여겨야 할 때다.

기꺼이 성장하고
배우려는 자세

훌륭한 군사 전략가라면, 적을 잘 알고 적의 계획을 치밀하게 파악하는 것이 모든 전투 계획의 중요한 요소라고 말할 것이다. 왜 축구팀들이 상대팀의 경기 비디오를 보는 데 그렇게 많은 시간을 들인다고 생각하는가? 사탄은 분열시키고 정복하기 위해 결혼생활을 공격한다. 이를 안다면 그의 계획에 저항할 동기가 생긴다.

결혼생활을 위해 고분분투할 때 우리는 하나님의 아이디어를 위해 싸우는 것이다. 명심하라. 결혼을 만든 이는 당신이 아니라 하나님이시다. 사탄이 결혼을 싫어하는 이유는 성적인 결합 이상의 의미를 갖고 있기 때문이다. 즉 결혼은 영적인 연합이다. 너무나 중요한 의미를 지녔기에 반드시 반대에 직면한다. 하지만 우리는 상을 받기 위해 달려가야 한다(빌 3:14 참조). 예수님은 그 길이 쉬울 거라고 말씀하지 않으셨다. 사실 그는 이렇게 도전하셨다.

> "누구나 다 결혼생활을 할 만큼 성숙한 것은 아니다. 결혼해서 살려면 어느 정도 자질과 은혜가 필요하다"(마 19:11, 메시지성경)

성숙함이란 기꺼이 성장하고 배우려는 자세다. 게리 토마스(Gary Thomas)는 책《성스러운 결혼》(Sacred Marriage)에서 이렇게 말한다. "예수님을 더욱 닮아 가기 원한다면 결혼하는 것보다 더 좋은 방법이 없을 것이다. 결혼하면 어쩔 수 없이 어떤 인격적인 문제들에 직면한다. 결혼하지 않았다면 결코 직면할 일이 없을 문제들이다."[9] 예수님은 결혼생활이 우리의 미성숙함을 드러낼 거라고 분명히 말씀하셨지만, 우리가 그의 은혜 안에서 성장하고자 한다면(그러려면 겸손과 헌신과 인내가 필요하다) 결국 결혼의 큰 뜻을 즐길 것이다.

계약이냐 서약이냐

사람들은 종종 결혼 서

약을 계약으로 여긴다. 이것이 문제다. 계약은 단지 활동을 제한하기 위해 만들어진 약정이다. 계약은 암암리에 이렇게 말한다. "여기가 경계선이다. 당신은 이 약정을 깨지 않을 것이다. 우리의 합의 조건을 어기면 나는 여기서 벗어날 권한이 있다." 다시 말해서, "나는 갇혀 있지 않다"는 말이다.

계약을 뜻하는 'Contract'는 동사로도 쓰이는데, 메리엄 웹스터 사전(Merriam-Webster dictionary)에 보면 "함께 쥐어짜거나 밀어붙여서 수축시키다"라는 뜻이 있다. 이는 예수님이 말씀하신 결혼의 큰 뜻과 다르게 들린다. 결혼은 우리 삶을 더 작게 만들지 않고 확장시킨다.

하나님은 결혼을 단순한 계약으로 보지 않으신다. 결혼은 영적인 서약이다. "나는 나의 모든 것을 너의 모든 것에 바친다. 나와 내가 가진 모든 것이 너의 것이며, 네가 가진 모든 것은 나의 것이다. 이 아름다운 교환으로 인해 우리가 하는 모든 일들은 번성하고, 확장되며, 더 풍성해질 것이다"라고 외치는 합의이다. 서약은 "나는 갇혔다! 그래서 난 행복하다!"라고 기쁘게 선포하는 것이다. 그것이 바로 큰 뜻이다.

바울은 에베소인들에게 이렇게 말했다.

> 남편들아 아내 사랑하기를 그리스도께서 교회를 사랑하시고 그 교회를 위하여 자신을 주심 같이 하라(엡 5:25).

바울은 남편들에게 그리스도가 교회를 사랑하시는 것처럼

아내를 사랑하라고 권면했다. 이 사랑은 계약보다 훨씬 더 큰 언약적 사랑이다. 남편들이여, 당신이 그리 사랑스럽지 않을 때에도 예수님이 당신을 사랑하신다는 것이 기쁘지 않은가? 예수님이 당신과의 관계를 단순히 계약으로, 즉 그를 "가두는" 것으로 여기지 않으시는 것이 기쁘지 않은가? 신부를 대할 때 우리의 반응과 태도는 예수님의 사랑을 본받는 것이 목적이다. 그런데 바울은 거기서 멈추지 않는다. 계속해서 아내를 위해 목숨을 버리라고 한다. 얼마나 놀라운 명령인가!

바울이 이 글을 쓰기 얼마 전, 에베소서 3장에서 하나님의 백성들을 향한 사랑의 깊이를 묘사했다는 것을 명심하라. 그런데 불과 2장 뒤에 그와 똑같은 사랑이 결혼생활 속에서 발견되어야 한다고 말했다. 즉 "그리스도가 교회를 사랑하신 것 같이" 사랑하라는 것이다.

결혼은 그리스도의 신부를 향한 사랑을 보여 주어야 한다. 예수님과 그의 백성들의 관계에 사랑과 능력과 조화와 헌신이 없다면, 예수님을 모르는 사람들이 그와 관계를 맺고 싶어 할 이유가 있겠는가? 결혼생활이 왜 그토록 중요한지 알겠는가? 결혼은 단지 당신에 관한 것만이 아니다. 세상에 그의 사랑을 전하고자 하시는 하나님의 갈망과 관련한 것이다.

앞에서 이야기했듯이, 배우자를 향한 참된 사랑은 당신을 향한 하나님의 사랑을 받아들임으로써 넘쳐흘러야 한다. 이 심오한 사랑은 가짜로 만들어 낼 수 없다. 인간의 이해를 뛰어넘는 사랑을 가지신 분으로부터 받아야만 한다.

결혼에 대한 하나님의 접근 방식이 결코 쉽지 않다고 말해 준 사람은 우리가 처음일 것이다. 우리도 결혼생활을 해 오면서 차라리 관계를 끊고 싶었던 적이 있었다. 모든 희망이 사라진 것 같았다. 하지만 결혼한 지 30년이 지난 지금 그 어느 때보다 행복하다. 이제 소망과 기대를 안고 다음 30년을 기다리고 있다.

생명나무인가
죽음의 나무인가

나(리사)는 정원 가꾸기를 좋아한다. 정원을 가꾸려면 할 일이 많다. 시간도 많이 쏟아야 한다. 정원 가꾸는 일처럼, 결혼생활을 가꾸는 데도 많은 시간과 에너지가 필요하다. 결혼생활이 건강해지길 원한다면 수고하지 않고 쉽게 먹을 수 있는 패스트푸드를 삼가야 한다. 수고하여 얻은 것을 귀하게 여기며, 결혼생활을 소중히 여겨야 하기 때문이다.

결혼생활에 우리가 심은 모든 것들은 삶의 다양한 영역에서 열매를 맺는다. 이 장 앞부분에서 생명나무라는 결혼의 개념을 살펴보았다. 그러나 그 반대도 역시 사실이다. 즉, 결혼은 죽음의 나무도 될 수 있다.

에덴동산의 두 나무에 대한 설명을 다시 살펴보자.

이 두 나무는 똑같이 깨끗하고 오염되지 않은 환경을 누렸다. 그러나 한 나무는 생명을 낳고 다른 한 나무는 죽음을 낳았다.

하나님의 결혼 제도는 토양과 같다. 그리고 우리의 현재나 미래의 결혼생활은 나무와 같다. 최초의 결혼은 두 사람이 하나 되어 성장할 수 있는 좋은 땅이었다. 그러나 선택은 각자 해야 한다. 우리 결혼생활이 생명을 낳는 나무가 될 것인가? 배우자, 가족, 친구들, 동료들이 그 나무의 열매를 통해 사랑과 기쁨과 평안을 경험할 것인가? 혹은 그 열매를 먹는 사람들에게 실망과 이기심과 원망을 안겨 줄 것인가?

많은 이들이 결혼 제도 자체를 문제의 근원으로 여겼다. 어떤 이들은 자신의 배우자를 탓했다. 두 관점 모두 우리 마음의 부패함을 인정하지 않고 해결하지 않으려는 태도를 드러낸다. 부디 이 경우에 해당하지 않기를 바란다.

이 여행을 계속하기 전에 한 가지를 결정해야 한다. 당신의 결혼생활이 하나님이 예정하신 대로 온전해질 수 있고 또 그렇게 될 거라고 믿어야 한다.

어쩌면 '보이면 믿을 텐데'라고 생각할지 모른다. 하지만 항상 변화에 대한 믿음이 있어야 변화의 증거가 나타난다. 하나님의 모든 약속은 믿음으로 받는 것이기 때문이다. 감사하게도 당신의 결혼은 당신에 관한 것이 아니다. 결혼은 전적으로 하나님에 관한 것이다. 당신이 할 일은 잘난 척하지 말고 하나님을 하나님으로 인정하는 것뿐이다. 결국 결혼은 하나님의 예술 작품이다. 하나님께 맡기면 그가 아름다운 걸작품으로 변화시켜 주실 것이다.

DAY 01

결혼은 생명나무와 같다

범사에 기한이 있고 천하만사가 다 때가 있나니(전 3:1).

봄, 여름, 가을, 겨울. 뚜렷한 4계절에는 저마다 기쁨과 어려움들이 있다. 결혼생활도 마찬가지다. 결혼생활 속에서 여러 계절을 경험할 것이며, 어떤 계절은 한 번 이상 거쳐 갈 것이다. 계절마다 배워야 할 것들과 성장의 기회들이 있다. 작가이자 목사인 찰스 스윈돌(Charles Swindoll)은 계절이라는 주제에 대해 다음과 같은 통찰을 나눈다.

"하나님이 때와 계절의 변화를 주시는 것이 참 기쁘다. 그렇지 않은가? … 주님은 우리의 때를 변경하시고 계절을 바꾸어 주실 때 결코 침묵하거나 부주의하지 않으신다. 계절이 여러 번 바뀌는 일생을 아무 생각 없이 기계적으로 터덜터덜 지나가며 새로운 비밀에 대한 답을 발견하거나 새 노래를 배우지도 않고 살아가는 것은 얼마나 잘못된 것인가! 계절은 우리를 더 깊어지게 하고, 우리 하나님의 지혜와 길을 우리에게 가르치기 위해 설계되었다. 시냇가에 심은 나무처럼 … 우리가 강건하게 자라도록 돕기 위해."[10]

1. 당신이 배우자와 함께한 가장 아름다운 계절은 언제인가? 그토록 특별하게 느껴지는 이유를 생각해 보라.

2. 부부로서 함께 만난 가장 거센 폭풍은 무엇이었는가? 어떻게 이겨 냈으며, 하나님은 당신에게 무엇을 가르쳐 주셨는가?(격려를 받기 원한다면 전도서 3장 11절, 로마서 8장 28절, 고린도후서 2장 14절을 살펴보라).

3. 주위를 둘러보라. 현재 당신의 결혼생활은 어느 계절에 있는가? 이 계절을 좀 더 즐기기 위해 할 수 있는 일은 무엇인가?

   잠시 멈추고 기도하라. "하나님, 지금 우리가 처한 인생의 때를 더 즐겁게 보내기 위해 무엇을 할 수 있을까요? 우리도 하나님이 보시는 것을 볼 수 있는 눈을 주옵소서. 이 계절이 있기에 미래에 우리가 거두게 될 좋은 열매들에 대해 감사하도록 도와주옵소서. 예수님의 이름으로 기도합니다. 아멘."

4. 세월이 흐를수록 결혼생활의 독특한 '지문'은 더욱더 선명해진다. 당신과 배우자가 가진 은사, 재능, 성격, 갈망, 목적, 경험 등을 생각해 보라. 성령님께 당신 부부를 통해 하고자 하시는 일이 무엇인지 보여 달라고 간구하라.

결혼은 주님의 것이다

결혼은, 너희가 아닌 하나님의 작품이다. 그 세부사항 하나하나에까지 그분의 영이 깃들어 있다(말 2:15, 메시지성경).

다른 어떤 제도가 수립되기 전에 결혼이라는 제도가 만들어졌다. 목사이자 작가인 맥스 루케이도(Max Lucado)의 말이다.

"하나님이 결혼을 창조하셨다. 어떤 정부가 생각해낸 것이 아니다. 어떤 사회 기관이 설립한 것도 아니다. 결혼은 하나님의 마음 속에서 잉태되어 탄생한 것이다."[1]

하나님이 만드셨기에, 결혼은 하나님께 매우 중요하다. 정말 중요해서 하나님은 당신의 관계의 모든 면에 상세하게 관여하길 원하신다. 하나님 말씀을 보면 "하나님이 우리 속에 거하게 하신 성령이 시기하기까지 사모하신다"(약 4:5)고 쓰여 있다.

1. 잠시 생각해 보라. 결혼생활의 모든 영역에 하나님의 영을 초청했는가? 하루 계획에 성령님의 조언이 반드시 필요한가? 어쩌다 한 번씩만 그를 초청했다면, 성령님과 교제하는 것을 잊어버릴 때 삶은 어떻게 달라지는가?

2. 우리는 언제, 어디서나, 무엇에 대해서든 하나님과 대화할 수 있는 특권이 있다. 두려움, 경제적인 문제, 또는 소통의 어려움 때문에 씨름하는가? 기도 중에 염려를 하나님께 아뢰지 않겠는가? 다음 성경 구절들을 주의 깊게 읽고 성령님이 하시는 말씀을 적어 보라(빌립보서 4:6-7 · 마태복음 6:25-34 · 베드로전서 5:7 · 야고보서 5:13-16 · 마태복음 7:7-11 · 요한복음 14:13-14).

3. 하나님은 결혼생활이 전쟁터가 되는 것을 원치 않으신다. 결혼생활이 에덴, 즉 '즐거움과 기쁨'의 장소가 되길 원하신다. 결혼생활에서 하나님이 변화시켜 주시기를 가장 바라는 부분은 무엇인가? 답한 뒤에는 하나님께 이렇게 질문해 보라. "그렇게 되기 위해서 내가 할 일은 무엇입니까? 내 안에 무엇이 변화되어야 합니까?"

하나 됨은 영적 서약이다

우리는 그리스도의 대사입니다. 하나님께서는 우리를 쓰셔서, 다툼을 버리고 서로의 관계를 바로잡으시는 하나님의 일에 참여하라고 사람들을 설득하게 하십니다. 이제 우리는 그리스도를 대신해 말씀드립니다(고후 5:20, 메시지성경).

전능하신 창조주 하나님이 우리에게 특권을 주셨다. 하나님과 함께 세상에 그의 성품을 나타내고 그의 뜻과 길을 전하는 특권이다. 이는 우리 각 사람이, 또한 부부로서 함께 해야 할 일이다. 작가이자 목사인 릭 레너(Rick Renner)는 이렇게 설명한다.

"고린도후서 5장 20절에 기록된 바울의 말에 따르면, 우리는 천국의 대표들이다. 즉 천국의 대리인으로서 지구라는 행성으로 파견된 '대사들'이다! 그리스도를 위한 대사로서 우리는 천국의 음성이다. 그의 대리인으로서 우리는 그를 대신하여 말하고 행동할 권한이 있다. 그리고 천국의 대사로서 우리는 천국의 권위와 자원으로부터 충분한 지원과 후원, 방어, 도움을 받는다!"[12]

1. 당신 부부는 세상에 대한 하나님의 대사들이다. 하나님은 당신을 통해 자신의 뜻을 호소하시며, 불신자들에게 제발 그에게 돌아오라고 간청하신다. 만일 하나님을 모르는 상태에서 결혼생활의 본이 되는 부부를 보았다면, 그들의 어떤 면 때문에 하나님께 이끌릴 것 같은가?

2. 그리스도의 몸이 올바로 살지 못하고 사랑하지 못할 때 사람들은 하나님의 이름을 모독한다(롬 2:24 참조). 성령님이 당신에게 변화되어야 할 부분을 보여 주시는가? 하나님을 잘 드러내지 못하는 태도나 행동, 또는 결혼생활의 단면이 있는가? 있다면 무엇인가?

3. 우리 모두의 삶 속에는 주님을 더 잘 드러낼 수 있도록 성장하고 배울 수 있는 부분들이 있다. 어떻게 하면 그렇게 할 수 있을까? 성령의 능력을 받으면 된다! 개인적으로 하나님의 사랑을 받아들일 때 배우자와 주변 사람들을 사랑할 수 있는 능력을 받는다. 다음 구절들을 잘 읽고, 주님의 사랑을 받아 그 안에서 성장하는 것에 대해 성령님이 알려 주시는 것을 적어 보라(로마서 5:5 · 에베소서 3:16-19 · 요한일서 4:7-17).

하나 됨은 자기희생으로만 가능하다

> 너희에게 새 마음을 주고, 너희 안에 새 영을 넣어 줄 것
> 이다. 내가 너희 안에서 돌로 된 마음을 도려내고, 자기
> 뜻 대신 하나님의 뜻을 좇는 마음을 불어넣을 것이다(겔
> 36:26, 메시지성경).

두려움이나 염려를 가지고 결혼생활에 다가갔는가? 개인적인 경
험이나 우리 문화의 기준들 때문에 결혼이라는 선물을 부담으로 여겼
을 것이다. 실패에 대한 두려움 때문에 더 마음이 굳어 버렸는지도 모
른다. 어쩌면 "나는 갇혀 버린 건가?"라고 물었을 수도 있다. 하나님은
모든 장애물을 뚫고 당신에게 새 마음을 주기 원하신다. 그 마음은 부
드럽고 하나님의 사랑의 손길에 민감한 마음이다. 그 마음을 받아 하
나님의 본래 계획을 이루라.

1. 예수님께 당신의 마음보다 더 중요한 것은 없다. 누가복음 8장 5-15절에
   나오는 말씀을 잘 읽어 보라. 이 구절 속에서 성령님이 보여 주시는 것은
   무엇인가? 당신의 마음에 대해 어떻게 말씀하시는가?(씨 뿌리는 자의 비유는
   마태복음 13:3-23과 마가복음 4:3-29에서도 발견된다)

2. 스스로는 마음속에 무엇이 있는지 알 수 없다. 하지만 하나님은 보여 주시고 또 치유하실 수 있다. 잠시 이 진리를 묵상하는 시간을 갖자.

> "사람의 마음이란 … 아무도 풀 수 없는 퍼즐 같다. 그러나 나 하나님은 사람의 마음을 탐색하고, 그 생각을 살핀다. 나는 사람의 중심과 사태의 근원을 꿰뚫는다. 나는 사람의 겉모습이 아니라, 그 실상을 본다"(렘 17:9-10, 메시지성경).

3. 하나님의 사랑과 은혜를 기꺼이 받아들이는 새 마음이 필요한가? 하늘에 계신 아버지께서 결혼에 대한 그의 계획을 말씀하실 때는 이미 도울 준비를 해 놓으셨을 것이다. 지금 그의 도움을 구하지 않겠는가? 이렇게 기도할 수 있다.

> "아버지, 결혼이라는 선물을 주셔서 감사합니다. 나로 하여금 결혼에 대한 잘못된 생각을 갖게 하고 따라서 결혼의 축복을 누리지 못하게 만드는 모든 것들로부터 자유케 하옵소서. 부드럽고 당신의 손길에 민감한 새 마음을 주옵소서. 하나님이 보시는 것처럼 결혼을 바라볼 수 있는 새로운 눈을 주옵소서. 최악의 상황을 기대하지 않고 최선을 믿도록 도와주옵소서. 우리가 하는 모든 일들 가운데 하나님을 최우선시하도록 도와주옵소서. 예수님의 이름으로 기도합니다. 아멘."

결혼의 큰 뜻, 성장이다

> 누구나 다 결혼생활을 할 만큼 성숙한 것은 아니다. 결혼
> 해서 살려면 어느 정도 자질과 은혜가 필요하다. … 그러
> 나 너희가 성숙하여 결혼의 큰 뜻에 이를 수 있겠거든, 그
> 렇게 하여라(마 19:11-12, 메시지성경)

여기서 "큰 뜻"이란 확장하고, 늘리고, 넓히고, 증폭시킨다는 의미
이다. 결혼을 창조하신 하나님은 당신의 연합을 확장의 도구로 사용하
길 원하신다. 하나님의 큰 계획을 따른다면, 배우자를 통해 당신은 점
점 더 예수님을 닮고 당신이 하는 모든 일들이 풍성한 열매를 맺을 것
이다.

> "철이 철을 날카롭게 하는 것 같이 사람이 그의 친구의 얼굴을
> 빛나게 하느니라"(잠 27:17).

1. 결혼할 때는 서로 정반대인 사람들에게 끌린다는 말이 있다. 정말 그렇
   다. 서로 다른 점들 때문에 우리가 하나가 될 수 있는 것이다. 그런데 시
   간이 지나면 한때 서로를 끌리게 했던 점들이 오히려 서로를 멀어지게
   할 수 있다. 처음에 배우자에게 마음이 끌렸던 세 가지 특성들은 무엇인
   가? 지금 당신을 가장 좌절하게 만드는 세 가지는 무엇인가?

2. 하나님의 성령이 당신과 배우자에게 지혜의 말씀을 주신다. 그의 조언은 항상 두 사람이 함께 기도할 때에만 주어지지 않는다. 때로는 둘 중 한 사람에게 따로 말씀하실 것이다. 하나님이 인도하시는 대로 살아가려면 하나님이 각 사람에게 주신 통찰이 필요할 것이다. 다음 질문들에 정직하게 답하라. 나는 배우자의 조언(지혜, 지시, 건설적인 비판)에 대해 열려 있는가, 닫혀 있는가? 어떤 부분에서 그들의 조언을 받아들이는가? 어떤 영역에서 받아들이지 않는가? 그 이유는 무엇인가?

3. 하나님이 당신에게 주신 짝은 오늘의 당신을 만든 최대 공헌자다. 배우자 덕분에 당신의 인격이나 삶의 질에 일어난 긍정적인 변화를 적어도 한 가지 이상 말해 보라.

4. 당신의 삶을 다듬고 확장하도록 도와준 것에 대해 배우자에게 고맙다고 말한 적이 있는가? 없다면 지금 시간을 내어 진심으로 고마움을 표현해 보라.

1. 처음부터 결혼은 하나님의 아이디어였다. 하나님이 결혼을 만드셨고, 결혼에 대한 계획과 목적을 가지고 계신다(창세기 1장 27-28절과 31절, 말라기 2장 15절을 잘 읽어 보라). 하나님이 결혼을 만드신 목적 5가지를 찾아보라. 그 다음에 사탄이 만들어 내려고 하는 왜곡된 5가지 가짜 목적들을 말해 보라.

2. 경건한 결혼생활은 그들과 접촉하는 사람들의 삶에 영향을 끼친다. 결혼생활을 잘하고 있는 부부를 알고 있는가? 그들로부터 무엇을 배울 수 있고, 부부간의 도리를 지키는 데 어떤 도움이 되는가?

3. 마태복음 19장 6절에서 예수님은 "남자와 여자의 이 유기적인 연합은 하나님께서 창조하신 것이다. 그러니 누구도 그들을 갈라놓아서 그분의 작품을 모독해서는 안 된다"(메시지성경)고 말씀하신다. "유기적"이라는 단어를 들었을 때 무엇이 떠오르는가? 이런 생각들이 결혼을 새롭고 긍정적인 관점으로 바라보도록 어떤 도움을 주는가?

4. 마태복음 19장 10-12절에서 예수님은 "누구나 다 결혼생활을 할 만큼 성숙한 것은 아니다. 결혼해서 살려면 어느 정도 자질과 은혜가

필요하다. 결혼은 모든 사람을 위한 것이 아니다. … 그러나 너희가 성숙하여 결혼의 큰 뜻을 이룰 수 있겠거든, 그렇게 하여라"(메시지성경)고 말씀하셨다. 결혼의 큰 뜻은 무엇을 말하는 것 같은가? 어떻게 경험할 수 있는가?

5. 결혼은 거룩한 것이며 한 남자와 여자 사이의 평생 언약이어야 한다. 이 시간에 들은 어떤 내용이 결혼생활을 위해 싸우도록 동기를 부여하는가? 어떤 통찰들이 긍정적인 새 관점을 갖게 했는가?

6. 예수님은 몸의 등불이 눈이라고 하셨다(마 6:22 참조). 그만큼 사물을 바라보는 태도가 중요하다. 곧 당신의 현실이 되기 때문이다. 결혼에 있어서 특히 사실이다. "나는 갇혀 있다"는 생각을 갖고 있으면 어떻게 되겠는가? 성경은 우리가 영적 전쟁을 하고 있다고 말한다 (엡 6:12-13, 고후 10:3-4 참조). 배우자와의 불화나 관계의 어려움들을 다른 관점으로 바라보는 데 어떤 도움이 되는가?

7. 결혼을 했다면, 결혼 전에 알았으면 좋았을 것 같은 것은 무엇인가? 그룹에 속한 미혼자들에게 어떤 지혜로운 말을 해 줄 수 있겠는가?

PART 2

"내가 원한 건
이런 게 아니었는데…"

'비전 없는
결혼'은 인생의
무덤이다

하나님이 결혼을 창조하셨다.
어떤 정부가 생각해낸 것이 아니다.
어떤 사회 기관이 설립한 것도 아니다.
결혼은 하나님의 마음속에서 잉태되어
탄생한 것이다(맥스 루케이도).

01

결혼식
이후의 삶이
진짜다

결혼은
동화가 아니다

로맨틱한 영화와 책들은 오로지 사랑 이야기의 시작에만 초점을 둔다. 제일 좋아하는 로맨틱한 고전을 생각해 보라. 줄거리는 무엇인가? 사랑을 구하는 행위 속에서 감정적 긴장감을 느낄 수 있는가? 영화의 남녀 주인공이 절정의 첫 키스를 하지 못하도록 사건이 이리 꼬이고 저리 꼬이면서 관객을 괴롭히는 동안 꼼짝없이 영화에 몰입해 있는가? 물론 일시적인 장애들, 이를테면 경쟁자라든가 심한 말다툼, 또는 예기치 못한 충격 등이 있지만, 결국 그 이야기가 어떻게 끝날 것인지 다 알고 있다. 그들을 떼어 놓으려고 위협하는 문제들이 있음에도 불구하고, 꿈꾸는 듯 초롱초롱한 눈망울을 한 연인들은 승리의 길을 찾으며 이야기는 "그래서 그들은 그 후로 행복하게 살았습니다"로 끝난다.

우리는 그들이 그 후로 행복하게 살았다는 걸 안다. 하지만 어떻게 행복하게 살았을까? 아름다운 시작은 쉬운 부분이다. 이야기의 중간과 끝부분을 지어내는 것이 힘들다.

우리 문화는 사랑 이야기의 시작 부분에만 일방적으로 집착한다. 결혼을 앞둔 커플은 결혼식을 계획하는 데 수많은 시간을 보내지만, 결혼식 이후의 삶에 대한 계획은 거의 세우지 않는다. 신부는 완벽한 드레스를 찾는 데 많은 시간을 보내지만, 결혼 전 상담을 받는 데는 몇 시간밖에 할애하지 않는다. 그 결과, 동화 같은 순간들이 점차 사라지고 현실적인 관계를 다루어야 할 때 부부는 거의 아무 준비가 되어 있지 않다.

결혼은
집을 짓는 것과 같다

결혼식은 소망과 아름다움과 축하로 가득한 날이어야 한다. 하지만 부부가 그들의 시작을 축하하는 것만큼 행복한 결말을 계획하는 일에도 똑같은 열정을 쏟을 때 관계의 장기적인 소망과 아름다움이 가장 잘 실현

된다. '그 후로 죽 행복하게' 사는 것은 어쩌다 보니 그렇게 되는 것이 아니다. 추구하기로 결심하고 심혈을 기울여 도달해야 하는 목적지다.

주위를 둘러보며 인간의 솜씨로 정교하게 만들어진 아름다운 것들을 찾아보라. 집, 차, 또는 지금 앉아 있는 의자가 될 수도 있다. 무엇이 됐든 간에 모두 세심한 계획에서 나온 정교한 작품이다. 실제로는 두 번 구성된 셈이다. 먼저 마음속에서 독창적으로 설계가 이루어지고, 그 다음에 실제로 설계를 한다. 항상 인지적 설계가 물리적인 구성보다 먼저 이루어진다. 원하는 결과에 대한 분명한 비전이 있은 후에 재료와 노동이 필요하다. 샌드위치처럼 간단한 것이든, 고층 건물처럼 복잡한 것이든, 우리가 만드는 모든 것은 형체화 되기 전에 먼저 마음속에서 상상해야 한다.

설계도 없이 집을 지으려는 사람은 없다. 모든 아름다운 집은 세심한 설계에서 시작된다. 계획을 세운 후에만 적절한 재료를 가지고 노동을 통해 집을 지을 수 있다.

설계도는 또한 건축 비용을 결정하는 데도 반드시 필요하다. 비용이 얼마 들지 모르는 상태에서 집을 짓는다면 마음이 편안하겠는가? 예수님은 우리 삶을 어떻게 건설해야 하는지 가르쳐 주실 때 이렇게 질문하셨다.

너희 중의 누가 망대를 세우고자 할진대 자기의 가진 것이 준공하기까지에 족할는지 먼저 앉아 그 비용을 계산하지 아니하겠느냐. 그렇게 아니하여 그 기초만 쌓고 능히 이루지 못하면 보는 자가 다 비웃어 이르되 이 사람이 공사를 시작하고 능히 이루지 못하였다 하리라(눅 14:28-30).

결혼생활을 만들어 가는 것도 건물을 짓는 것과 같다. 어떤 결혼생활을 만들어 가고 있는가? 그에 따르는 비용을 따져 보았는가? 그런 결혼생활을 만들어 가기 위해 해야 할 일이 무엇인지 이해하고 받아들였는가?

하나님은 우리의 결혼생활이 고통이나 수치로 끝나기를 원치 않으신다. 완성되기도 전에 우리가 그만두기를 원치 않으신다. 당신이 결혼생활을 이제 막 시작했든 오랫동안 씨름해 왔든 간에, 하나님의 계획을 받아들이기에 결코 늦지 않았다. 하나님 안에서 우리는 그의 위대하심을 나타내는 결혼생활을 구축하는 데 필요한 비전과 도구와 능력을 발견한다. 하나님이 당신보다 더 당신의 행복한 결말을 간절히 원하신다. 그의 걸작품이 완공되기를 누구보다 더 바라신다.

이 장에 담긴 진리들이 결혼생활을 잘 계획하고 실천하도록 도울 것이다. 우리는 결혼 초기에 견고한 기초를 세웠기 때문에 인생의 폭풍우를 잘 견뎌 낼 수 있었다. 그리고 당신이 '그 후로 행복하게' 살도록 계획을 세우게 할 것이다. 원리부터 시작해서 마지막엔 매우 실제적으로 이야기할 것이다. 이 장은 신혼부부나 아직 결혼하지 않은 사람들만을 위한 것이 아니다. 결혼의 베테랑들도 자신의 관계를 새로운 시각으로 바라봄으로써 유익을 얻기를 바란다. 우리도 그랬다!

하나님은 목적을
마음에 품고 시작하신다

먼저 "우리는 왜 결혼을 하며 어디를 향하고 있는가?"라는 질문을 하지 않고 언약 관계에 들어가는 것은 어리석은 일이다. 모든 언약은 그에 해당하는 비전이 있어야 한다. 하나님도 아브라함과 언약을 맺기로 하셨을 때 구체적인 목적을 마음에 품고 계셨다.

왜 하나님이 아브라함을 그의 택한 백성들의 아비로 택하셨다고 생각하는가? 가장 흔히 듣는 대답은 이렇다. "그가 큰 믿음을 가졌기 때문입니다." 하나님의 계획에 동참하기 위해 믿음이 반드시 필요한 것은 사실이지만, 하나님이 아브라함을 택하신 이유는 아니다. 하나님은 아브라함이 후손들에게 하나님을 따르도록 가르치리라는 것을 아셨기 때문에 택하셨다.

> 내가 그로 그 자식과 권속에게 명하여 여호와의 도를 지켜 의와 공도를 행하게 하려고 그를 택하였나니 이는 나 여호와가 아브라함에게 대하여 말한 일을 이루려 함이니라(창 18:19).

하나님은 이 자식 없는 유목민을 택하셨을 때 아브라함을 넘어 그의 집안을 보셨다. 아브라함이 "그 자식에게 명하여 여호와의 도를 지키게" 하는 것이 하나님께는 정말 중요했다. 아브라함의 혈통을 통해 하나님의 구속 이야기를 이어 가기 원하셨기 때문이다. 하나님은 아브라함과 사라가 실수를 범하리라는 것을 아셨다. 하지만 그들이 적절한 원료를 갖고 있다는 것 또한 아셨다. 하나님은 우리와 언약을 맺으실 때마다 항상 세대를 생각하신다. 그는 이미 내일을 방문하셨고, 우리가 거기에 도달하려면 오늘 무슨 일이 일어나야 하는지 아시기 때문이다.

하나님이 아브라함과 맺으신 언약은 우리의 삶으로까지 확장되었다. 믿음을 통해 아브라함은 자식이 없던 사람에서 밤하늘의 별들만큼 수많은 후손을 가진 사람으로 변화되었다. 한때 나라 없이 떠돌던 방랑자가 열방을 향한 믿음의 조상이 되었다.

> 아브라함은 강대한 나라가 되고 천하 만민은 그로 말미암아 복을 받게 될 것이 아니냐(창 18:18).

우리의 삶은 아브라함의 삶과 다르게 보인다. 하지만 원리는 같다. 하나님은 의도적으로 자신들을 통해 그의 언약이 퍼져 나가게 할 사람들을 찾으신다. 당신의 이야기는 단지 당신 부부에 관한 것만이 아니다.

당신과 하나님의 관계를 통해 나타난 언약의 온전한 효과는 오직 하늘나라에서만 드러날 것이다. 하나님은 당신(당신의 유산)을 거쳐 가는 모든 사람들, 그리고 당신의 영향권 안에 있는 모든 사람들의 삶에 다가가기를 원하신다. 이는 당신에게서 끝나지 않고 당신의 제한된 지식에 갇혀 있지 않은 비전을 받아들여야 한다는 뜻이다. 당신의 이야기를 향한 하나님의 뜻은 언제나 앞으로 올 세대들을 포함한다.

━ ♥ ━ ♥ ━ ♥ ━ ♥ ━ ♥ ━ ♥ ━

비전 없는
결혼은
죽은 것이다

우리는
하나님의 대사들이다

말라기 말씀을 보면 하나님의 자녀가 하나님이 결혼을 통해 바라시는 바이다. 하나님은 더 많은 아기들이 세상에 태어나기를 바라신다는 뜻인가? 그럴 수도 있고 아닐 수도 있다.

결혼은, 너희가 아닌 하나님의 작품이다. 그 세부사항 하나하나에까지 그분의 영이 깃들어 있다. 그분이 결혼에서 원하시는 것이 무엇인지 아느냐? 다름 아닌, 하나님의 자녀가 되는 것이다(말 2:15, 메시지성경).

말라기 2장 15절은 하나님이 자녀들을 얻기 위해 결혼하길 원하신다고 말하지 않는다. 하나님의 자녀들, 즉 경건한 자녀들을 얻기 원하신다고 말한다. 하나님은 나이에 상관없이 그를 영화롭게 하고 그의 길로 행할 자녀들을 바라신다. 우리는 하나님의 대사들임을 기억하라. 하나님의 목적은 우리에게, 또 우리를 통해 그 자신을 드러내시는 것이다.

《웨스트민스터 소요리문답》은 "사람의 제일 되는 목적은 하나님을 영화롭게 하는 것과 영원토록 그를 즐거워하는 것이다"라고 말한다. 우리 부부가 참 좋아하는 내용이다! 영화롭게 한다는 말은 일상 대화에서 흔히 쓰는 말이 아니다. 성경에서 자주 쓰이기 때문에 뭔가 영적이고 모호한 말처럼 들린다. 영화롭게 한다는 것은 단순히 우리가 하나님을 알린다는 뜻이다. 하나님은 우리 삶과 결혼생활과 유산을 통해 하나님이 알려지길 바라신다. 그리고 우리를 하나님의 자녀로 성장시키는 데 있어 결혼만 한 촉매제가 없다.

만약 자녀가 없다 해도, 하나님은 결혼생활을 통해 당신을 그의 자녀로 만들기 원하신다. 당신을 연단하셔서 그의 영광을 나타내고 아버지의 형상을 닮게 하기 원하신다. 다른 사람과 삶을 나누다 보면 하나님을 더 닮아 갈 기회들이 많이 생긴다. 경건한 인격은 행복의 바다에서 포착되지 않는다. 결혼생활의 불이 활활 타오르는 용광로 속에서 만들어진다.

나(존)는 결혼을 용광로에 비유하고, 우리의 삶을 합금 또는 귀금속의 혼합물에 비유한다. 뜨거운 용광로는 합금에 어떤 영향을 미치는가? 합금의 불순물을 드러낸다. 내 결혼 반지는 순금처럼 보이지만 약 50퍼센트는 다른 물질로 이루어져 있다. 내 반지를 용광로 속에 넣으면 불순물들이 드러날 것이다. 마찬가지로 사소한 말다툼부터 깊은 고난의 시간까지, 우리가 결혼생활 속에서 직면하는 도전들은 우리 삶의 불순물들을 드러낼 것이다. 물론 몇몇 불순물들은 다른 것들보다 더 뜨거운 열을 가해야만 드러난다.

결혼생활이 우리의 불완전한 부분들을 드러낼 때 배우자를 탓하기 쉽다. 어쨌든 결혼 전에는 이런 일이 일어나지 않았었다. 배우자가 우리의 '약점'을 더 악화시킨다는 이유로 배우자에게 실망하고 불만이 생길 때 기억하라. 결혼생활은 우리를 더욱 예수님 닮게 한다. 그것이 궁극적인 목적 아닌가?

고난의 때에
목적을 발견하라

용광로 비유는 사실 별로 흥미롭지 않다. 하지만 해피엔딩으로 가는 여정은 동화와는 거리가 멀다. 때때로 행복한 결말을 향해 가기보다 에베레스트 산을 오르는 것에 더 가깝게 느껴질 것이다.

힘들고 도전적인 에베레스트 산행을 위해 눈 덮인 히말라야 산맥에 용감하게 맞서는 이들은 두 가지를 명심해야 한다. 첫째, 그 일은 자신의 감정적, 신체적 능력의 한계를 시험할 것이다. 이 용감한 사람들은 다가오는 위험을 자세히 알지 못한다. 하지만 힘든 일들이 다가오고 있다는 건 안다. 둘째, 세계에서 가장 높은 산에 오르는 것이 목적이다. 그들에게 승리는 분명 해발 2만 9,029미터 산에 오르는 것이다. 이 목표를 의식하지 않으면, 이 체류자들은 첫 번째 중요한 장애물을 만나자마자 급히 돌아갈 것이다.

결혼생활도 마찬가지다. 도전들이 반드시 내재해 있다는 것을 인정한다면 감정적, 신체적, 영적인 능력이 시험 당할 때 위축되지 않는다. 목적을 마음에 품고 시작한다면 중요한 문제들을 직면할 때 결코 포기하지 않을 것이다.

예수님은 영적인 성숙함에 대해 가르치실 때, 하나님 말씀을 믿는 자들에게 '환난'과 '박해'가 있을 거라고 하셨다(막 4:17 참조). 헬라어 원본에서 이 단어들은 '들립시스'(thlipsis)와 '디오그모스'(diogmos)다. 들립시스는 "고통, 압박, 괴로움, 시련을 초래하는 곤경"이다.[1] 디오그모스는 "어떤 사람을 괴롭히고 억압하기 위해 계획된 프로그램 또는 과정"이다.[2] 둘 다 유쾌하게 들리지는 않지만, 이러한 힘들이 우리를 하나님 안에서 성장하게 한다. 바울도 예수님의 말씀을 반복했다.

우리가 환난 중에도 즐거워하나니 이는 환난은 인내를, 인내는 연단을, 연단은 소망을 이루는 줄 앎이로다. 소망이 우리를 부끄럽게 하지 아니함은 우리에게 주신 성령으로 말미암아 하나님의 사랑이 우리 마음에 부은 바 됨이니(롬 5:3-5).

바울은 환난과 시련 중에도 즐거워해야 한다고 했다. 시련은 인격의 힘을 키울 기회를 주기 때문이다. 환난은 우리가 하나님을 더욱 닮아 가게 한다. 또한 우리는 하나님이 우리를 사랑하시고 항상 우리에게 가장 좋은 것을 주려 하신다는 것을 알기에 소망을 가질 수 있다. 가장 큰 싸움 중에도 하나님은 우리에게 성령을 주셔서 사랑으로 우리 마음을 충만케 하실 만큼 우리를 사랑하신다.

성경은 또한 하나님이 고난을 주시는 분이 아니라고 분명히 말한다. 모든 환난과 박해의 배후에는 사탄이 있다(막 4:15, 약 1:12-13). 그러나 하나님은 원수의 책략을 이용하여 그를 무너뜨리실 것이다. 위대한 구속주의 손 안에서, 우리를 하나님으로부터 떼어 놓으려 했던 것이 오히려 우리를 더욱 하나님 닮게 만드는 도구가 된다.

명심하라. 사탄은 결혼과 결혼이 나타내는 모든 것을 증오한다. 우리의 연합을 갈라놓고 견디기 힘든 시련의 짐을 지우기 위해 수단과 방법을 가리지 않는다. 우리의 연합에 대한 비전과 하나님이 어려움을 이기게 하실 것이라는 믿음이 있으면 소망을 가지고 사탄의 공격에 맞설 힘이 생긴다. 하나님은 단지 우리가 결혼생활에 대한 공격을 견뎌 내길 원하시는 게 아니다. 고난을 통해 더 강해지기를 원하신다. 중요한 것은 우리가 무엇을 위해 싸우는지(하나님의 목적), 누구와 싸우고 있는지(사탄), 누가 우리 편인지(하나님의 성령)를 기억하는 것이다. 우리의 믿음과 소망은 사실상 도전을 통해 더 강해진다. 하나님이 우리 안에서 그의 일을 끝마치시기 전에 우리가 포기하지만 않는다면 말이다.

예수님이 걸어가신 길을 기억하라

예수님은 다른 어떤 사람보다 더 깊은 고난을 겪으셨다. 완전한 하나님이신 그는 부당한 죽음의 고통과 굴욕을 당하기 위해 우리와 같이 되셨다. 그는 우리가 하나님과 화해할 수 있는 길을 열어 주셨으나 많은 사람들이 여전히 그를 거부하고 있다.

예수님은 그 극심한 고통과 거절을 어떻게 견디실 수 있었을까? 답은 간단하지만 매우 심오하다. 그는 자신의 영원한 행복을 절대로 망각하지 않으셨다. 예수님의 본보기 속에서 우리의 이야기를 쓰기 위한 개요를 찾을 수 있다.

오직 예수만 바라보십시오. 그분은 우리가 참여한 이 경주를 시작하고 완주하신 분이십니다. 그분이 어떻게 하셨는지 배우십시오. 그분은 앞에 있는 것, 곧 하나님 안에서 그리고 하나님과 함께 결승점을 지나는 기쁨에서 눈을 떼지 않으셨기에, 달려가는 길에서 무엇을 만나든, 심지어 십자가와 수치까지도 참으실 수 있었습니다(히 12:2, 메시지성경).

예수님은 자신이 어디를 향해 가는지 아셨기 때문에 견디실 수 있었다. 그는 고통을 바라보지 않고 약속을 바라보셨다. ESV 성경은 히브리서 12장 2절을 이런 식으로 표현한다.

인내하며 우리 앞에 놓인 경주를 하며, 우리 믿음의 창시자요 온전케 하시는 이인 예수를 바라보자. 그는 그 앞에 있는 기쁨을 위하여 십자가를 참으사.

"그 앞에 있는 기쁨"이라는 표현을 주목하라. 예수님은 십자가에 달리실 생각에 들떠 계셨는가? 절대로 그렇지 않았다. 그는 십자가에 달리시기 전날 밤 아버지 하나님께 다른 길로 가게 해 달라고 간청하며 몹시 괴로워하셨다. 하지만 예수님에게는, 많은 부부에게 결핍된 것이 있었다. 바로 특별한 비전이었다. 그는 자신의 처지를 뛰어넘어 그의 선택을 통해 나타날 능력과 약속을 바라보실 수 있었다. 그러면 예수님은 무엇을 기대하셨을까? 에베소서 5장에서 그 답을 발견한다.

그리스도께서 교회를 사랑하시고 그 교회를 위하여 자신을 주심 같이 하라. 이는 곧 물로 씻어 말씀으로 깨끗하게 하사 거룩하게 하시고 자기 앞에 영광스러운 교회로 세우사

티나 주름 잡힌 것이나 이런 것들이 없이 거룩하고 흠이 없게 하려 하심이라(엡 5:25-27).

우리는 예수님의 해피엔딩이다. 우리가 그 앞에 있는 기쁨이었다. 예수님이 십자가를 참으신 것은 그의 신부인 우리와 화해하시기 위함이었다. 교회는 이제 예전의 보잘것없는 모습을 부끄러워하지 않고 예수님을 받아들일 수 있다. 그리스도 안에서 우리는 새 정체성을 갖기 때문이다. 바로 결혼생활에서 나타나야 할 인내, 자비, 무조건적인 사랑이다. 하지만 우리가 어려움을 이겨 내려면 비전, 즉 앞으로 이루어질 일에 대한 소망이 있어야 한다.

히브리서 저자는 계속해서 이렇게 권면한다.

여러분의 믿음이 시들해지거든, 그분 이야기를 하나하나 되새기고, 그분이 참아 내신 적대 행위의 긴 목록을 살펴보십시오. 그러면 여러분의 영혼에 새로운 힘이 힘차게 솟구칠 것입니다(히 12:3, 메시지성경).

우리는 모두 믿음이 시들해질 때가 있다. 훌륭한 결혼생활을 하려면 다름 아닌 훌륭한 믿음이 필요하다. 배우자에게 충실하려면 믿음이 충만해야 하기 때문이다. 당신의 결혼생활이 힘들 때 그리스도가 견디신 일을 기억하라. 그의 이야기를 다시 살펴보라. 아무리 고통스러워도 십자가에 비하면 아무것도 아니다. 배우자에 대한 신실함이 시들해지거든 예수님의 신실하심을 다시 헤아려 보라. 그가 우리와 화해하기 위해 감내하신 모든 일들을 기억하라. 그의 본을 생각하면 우리 영혼에 새 힘이 솟구칠 것이다!

03

---❤--❤--❤--❤--❤--❤--❤---

광대한
하나님의 비전과
접속하라

가장 좋은 것에 대한
믿음

"우리 하나님 같으신 이가 없다"는 말이 진부하게 들릴지라도 사실 우리는 너무 자주 이 말의 힘과 진리를 망각한다.

> 나는 하나님이라. … 나 같은 이가 없느니라. 내가 시초부터 종말을 알리며…(사 46:9-10).

하나님의 자녀로서 우리는 그와 같이 되어야 하며 그의 성품을 나타내야 한다. 우리는 믿음으로 미래를 만들어 갈 수 있고, 처음부터 끝을 선포함으로써 결혼생활을 이루어 갈 수 있다.

이제 '그 후로 행복하게 사는 것'이 우연히 되지 않는다는 것을 확실히 알았다. 의도적으로 만들어 가야 한다. 그렇다면 "어떻게 해피엔딩을 만들어 갈까?" 이 성경 구절을 수도 없이 읽었을지 모르나 다시 한 번 읽어 보라.

> 믿음은 바라는 것들의 실상이요 … 믿음으로 모든 세계가 하나님의 말씀으로 지어진 줄을 우리가 아나니 보이는 것은 나타난 것으로 말미암아 된 것이 아니니라(히 11:1, 3).

우리의 목적은 아직 존재하지 않는 '영원한 행복'을 만들어 가는 것이고, 믿음은 아직 실재하지 않는 것의 건축자재이다.

하나님은 우리가 믿을 만한 행동을 전혀 하지 않았을 때부터 우리를 믿어 주셨다. 하나님 자신에 대한 큰 믿음이 있기 때문에 우리를 믿으시는 것이다. 그의 능력으로 우리 삶에 무슨 일이든 이루실 수 있다는 걸 아신다. 우리가 하나님의 광대한 능력을 누리지 못하게 방해하는 것은 불신뿐이다. 불신은 궁극적으로 교만에 뿌리를 두고 있다.

교만은 오만함이나 우리 자신의 능력에 대한 지나친 확신으로 나타난다. 또한 자기혐오로 가장한, 좀 더 교묘한 형태의 교만도 있다. 어느 쪽이든, 그리스도의 십자가 사역으로 산 하나님의 놀라운 능력을 받아들이지 않는 것이다. 예수님은 당신을 특별하게 만들기 위해 죽으셨다. C. S. 루이스는 이렇게 말했다. "우리는 소위 '평범한 사람들'로 남는 데 만족할 것이다. 하지만 하나님은 매우 다른 계획을 수행하기로 하셨다. 그 계획을 받아들이지 않고 뒷걸음치는 것은 겸손이 아니다. 게으르고 비겁한 것이다. 그 계획에 따르는 것은 자만이나 과대망상이 아니라 순종이다."³ 우리 의견을 하나님이 주시는 생각의 수준으로 끌어올려야 하나님이 주시는 놀라운 삶을 받아들일 수 있다.

당신이 훌륭한 결혼생활을 할 자격이 있다고 믿는가? 어쩌면 이런 생각들이 마음을 괴롭힐 것이다.

나는 마음의 응어리가 너무 많아.

나는 좋은 가정에서 태어나지 않았어.

우리 부모님도 잘하지 못하셨어.

난 이미 실수를 너무 많이 했어.

그저 버텨 내는 것으로 만족해야 해.

이미 알고 있겠지만, 하나님은 도전을 사랑하신다. 하지만 믿음이 없으면 삶 속에서 하나님의 능력이 나타나는 데 한계가 있다. 하나님의 위대하심이 나타나면 우리는 감동을 받아 그에 대한 확신을 갖고 동시에 겸손해진다. 겸손은 우리 삶에 대한 하나님의 최선으로 들어가는 문을 열어 준다.

이는 내 생각이 너희의 생각과 다르며 내 길은 너희의 길과 다름이니라. 여호와의 말씀이니라. 이는 하늘이 땅보다 높음 같이 내 길은 너희의 길보다 높으며 내 생각은 너희의 생각보다 높음이니라(사 55:8-9).

하나님이 당신보다 더 현명하고, 통찰력 있고, 능력 있으시다는 것을 인정하라. 루이스는 "하나님 안에 있을 때 모든 면에서 자신을 훨씬 더 능가할 수 있다"[4]고 말했다. 훌륭한 결혼생활에 꼭 필요한 재료들을 얻고 싶다면 이를 믿어야 한다.

우리가 결혼생활의 잠재력에 대해 어떻게 생각하든지 간에 하나님은 그보다 훨씬 더 큰 꿈을 갖고 계신다. 그는 이미 많은 생각을 하셨을 뿐만 아니라 몇 가지 큰 계획들을 세우셨다.

너희를 향한 나의 생각을 내가 아나니 평안이요 재앙이 아니니라. 너희에게 미래와 희망을 주는 것이니라(렘 29:11).

이 약속은 우리에게 두 가지 선택권을 준다. 이 말이 사실임을 믿고 결혼에 대한 하나님의 비전을 받아들이든지, 아니면 하나님을 거짓말쟁이로 여기는 것이다. 이 비전을 실현하려면 오로지 겸손과 믿음으로 하나님의 은혜와 능력 주심을 받아들여야만 한다. 우리는 '그 후로 행복한 삶'을 계획하지만 우리 자신의 힘으로는 한계가 있다. 이는 우리를 통해 일하시는 성령님이 성취하시는 하나님의 사랑의 표현이다.

이렇게 생각할지 모른다. '틀림없이 하나님이 내 결혼생활을 포기하신 것 같아. 우리에게 희망 같은 건 없어. 미래에 대한 비전도 없어. 우린 사랑이란 감정을 잃어버린걸.'

자신의 힘으로 애써 왔기 때문에 이렇게 느끼는 게 아닐까? 결혼생활에 대한 노력과 꿈들을 하나님의 것들로 바꾸어 보라. 결혼생활을 하나님께 맡기면 하나님이 꿈들을 가져가 생명을 불어넣으시고 마음속에 하늘나라의 꿈을 심어 주실 것이다.

남편들이여, 모든 자기중심적인 마음을 버리고 그리스도께서 교회를 사랑하시는 것처럼 당신이 아내를 사랑할 수 있게 하신다는 뜻이다. 아내들이여, 마찬가지로 하나님이 당신의 남편을 존중할 수 있게 하실 것이다. 이렇게 해서 두 사람 다 결혼의 큰 뜻을 향해 성장할 것이다.

성경은 믿음이 없이는 하나님을 기쁘게 할 수 없다고 분명히 말한다(히 11:6 참조). 왜 하나님은 믿음을 그렇게 사랑하시는가? 믿음으로써 하나님을 닮아 갈 능력을 받을 수 있고, 하나님을 닮은 삶보다 더 좋은 삶은 없기 때문이다. 하나님은 당신의 기쁨으로부터 기쁨을 얻으신다. 일시적인 행복을 말하는 것이 아니다. 지속적인 기쁨과 만족, 충만함이다. 하나님은 당신의 결혼생활을 위해 그의 최선을 주기 원하시며, 그의 최선은 오로지 하나님 안에서의 하나 됨에 있다.

믿음과 소망을 종종 같은 것으로 혼동하는 경우가 있으나, 그 둘은 엄연히 다르다. 믿음이 훌륭한 결혼생활을 위한 건축자재라면, 소망은 청사진이다. 달리 말하면, 소망은 틀과 같고 믿음은 그 틀을 채운다. 소망이 없으면 믿음은 형체 없는 물질이며, 청사진 없는 건축자재만큼 쓸모가 없다.

하나님은 구체적인 목표를 가지고 언약을 받을 자로 아브라함을 친히 택하셨다. 그 목표는 아브라함이 후손들에게 주의 길을 가르치게 하려는 것이었다. 하나님이 그에게 이 약속을 주실 때 아브라함은 자녀가 없었다. 그렇지만 하나님은 그가 큰 민족의 조상이 될 거라고 확신시켜 주셨다.

아브라함은 특별한 믿음을 가진 사람이었다. 성경은 "믿음이 없어 하나님의 약속을 의심하지 않았다"고 말한다(롬 4:20). 그러나 창세기 15장에 보면 그는 믿음의 영역에 들어가기 전에 낙심과 싸웠다.

이 후에 여호와의 말씀이 환상 중에 아브람에게 임하여 이르시되 아브람아 두려워하지 말라 나는 네 방패요 너의 지극히 큰 상급이니라. 아브람이 이르되 주 여호와여 무엇을 내게 주시려 하나이까. 나는 자식이 없사오니 나의 상속자는 이 다메섹 사람 엘리에셀이니이다. 아브람이 또 이르되 주께서 내게 씨를 주지 아니하셨으니 내 집에서 길린 자가 내 상속자가 될 것이니이다. 여호와의 말씀이 그에게 임하여 이르시되 그 사람이 네 상속자가 아니라 네 몸에서 날자가 네 상속자가 되리라 하시고 그를 이끌고 밖으로 나가 이르시되 하늘을 우러러 뭇별을 셀 수 있나 보라. 또 그에게 이르시되 네 자손이 이와 같으리라. 아브람이 여호와를 믿으니 여호와께서 이를 그의 의로 여기시고(창 15:1-6).

하나님이 아브라함에게 새 믿음의 분량을 주실 것을 기대했을지도 모른다. 하지만 그 대신 하나님은 아브라함이 믿음으로 붙잡을 비전을 주셨다. 비전은 소망을 체계화함으로써 믿음을 강하게 했다. 하나님은 아브라함을 밖으로 불러내 별을 세어 보라고 하셨다. 머리 위에 빛나는 수많은 별들이 마음속 스크린에서 자녀들의 얼굴로 변하면서, 밤하늘에 청사진이 그려졌다. 아브라함에게 그의 후손들이 뭇별들만큼 많아질 거라고 말씀하시는 대신, 하나님은 변함없고 생생하고 물리적인 예를 통해 그의 운명을 보여 주셨다. 이렇게 하늘을 보여 주며 말씀하심으로써, 하나님의 비전이 아브라함의 상상 속에 새겨졌다.

그와 같이 하나님은 당신의 상상력을 동원하여 결혼에 대한 비전을 전달하기 원하신다. 비전이 있는 곳에 소망이 있기 때문이다. 그래서 바울은 하나님을 아는 지식보다 더 높아진 상상은 모두 버리라고 권면한다(고후 10:4-5 참조). 마음의 캔버스를 잘 보호해야 한다. 행동의 본질과 가치를 결정하기 때문이다. 상상은 소망을 그리기 위한 화판으로 여겨라.

하나님은 우리를 소망으로 충만케 하겠다고 약속하셨다. 그러나 어떻게 소망을 얻는가? 성령이 우리 영혼에 초월적인 소망을 불어넣어 주시기를 기도해야 한다.

> 소망의 하나님이 모든 기쁨과 평강을 믿음 안에서 너희에게 충만하게 하사 성령의 능력으로 소망이 넘치게 하시기를 원하노라(롬 15:13).

하나님은 소망의 근원이시다. 우리가 구하면 그가 기쁨과 평강으로 충만케 하신다. 이는 우리 모두가 결혼생활 속에서 원하는 바이다. 겸손히 하나님께 나아갈 때 성령의 능력으로 말미암아 소망이 넘쳐난다. 얼마나 큰 약속인가!

잠언 29장 18절은 묵시가 없으면 멸망할 거라고 말한다. 실로 경건한 비전이 없는 결혼생활은 생명이 없다. 그래서 우리는 큰 꿈을 가지라고 도전한다! 당신의 꿈과 목표를 글로 적으려고 준비할 때 하나님이 당신 마음을 일깨워 그의 계획을 알게 하시기를 기도한다.

─ ♥ ─ ♥ ─ ♥ ─ ♥ ─ ♥ ─ ♥ ─ ♥ ─

04

달려갈 결승선을
배우자와
정하라

중국 음식점에서
막연히 그린 그림들

결혼하고 함께 자주 가던 특별한 장소가 있었는데, 그곳에서 우리는 미래에 대해 이야기를 나누곤 했다. 우리 아파트에서 멀지 않은 작은 중국 음식점이었다. 갓 대학을 졸업해서 재정이 빠듯했기 때문에 팬케이크와 플럼소스를 곁들인 무슈치킨 일인분을 시켜서 나눠 먹었다. 조용하고 소박하지만 이국적인 분위기는 젊은 부부가 차를 마시며 먼 미래를 꿈꾸기에 안성맞춤이었다.

그때 우리는 아는 게 많지 않았지만 한 가지는 확신했다. 온 마음과 뜻과 힘을 다해 함께 하나님을 섬기기 원한다는 것이었다. 정말로 우리의 삶과 가정을 잘 꾸려 가고 싶었다. 어디로 갈지는 모르지만 어떻게 여행하기를 원하는지는 알고 있었다고 말하는 것이 좋겠다. 하나님이 우리를 통해 새로운 유산을 확립하실 수 있는 그런 삶을 살고 싶었다.

나(존)는 좋은 가정에서 자랐다. 우리 부모님은 65년 넘게 결혼생활을 해 오셨다. 아버지는 성실하게 사랑으로 가족을 보살피며 부양하셨고, 어머니는 전형적인 가정주부셨다. 부모님은 결혼에 관하여 여러 가지 본을 보여 주셨고 또 인생의 본보기가 되어 주셨다. 정말 감사하다.

나(리사)는 매우 다른 가정에서 자랐다. 우리 가족에 비하면 존의 부모님은 정말 완벽해 보인다. 우리 집은 알코올 중독, 간음, 학대, 배신, 탐욕, 상실, 이혼으로 황폐해졌다. 존과 함께 살기 시작했을 때 내가 건강한 가정을 경험하지 못한 티가 분명히 드러났다. 하지만 나에겐 건강한 가정의 일원이 되고 싶은 간절한 열망이 있었다.

중국 음식점에서 이야기를 나누면서 우리는 새로운 결혼생활을 하기 원한다는 걸 알게 됐다. 존의 부모님이 해 오신 결혼생활을 마음 깊이 존경했지만, 그들의 모델은 우리에게 맞지 않았다. 우리 둘 다 보지 못한 결혼생활의 또 다른 면들이 있다는 걸 알았다. 결혼 제도 자체에 대한 거룩한 소명이 있었던 것이다. 결혼은 단지 우리가 함께 여생을 보내는 것만이 아니라, '우리의 연합을 통해 영원한 유산을 만들어 가는 것'이었다. 물론 여기에 자녀들과 손주들도 포함되겠지만, 다른 수많은 사람들의 삶에 미치는 영향도 포함될 터였다.

결혼생활에 대한 비전을 그려 보기 시작했다. 서로 질문하고, 한도를 정하고, 큰 꿈을 꾸었다. 그리고 주요 목표는 함께 하나님을 섬기며 우리의 선택들을 통해 하나님을 높이는 것이라고 합의했다. 다른 모든 것들은 그 필터를 통과해야만 한다.

32년 동안 결혼생활을 해 오면서, 오로지 하나님을 높이겠다는 약속 때문에 계속 함께할 수 있었던 시기가 있었다. 내가 (리사) 존에 대한 사랑을 느끼지 못하고, 존도 나에 대한 사랑이 느껴지지 않는다고 말했던 그런 시간이 있었다. 존은 빡빡한 여행 스케줄로 바쁘게 다녔고 나는 주로 집에 남아 어린 자녀들을 보았다.

그때는 정말 사랑에 대한 희망이 보이지 않았다. 그 아픔의 시기에 내 영혼은 상처를 입었다. 감정적으로나 육체적으로나 완전히 버림받은 것 같았다. 만약 이혼을 선택 사항으로 생각했다면 기꺼이 그 길로 들어섰을 것이다. 희미해진 과거의 그림자처럼, 나에게는 결혼생활에 대한 비전이 없었다. 한번은 정말로 이런 생각이 들었다. '하나님, 천국에서 존과 함께 살지 않아도 된다고 약속만 하신다면 이 결혼생활을 계속 하겠습니다.' 정말 외로웠지만, 목회자의 아내가 자신의 고통을 다른 누군가와 나눈다는 것은 어려운 일이었다.

나(존) 또한 그 당시에 절망과 싸우는 중이었다. 리사가 보기에 내가 제대로 할 수 있는 것이 아무것도 없는 것 같았고, 실제로 나에게 모진 말들을 내뱉고 나를 존중해 주지 않았기 때문에 그 평가가 정확하다고 믿었다. 우리는 빠른 속도로 추락했고, 둘 중 누구도 사랑과 존중과 보살핌이 회복될 거라고 믿지 않았다.

그 시기에는 감정적, 영적 고통을 참을 수 없을 것 같았다. 정말 힘들었지만 다행히 한때였고, 계절은 바뀌었다. 긴 밤 동안 눈물을 흘릴지라도 아침에는 기쁨이 올 거라는 하나님의 약속이 우리에게 있다(시 30:5 참조). 돌이켜 보면 그런 시기가 있었나 싶다. 마치 다른 부부에게 일어난 일처럼 멀게만 느껴진다. 하나님의 은혜로 우리는 하나님을 영화롭게 하겠다는 목표에 충실할 수 있었다. 이기심을 진심으로 회개함으로써 경건한 지혜에 순종함과 더불어 결혼생활과 사랑이 매우 강하게 성장하는 것을 경험했다.

그 힘든 시기를 견디게 한 원동력 중 하나가 바로 우리의 인생관이었다. 우리는 인생을 70 또는 80년의 시간으로 보지 않았다. 그보다는 영원한 관점으로 인생을 바라보았다. 70, 80년은 영원한 시간에 비하면 금방 사라지는 안개에 불과하다. 성경은 우리가 십자가를 어떻게 받아들이냐에 따라 영원한 시간을 '어디서' 보내게 될지가 결정된다고 가르친다. 하지만 우리가 그리스도인으로서 어떻게 사는지가 영원한 시간을 '어떻게' 보내게 될지를 결정할 것이다. 바울의 글을 보자.

우리가 담대하여 원하는 바는 차라리 몸을 떠나 주와 함께 있는 그것이라. … 이는 우리가 다 반드시 그리스도의 심판 대 앞에 나타나게 되어 각각 선악 간에 그 몸으로 행한 것을 따라 받으려 함이라(고후 5:8, 10).

분명 바울은 불신자들에 대해 말하는 것이 아니다. 불신자들은 몸을 떠날 때 하나님 앞에 있지 않을 것이기 때문이다. 바울은 예수 그리스도의 구원의 은혜를 통해 하나님의 가족이 된 사람들을 말하고 있다. 우리는 하나님 앞에 서서 우리의 결정들에 대해, 신자로서 우리가 살아온 삶에 대해 설명해야 한다. 그리스도가 내리는 판결에 따라 영원한 상급이나 영원한 손실이 있을 것이다. 평생의 수고가 헛될 수도 있고 영원한 상급을 받을 수도 있다. 심지어 주님 곁에서 영원히 통치할 수도 있다. 이 기본 교리를 알기 때문에 우리는 계속 나아갈 수 있었다. 우리 중 누구도 예수님의 보좌 앞에서 결혼의 연합이라는 그의 작품을 훼손시킨 것에 대해 해명하고 싶지 않았다. 심판의 자리에 대해 더 알고 싶으면 존의 책 《구원》(*Driven by Eternity*)을 참고하라.

하나님을 영화롭게 하는 목적 다음에, 두 번째 목적은 우리가 여행을 마칠 때 처음보다 서로를 더 사랑하는 것이었다. 이 목표가 있었기에 힘든 시기를 이겨 내고 기분이 내키지 않을 때에도 서로를 사랑할 수 있었다. C.S. 루이스의 글을 읽어 보자.

사랑은 … 의지에 의해 유지되고 의도적으로 습관에 의해 더 강해지는 깊은 연합이다. 그것은 (그리스도인의 결혼생활 속에서) 두 사람이 하나님께 구하여 받은 은혜에 의해 더 강해진다. 그들은 서로를 좋아하지 않을 때에도 서로를 향해 이 사랑을 품을 수 있다.[5]

우리가 서로를 좋아하지 않았던 시기가 분명 있었다. 하지만 하나님이 은혜를 주셔서 그 힘든 시기를 지날 수 있었다. 하나님은 당신에게도 그와 같이 하실 것이다. 우리는 결혼식 날보다 오늘 더 서로를 좋아하고 사랑한다. 정말이다! 또한 세월이 흐를수록 사랑이 더욱 성장하리라 기대한다.

하나님이 기록하고 계신다

우리는 식당 냅킨 위에 꿈들을 적으면서, 아직 있지도 않은 자녀들을 어떻게 양육할지에 대해 이야기했다. 훈육은 어떻게 할 건지, 용돈은 어떻게 주고 허드렛일은 어떻게 시킬 것이지, 방은 어떻게 쓰게 할 것인지 의논했다. 우리의 결정들이 아이들과 손주들에게 미칠 영향과 우리가 남길 유산에 대해서도 이야기했다. 그 아이들에게 영적, 경제적 유산을 남기는 것은 우리에게 중요한 일이었다(잠 13:22 참조).

미래의 집을 상상해 보았다. 크고 멋진 집을 갖는 것은 우리에게 중요하지 않았다. 우리 집이 따뜻한 곳, 사람들이 들어오자마자 안정감을 느끼는 곳이 되길 원했다. 우리 아이들이 친구들을 데려오고 싶어 하는 재미있는 장소가 되길 바랐다.

더 나아가 하나님이 우리에게 무슨 일을 맡기셨다고 믿는지, 우리의 소명이 결혼생활에 어떤 영향을 끼칠지에 대해 이야기를 나누었다. 여자와 남자의 역할에 대해서도 이야기했다. 돈을 어떻게 관리하고 빚지지 않고 살아갈지 결정했다. 계속 이야기를 나누다 보니, 냅킨에 끄적거린 글씨들이 우리가 이루고 싶은 인생의 임시 청사진이 되어 있었다.

종이 위에 우리 계획을 써 내려갈 때 하나님도 기록하고 계셨다고 믿는다.

> 그 때에 여호와를 경외하는 자들이 피차에 말하매 여호와께서 그것을 분명히 들으시고 여호와를 경외하는 자와 그 이름을 존중히 여기는 자를 위하여 여호와 앞에 있는 기념책에 기록하셨느니라(말 3:16).

신혼 때 나눈 많은 이야기들을 우리는 잊어버렸어도 하나님은 기억하고 계셨다. 그리고 이루어 주셨다. 하나님은 그를 경외하는 사람들이 나누는 대화를 기록해 두신다. 당신이 생명의 주를 영화롭게 하는 결혼생활을 계획할 때 하늘나라에서도 기록하고 있다.

- ♥ - ♥ - ♥ - ♥ - ♥ - ♥ -

05

시작보다
끝이 더 멋진 삶을
기대하라

당신의 비전을
글로 쓰라

다시 말하지만, 결혼생활에 대한 비전을 글로 쓰기에 아직 늦지 않았다. 분명하고 이해하기 쉬운 글이 될 때까지 얼마든지 쓰고 또 다시 써도 된다. 분명한 비전이 있으면 결승선까지 계속 달려가는 데 필요한 에너지가 생긴다.

너는 이 묵시를 기록하여 판에 명백히 새기되 달려가면서도 읽을 수 있게 하라(합 2:2).

함께 공유할 결혼생활의 비전에 대해 배우자와 이야기하는 시간을 갖기 바란다. 아직 싱글이라면, 지금은 당신의 비전부터 기록하기 시작하라. 당신이 꿈꿀 수 있는 장소를 찾으라. 바람과 기대들을 구체적으로 적으라. 절대 원칙을 정하고, 큰 꿈을 갖는 것을 두려워하지 말라! 이 비전이 앞으로 북극성이 되어 줄 것이다.

결혼은 출발선부터 결승선까지 몇 십 년이 걸리는 장거리 경주와 같다. 너무나 많은 부부들이 단기적인 꿈을 꾼다. 집을 사고 가정을 꾸리는 꿈을 꾼다. 물론 훌륭한 목표다. 하지만 멀리 가게 하지는 못한다. 그보다 더 많은 것들이 있다. 계속 꿈을 꾸라!

당신과 배우자는 서로 경쟁하는 것이 아니라 함께 달리고 있다는 것을 명심하라. 혼자서 완주할 수 없다. 한 팀으로 일해야 한다. 출발이 힘들었다면, 어떻게 시작하느냐보다 어떻게 끝내느냐가 훨씬 더 중요하다는 것을 알고 위안을 삼으라. 당신의 계획을 기록하는 것이 결승선을 정하는 한 가지 방법이다. 당신 앞에 비전이 있어야 달려갈 것 아닌가.

이 묵시는 정한 때가 있나니 그 종말이 속히 이르겠고 결코 거짓되지 아니하리라. 비록 더딜지라도 기다리라. 지체되지 않고 반드시 응하리라. … 의인은 그의 믿음으로 말미암아 살리라(합 2:3-4).

하나님이 주신 비전은 당신보다 앞서 성취할 길을 닦아 놓는다. 항상 그 비전을 바라보고 달려간다면 결코 실망하지 않을 것이다. 하나님이 말씀하신 것이 도저히 이루어지지 않을 것처럼 보일 때도 있고, 당신이 원치 않았거나 기대하지 않았던 장소로 가게 될지도 모른다. 그러나 그 과정을 믿으라. 하나님은 당신이 그 여정을 마치기 위해 무엇이 제거되어야 하는지 아신다. 비전을 주신 하나님의 능력이 결정적인 순간에 당신을 강하게 할 것이다. 하지만 그 비전을 늘 당신 앞에 두어야 한다.

비전을 살아 숨 쉬는 유기적인 문서로 만들라. 즉 다음 두 가지를 포함시키라.

분명하게 규정된 절대 원칙

어떤 신념과 다짐들은 비전에 필요한 틀을 제공한다. 이를테면 이런 것들이다. "결혼생활을 통해 하나님을 영화롭게 할 것이다." 또는 "서로의 필요를 자신의 필요보다 더 먼저 생각할 것이다." 절대 타협할 수 없다고 여기는 원칙들을 떠올려 보라. 이는 변하지 말아야 할 신념이며 포기하면 안 되는 원칙이다.

좋은 계획은 모든 질문에 답을 제공하지 않는다. 명백한 사실이다. 오직 하나님만이 앞날을 아시며, 당신은 성령의 인도하심을 따라 그의 계획을 점차 알아 갈 뿐이다. 시간이 갈수록 비전은 그 범위와 정의가 성장하여, 그때그때의 이점과 도전들에 잘 적응해야 한다. 이렇게 변하는 영역에는 자녀들의 연령에 따라 양육에 투자하는 시간의 양이라든가 서로의 직업과 소명을 지지하는 방법 등이 포함된다. 다음은 결혼 계획을 위한 5가지 실제적 단계들이다.

1. 기도하라. 하나님께 대화, 생각, 열망들에 성령을 불어넣어 달라고 간구하라. 믿음으로 가득 채우기 원하시는 소망의 틀을 달라고 기도하라.

2. 영감을 주는 것들을 모으라. 마음에 와 닿는 성경구절, 글, 이야기, 사진, 노래 가사 등을 모아 두라.

3. 꿈꿀 수 있는 곳으로 가라. 꼭 아름답거나 고급스러운 장소일 필요는 없다. 거리의 식당이나 동네 공원 벤치처럼 소박한 곳도 괜찮다.

4. 목표를 확인하라. 꿈을 크게 가져라! 현재 상황이나 과거에 본보기로 보아 왔던 것들로 자신을 제한하지 말라. 생각해 볼 주제로는 이런 것들이 있다. 재정, 자녀 양육, 가족의 역동성, 개인적인 발전, 영적 성장, 대화, 휴식과 여

가, 진로, 가정에서의 임무, 교회 활동, 공동체 등.

5. 목표에 어떻게 도달할지 결정하라. 일단 비전을 세웠으면 상세하게 조사하라. 현재 상태를 평가하고, 앞으로 나아가기 위해 필요한 기준, 단계, 또는 변화들에 대해 전략을 세워라.

계획에는 인생의 여러 계절이 담겨 있어야 한다. 목표를 마음에 품고, 다음 질문들에 답해 보라.

1. 우리가 다음과 같을 때 결혼생활은 어떤 모습일까?

   결혼해서 아직 자녀가 없을 때?

   어린 자녀들을 키울 때?

   자녀들이 십대가 되었을 때?

   자녀들이 집을 떠난 뒤 빈 둥지에 남게 됐을 때?

   손주들을 보고 즐거워할 때?

   우리가 함께하는 마지막 계절에?

2. 아직 혼자거나 연애 중이라면, 미래에 원하는 결혼생활을 위해 어떻게 계획적으로 준비할 수 있을까?

재정, 자녀 양육, 그 밖의 주제들에 대해 목표를 세웠다. 이런 것들은 큰 목표들이지만, 그날그날의 기준, 선택, 습관들이 이를 뒷받침할 것이다. 다음 질문들에 대해 생각해 보라.

한 달 예산을 언제, 어떻게 세우겠는가?

휴가를 어떤 식으로 보내고, 어떻게 계획을 세우겠는가?

어떤 종류의 활동과 오락을 함께 즐기겠는가?

배우자와 어떻게 데이트를 계속 하겠는가?

배우자와 의견이 다른 부분들을 어떻게 해결하겠는가?

자녀들과 함께 어떻게 시간을 보내겠는가?

자녀들을 어떻게 훈육하겠는가?

둘 다 밖에 나가서 일을 하기 원하는가? 그렇다면 결혼생활의 여러 계절에 따라 어떻게 달라지겠는가?

서로의 직업이나 주요 목표들을 어떻게 지지하겠는가?

당신 자신을 위해 어떤 교육의 기회들을 찾겠는가? 자녀들을 위해서는?

자녀들이 어떤 여가를 보내도록 돕겠는가? 자녀들의 흥미와 재능을 어떻게 살려 줄 것인가?

신체적 건강을 위해 어떤 투자를 하겠는가?

영적 건강을 위해 어떤 투자를 하겠는가?

자녀들이 하나님을 알도록 어떻게 양육하겠는가?

당신의 결혼과 가정이 교회, 공동체, 이웃, 직장 등 주변 세상에 어떤 유익을 주겠는가?

앞에서 말했듯이, 지혜가 자라고 경험이 쌓이면서 계획의 구체적인 부분들은 계속 변하고 발전할 것이다. 괜찮다. 계획을 위한 틀을 확립하고 스스로 기준을 지키는 것이 중요하다. 그것이 미래의 기반이 된다.

에베레스트를
오르다

한 부부가 비행기를 타는 모습을 상상해 보라. 그들은 여행을 떠날 생각에 들떠 있지만 어디로 가는지 모른다. 아는 것이라고는 이 비행기를 타고 멋진 모험을 떠나리라는 사실뿐이다. 따뜻한 곳으로 갈 거라고 짐작해서 비치웨어와 쌀쌀해질 저녁에 대비해 가벼운 스웨터 몇 장을 챙겼다. 비행기를 타고 몇 시간을 간 후 드디어 목적지에 도착했다. 그런데 그들이 내린 곳은 네팔이었다. 열대지방의 여행을 생각했는데 알고 보니 몹시 추운 에베레스트 산을 올라야 했다. 당연히 그들은 그런 위험하고 아슬아슬한 여행을 시작할 준비가 전혀 되어 있지 않았다. 그래서 곧바로 집으로 향했다.

많은 사람이 결혼을 해변으로 떠나는 여행으로 생각하지만, 실제로는 산꼭대기에 오르는 것에 더 가깝다. 보람 있고 신나는 경험이지만 매우 힘든 일이기도 하다. 예화가 약간 터무니없게 보일 수도 있지만 실제로 에베레스트 등반가들의 사망률보다 이혼율이 약 25배는 더 높다고 한다.[6]

에베레스트 등반가들이 결혼한 부부들보다 성공 확률이 훨씬 더 높은 이유는 무엇일까? 자신들이 떠날 여행에 대한 비전이 있고, 무엇을 기대해야 하는지 알기 때문이다. 희박한 공기, 영하의 기온, 가차 없이 몰아치는 바람에도 그들은 놀라지 않는다. 안타깝게도 너무나 많은 결혼이 실패하는 이유는 비현실적인 기대와 비전의 결핍 때문이다. 지금 계획을 세우는 시간을 갖는 것은 그만큼 가치가 있다.

잘하자

당신의 이야기가 펼쳐
질 때 하나님은 비전의 틀을 넓히고 거기에 아름다운 장식을 더
하실 것이다. 절대 배우자와 함께 만들어 가는 삶을 훼손하지 않
으신다. 시련을 만날 때 하나님이 내 이야기를 파괴하시는 것처
럼 느껴질 수 있고, 분노나 절망에 빠져 하나님을 맹렬히 비난하
고 싶을 수도 있다. 그러나 하나님은 시련을 주시는 분이 아니
다. 그는 모든 것이 합력하여 선을 이루시는 분이다(롬 8:28 참조).
그의 은혜와 성령이 우리를 떠나지 않고, 우리가 감당할 수 없는
시련을 겪게 하지 않으시리라 약속하셨다.

오직 하나님은 미쁘사 너희가 감당하지 못할 시험 당함을
허락하지 아니하시고 시험 당할 즈음에 또한 피할 길을 내
사 너희로 능히 감당하게 하시느니라(고전 10:13).

때로는 모든 것이 허물어지는 것처럼 느껴지겠지만 소망을
굳게 붙잡으면 폭풍우도 견딜 수 있다. 모든 말과 행동을 마쳤을
때 주님께 이런 말씀을 들을 것이다.

잘하였도다. 착하고 충성된 종아(마 25:23).

주님께서 "완벽하게 해냈구나"라고 하지 않고 "잘하였도다"라고 말씀하시는 것이 흥미롭지 않은가? 우리는 이 세상에서 그 어떤 일도 완벽하게 해낼 수 없다. 하지만 결혼생활을 잘 꾸려 갈 수는 있다. 이는 겸손하게 실수로부터 배우고 하나님의 최선을 얻기 위해 그의 은혜 안에서 계속 나아가며 건강하게 결혼생활을 해 나간다는 뜻이다. 이 길로 가기를 선택한다면 당신의 결혼생활은 그저 살아남는 것 이상의 의미가 있다. 그 삶은 번창할 것이다. 하나님은 끝까지 도우신다.

> 우리가 간절히 원하는 것은 너희 각 사람이 … 끝까지 소망의 풍성함에 이르러 게으르지 아니하고 믿음과 오래 참음으로 말미암아 약속들을 기업으로 받는 자들을 본받는 자 되게 하려는 것이니라(히 6:11-12).

하나님은 당신이 결혼에 대한 그의 약속들을 기업으로 받기 원하신다. 성령이 주시는 소망을 붙잡으라. 배우자에 대해 오래 참고 결혼생활이 변할 수 있다는 믿음을 가져라. 하나님이 불완전한 두 사람 안에서, 두 사람을 통해 무엇을 하실 수 있는지 알면 깜짝 놀랄 것이다. 하나님은 시작보다 끝이 멋진 결혼 이야기를 만들어 가는 일에 매우 열정을 갖고 계신다.

DAY 01

결혼식 이후의 삶이 진짜다

> 우리는 그가 만드신 바라. 그리스도 예수 안에서 선한 일
> 을 위하여 지으심을 받은 자니 이 일은 하나님이 전에 예
> 비하사 우리로 그 가운데서 행하게 하려 하심이니라(엡
> 2:10).

하나님이 만드신 모든 것에는 목적이 있다. 결혼도 마찬가지다. 성령님은 우리 삶에 개인적으로 개입하심으로써 결혼생활을 주님의 은혜의 걸작품으로 만들기 원하신다.

1. 미혼이었을 때를 생각해 보라. 어떤 결혼생활을 상상했는가?

2. 현재의 결혼생활은 상상했던 것과 어떻게 다른가? 작가이자 연설가인 밥 (Bob)과 오드리 마이스너(Audrey Meisner)는 언약에 관하여 이러한 통찰을 나누었다.

"언약은 하나님의 일이다. 성경은 언약 안에서 행하는 삶의 축복에

대해 분명히 이야기하며, 여기에는 하나님의 은총, 재정의 축복, 안전과 신뢰, 장수, 건강, 경건한 성품 등이 포함된다! … 참된 언약의 환경 속에서 우리는 실패와 도전들을 거리낌 없이 받아들인다. 우리의 솔직함 때문에 거절당하지 않는다는 것을 알기 때문이다. 그리고 배우자는 우리와 함께 어려움들을 헤쳐 나가며, 우리가 실패를 극복하도록 도와주기 위해 사랑 안에서 진리를 말할 수 있다. 이것이 그리스도 안에 있는 언약적 삶이다.[7]

3. 하나님은 언약에 대해 뭐라고 말씀하시는가? 스스로 이렇게 질문해 보라. '나는 언약적 결혼생활을 즐기고 있는가?' '그것을 경험하기 위해 무엇을 하려 하는가?' 기도하며 성령님의 힘과 조언을 구하라.

4. 하나님은 당신의 언약적 결혼에 대한 강력한 목적을 갖고 계신다. 이는 당신 부부를 훨씬 넘어서는 것이다. 하나님은 아브라함과 사라처럼 당신 부부의 연합을 통해 그의 사랑과 진리를 먼 미래에까지 전달하기 원하신다. 이렇게 질문해 보라. 나의 결혼생활이 누구에게 영향을 끼치고 있으며, 어떤 결과를 남기고 있는가?

DAY 02

비전 없는 결혼은 죽은 것이다

친구 여러분, 사는 것이 참으로 힘들더라도, 하나님께서 일하시지 않는다고 속단하지 마십시오. 오히려 그리스도가 겪으신 고난의 한가운데에 여러분이 있게 된 것을 기쁘게 여기십시오. 이 고난은 영광이 임박했을 때 여러분이 통과해야 하는 영적 제련의 과정입니다(벧전 4:12-13, 메시지성경).

결혼은 영적 제련의 과정이며, 하나님은 제련하시는 분이다. 결혼생활의 문제들은 하나님으로부터 온 것은 아니지만, 하나님이 그 문제들을 사용하여 부부를 더욱 예수님 닮게 만들어 가신다. 솔직히 말해서 시련을 좋아하는 사람은 아무도 없다. 피할 수만 있다면 그러고 싶다. 하지만 힘든 길에는 그만한 가치가 있다.

잠시 시련의 유익에 대한 진리의 말씀들을 묵상하라.

"그러나 내가 가는 길을 그가 아시나니 그가 나를 단련하신 후에는 내가 순금 같이 되어 나오리라"(욥 23:10).

"하나님이여 주께서 우리를 시험하시되 우리를 단련하시기를 은을 단련함 같이 하셨으며 … 우리가 불과 물을 통과하였더니 주께서 우리를 끌어내사 풍부한 곳에 들이셨나이다"(시 66:10, 12).

"시험과 도전이 사방에서 닥쳐올 때, 그것을 더할 나위 없는 선물로 여기십시오. 여러분도 알다시피, 시련을 겪을수록 여러분의 믿음생활은 훤히 그 실체가 드러날 것입니다. 그러니 성급하게

110

시련에서 벗어나려고 하지 마십시오. 시련을 충분히 참고 견디십시오. 그러면 여러분은 성숙하고 잘 다듬어진 사람, 어느 모로 보나 부족함이 없는 사람이 될 것입니다"(약 1:2-4, 메시지성경).

"너희 믿음의 확실함은 불로 연단하여도 없어질 금보다 더 귀하여 예수 그리스도께서 나타나실 때에 칭찬과 영광과 존귀를 얻게 할 것이니라"(벧전 1:7).

1. 결혼생활에서 최근에 직면한 고통의 용광로(싸움)를 짧게 묘사해 보라.

2. 위의 성경 구절들을 통해 성령님이 당신 부부와 상황에 대해 무엇을 보여 주시는가?

3. 배우자의 잘못을 아는 것은 변화에 도움이 되지 않는다. 변화는 당신 안에서 무엇을 다루어야 하는지 앎으로써 시작된다. 잠시 멈추고 기도하라.

   "성령님, 내 마음과 생각 속에 무엇이 있습니까? 무엇을 변화시키려 하십니까? 내가 나 자신에 대해 잘못 믿고 있는 것은 무엇입니까? 주님의 음성을 듣고 주님의 명령에 순종할 수 있게 도와주옵소서. 예수님의 이름으로 기도합니다."

광대한 하나님의 비전과 접속하라

> 소망의 하나님이 모든 기쁨과 평강을 믿음 안에서 너희에
> 게 충만하게 하사 성령의 능력으로 소망이 넘치게 하시기
> 를 원하노라(롬 15:13).

믿음은 환상적인 결혼생활을 위한 건축 자재이며, 소망은 이를 이루기 위한 청사진이다. 소망의 근원이신 하나님이 당신과 배우자를 믿어 주신다. 당신이 하나님을 의지할 때 결혼생활에 대한 청사진을 주실 것이며 당신이 꿈꾸는 결혼생활을 경험하게 하실 것이다.

목사이자 작가인 F. B. 마이어(Meyer)는 그의 책《아브라함, 또는 믿음의 순종》(*Abraham, Or The Obedience of Faith*)에서 이렇게 설명한다.

> "믿음은 그리스도인의 삶의 진귀한 향기와 화려한 빛깔이 모두 담
> 겨 있는 작은 씨앗이다. 씨앗은 오로지 하나님의 보살핌과 축복만
> 기다린다. 어떤 사람이 믿을 때 그 안에 이미 싹트고 있는 믿음의
> 씨앗이 자라는 것은 단지 시간과 교육 문제다. … 믿음은 우리를
> 하나님의 아들과 완전히 연합시켜 영원히 그와 하나가 되게 한다.
> 또한 그의 인격의 모든 영광이 … 우리의 것으로 간주된다."[8]

1. 그러면 믿음은 무엇인가? 어디서 오는가? 어떻게 하면 그 믿음이 삶 속
   에서 강건하게 자라는 것을 볼 수 있는가? 다음 성경 구절들을 주의 깊게
   묵상하라(로마서 1:11-12; 10:17; 12:3 · 히브리서 11:1, 6 · 에베소서 2:8 · 골로새서 2:6-8).

2. 믿음과 더불어 소망이 필요하다. 소망은 하나님이 주시는 연합에 대한 청사진이다. 잠시 멈추고 기도하라. "하나님, 결혼생활에 대한 거룩한 계획을 우리 부부에게 맡겨 주옵소서. 아브라함에게 밤하늘의 별들을 보여 주며 말씀하신 것처럼, 우리가 이해하고 영원히 기억할 수 있는 이미지를 우리 마음에 새겨 주옵소서." 하나님이 계시해 주시는 것을 보고, 듣고, 적으라.

당신이 믿음과 소망을 받기 위해 필요한 한 가지 중요한 덕목이 있다. 바로 겸손이다. 겸손은 "하나님 없이는 아무것도 할 수 없습니다. 그러나 하나님을 통해서는 모든 일을 할 수 있습니다"라고 말하는 것이다. 겸손한 마음을 품을 때 결혼생활에 대한 하나님의 최선으로 들어가는 문이 활짝 열릴 것이다!

19세기 작가이자 목사인 앤드류 머레이(Andre Murray)는 이렇게 말했다. "예수님은 이 땅에 겸손을 회복시키고, 우리를 겸손케 하시며, 그로써 우리를 구원하기 위해 오셨다. … 예수님의 겸손은 우리의 구원이다. 그의 구원은 우리의 겸손이다. … 오직 그리스도가 그의 거룩한 겸손 안에 거하심으로써 우리가 참으로 겸손해진다."[9]

달려갈 결승선을 배우자와 정하라

> 두 사람이 한 사람보다 나음은 그들이 수고함으로 좋은
> 상을 얻을 것임이라. … 한 사람이면 패하겠거니와 두 사
> 람이면 맞설 수 있나니 세 겹 줄은 쉽게 끊어지지 아니하
> 느니라(전 4:9, 12).

결혼의 큰 뜻을 경험하며 사는 것은 모든 남편과 아내를 위한 하나님의 거룩한 계획이다. 연합의 중심에 성령님이 계실 때 부부는 큰 뜻을 이룬다!

크게 살고 싶은가? 큰 꿈을 꾸는 시간을 가지라. 결혼생활에 대한 비전을 글로 쓸 준비가 되었는가. 바로 지금 이 특별한 비전 발표의 시간을 준비하라.

1. 배우자와 함께 즐겁게 시간을 보낼 수 있는 곳, 자유롭게 꿈을 꿀 수 있는 편안한 장소를 두세 군데 적어 보라. 의논하여 데이트 장소를 한두 군데 정하라.

함께 꿈을 이야기하다 보면 서로의 마음을 솔직히 나누고, 하나님의 능력과 지혜와 은혜와 공급하심으로 둘이 함께 할 수 있는 놀라운 일들을 상상할 수 있다. "당신이 추구하는 일들을 좀 더 효율적으로 이루기 위해 부부로서 할 수 있는 일은 무엇인가?"라고 작가 빌(Bill)과 팸 파렐(Pam Farrel)은 묻는다. "신중하라. … 어떤 꿈을 향해 나아가고 있는지 알려면 그 꿈을 어떻게 이룰지 설명해 주는 목표들을

적어 둘 필요가 있다. 목표는 구체적이고 … 실제적이며 … 하나님의 도우심으로 달성할 수 있는 것이어야 한다."[10]

2. 지금은 마음속에 어떤 꿈들이 있는가? 서로의 관계, 가족의 부양, 경제적 안정, 교육과 진로, 집을 사거나 짓는 일, 은퇴 등에 관하여 바라는 것들을 생각해 보라.

3. 배우자에게도 결혼생활에 대한 그의 꿈을 말하고 적게 하라.

4. 이 꿈들 중에서 서로 겹치는 면들은 무엇인가? 어디에 공통점이 있는가? 함께 의논해 보라. 기도함으로 꿈들을 하나님께 맡기고, 그 꿈들을 이루기 위해 시작할 수 있는 구체적인 행위들을 보여 달라고 간구하라.

"여러분도 알다시피, 하나님은 무엇이든지 하실 수 있는 분입니다. 하나님은 여러분이 꿈에서나 상상하고 짐작하고 구할 수 있는 것보다 훨씬 많은 것을 주실 수 있는 분입니다"(엡 3:20, 메시지성경).

시작보다 끝이 더 멋진 삶을 기대하라

너는 이 묵시를 기록하여 판에 명백히 새기되…(합 2:2).

배우자와 함께 꿈을 꾸기 시작했으면, 다음 단계는 비전을 기록하는 것이다. 비전이 있다면 결혼생활에 대해, 또 하나님의 인도하심과 은혜로 변해 갈 모습에 대해 현실적인 꿈을 가지게 된다.

작가이자 교수이며 가정상담가인 노먼 라이트(H. Norman Wright)는 비전이라는 주제에 대해 매우 귀한 통찰을 제시했다.

"비전은 예견이라는 말로 묘사할 수 있다. 현재 상황과 가능성, 그리고 과거로부터 배우는 것의 가치를 예리하게 인식하고 있다는 의미를 담고 있다. 비전은 또한 보이지 않는 것을 보고 볼 수 있게 만드는 것으로 묘사할 수 있다. 앞으로 상황이 어떻게 될지, 또는 어떻게 되어야 하는지에 대해 마음속에 어떤 그림을 품는 것이다. 비전은 또한 아직 존재하지 않는 상태를 묘사하는 그림이다. 과거나 현재에 얽매이지 않고 미래에 더 집중할 수 있다. 비전은 하나님의 능력과 인도하심을 받아 더 좋은 미래를 창조해 가는 과정이다."[11]

1. 성공적인 결혼생활의 비전은 절대 원칙이 있다. 당신과 배우자가 절대 타협하지 않고 지켜 갈 확실한 기준들을 적어 두라. 여기에는 다투지 않는 것, 빚을 지지 않는 것, 항상 기꺼이 용서하는 것, 서로를 깎아내리지 않는 것 등이 포함될 수 있다.

2. 노먼 라이트의 비전에 대한 묘사를 다시 읽어 보라. 당신에게 무엇을 말해 주는가? 당장 내년에 도달하기 원하는 단기 목표들은 무엇이 있는가?

3. 중기적인 비전은 무엇인가? 앞으로 5년 또는 10년 안에 이루고 싶은 목표들은 무엇인가? 구체적이고 현실적이어야 하며, 당신이 보고 싶은 것에 초점을 두어야 함을 명심하라.

4. 장기적인 비전은 무엇인가? 앞으로 20년에서 30년 안에 이루고 싶은 구체적인 목표들은 무엇인가? 은퇴, 손주들, 사역 또는 직업과 관련된 기회, 여행 등을 생각해 보라.

   "이 묵시는 정한 때가 있나니 그 종말이 속히 이르겠고 결코 거짓되지 아니하리라. 비록 더딜지라도 기다리라. 지체되지 않고 반드시 응하리라"(합 2:3).

1. 많은 부부들이 생존 모드로 살고 있다. 그러나 하나님은 겨우 생존하는 결혼생활을 원치 않으신다. 그는 번성하는 결혼생활을 원하신다! 결혼에 대한 비전이 당신과 배우자를 넘어서 더 크게 확장되는 것이 왜 중요한지 서로 나누어 보라.

2. 틀림없이 당신은 결혼생활 속에서 어려운 일들을 당할 것이다. 당신과 배우자는 두 개인이 하나가 되어 가는 과정에 있다. 히브리서 12장 2-3절은 고난을 이겨내는 입증된 방법을 알려준다. 이 구절을 자세히 읽고 당신이 연단의 용광로에서 순금처럼 되어 나오기 위한 하나님의 전략을 알아보라.

   "오직 예수만 바라보십시오. 그분은 우리가 참여한 이 경주를 시작하고 완주하신 분이십니다. 그분이 어떻게 하셨는지 배우십시오. 그분은 앞에 있는 것, 곧 하나님 안에서 그리고 하나님과 함께 결승점을 지나는 기쁨에서 눈을 떼지 않으셨기에, 달려가는 길에서 무엇을 만나든, 심지어 십자가와 수치까지도 참으실 수 있었습니다. 이제 그분은 하나님의 오른편 영광의 자리에 앉아 계십니다. 여러분의 믿음이 시들해지거든, 그분 이야기를 하나하나 되새기고, 그분이 참아내신 적대 행위의 긴 목록을 살펴보십시오. 그러면 여러분의 영혼에 새로운 힘이 힘차게 솟구칠 것입니다"(히 12:2-3, 메시지성경).

3. 교만은 우리 삶을 위한 하나님의 최선을 누리지 못하게 한다. 어떻게 교만이 당신의 결혼에 대한 비전을 제한하도록 허용해 왔는가? 하나님이 당신을 위해 예비하신 결혼생활을 현실로 만들려면 어떤 변화가 필요한가?

4. 크게 성장해 가는 행복하고 건강한 결혼생활에는 비전이 있다. 좋은 비전은 구체적이고 현실적인 계획이 뒷받침된다. 각 부부는 자기들만의 계획을 세우고, 남편과 아내 둘 다 그 계획을 이루기 위해 헌신한다. 자세한 비전을 갖는 것이 꼭 필요한 결혼생활의 영역들을 말해 보라. 구체적인 계획을 기록하는 것이 왜 그렇게 도움이 되고 꼭 필요한가? 시간이 지남에 따라 비전을 조정해 가는 것이 왜 중요한가?(하박국 2장 2-3절, 잠언 29장 18절을 읽으라.)

5. 마태복음 25장 23절에서 "착하고 충성된" 종은 주인이 맡긴 것들을 '잘' 관리하라는 명령을 받는다. 결혼생활을 완벽하게 하는 것과 잘하는 것은 다르다. 완벽함을 기대하는 것이 결혼생활을 잘하는 것을 어떻게 방해하는가? 잘하는 것은 우리의 기준과 무슨 관련이 있는가 이야기해 보라.

PART 3

"아무리 말해도 내 남편은
(아내는) 바뀌지 않아"

변화는
'나의 회개'에서
시작된다

용서하는 것은 죄수를 석방해 주고 그 죄
수가 당신이었다는 것을 알게 되는 것이다
(루이스 스메데스).

01

●━♥━●━♥━●━♥━●━♥━●━♥━●

마음의
쓴 뿌리부터
청소하라

먼저 자신을
준비시키라

'갑판을 청소하라'라는 선박 용어는 본래 전투에 나가는 배들에 주어지는 명령이었다. 갑판을 청소하라의 단어의 의미는 '앞으로 나아가는 데 방해가 될 만한 것들을 미리 처리함으로써 특정 행사나 활동에 대비하라'이다.[1] 그런 지시가 내려지면, 선원들은 알아서 배를 자유롭게 움직이는 데 방해가 될 만한 도구, 밧줄, 또는 다른 장비들을 치웠다.[2] 오늘날 그 용어는 홀가분하게 행동을 취하기 위한 준비를 한다는 뜻으로 쓰인다.

이 장에서는 결혼의 큰 뜻을 경험하는 데 방해가 되는 문제들을 다루고자 한다. 갑판을 청소하는 행위는 밧줄들이 서로 엉키는 일을 막아 준다. 갑판 위에 잡동사니들이 어질러져 있거나 정돈되어 있지 않으면, 고난이 닥치거나 물결이 거셀 때 걸려 넘어지기 쉽다. 항해가 순조로울 때는 쉽게 피할 수 있는 것들이 장애물이 된다.

마음을 짓누르거나 과거에 얽매이게 하는 것들은 다 바다에 던져 버리고 자신을 지탱해 줄 모든 것들을 가지고 미래로 항해를 시작하도록 준비시킨다는 이 개념이 참 좋다. 너무나 많은 사람들이 갑판 위에서 발이 걸려 넘어져 부상을 입거나 배 밖으로 떨어져 바다에서 실종되었다.

결혼에 대한 하나님의 설계는 나무랄 데 없다. 그러나 결혼은 다른 제도와 달리 각 배우자의 결점들을 부각시켜 보여 준다. 항해를 하다가 절망적인 사태를 만나기 전에, 이를테면 돛이 찢어진다든가 화물을 분실한다든가 짐칸에 물이 샌다든가 밧줄이 닳아서 너덜너덜해지기 전에, 철저히 준비하라.

계속해서 선박의 비유를 사용하자면, 기본적인 관계의 문제들을 철저히 다루지 않는 것은 마치 배 밑바닥의 새는 부분을 코르크로 막은 채 출항을 하는 것과 같다. 얼마 동안은 효과가 있겠지만 압력이 커지면 버티지 못한다.

부디 발을 헛디디거나 물에 빠지지 않기를 바란다. 어떤 풍랑도 견딜 수 있는 방주와 같은 결혼생활을 하면 좋겠다. 결혼

청사진을 준비하면서, 비전을 품고 앞으로 나아가기 전에 반드시 다뤄야 할 문제들이 있다는 것을 이미 알았을 것이다. 그러므로 이기심, 교만, 범죄에 뿌리를 둔 모든 부끄러운 결함들을 꼼꼼히 살펴보자. 우리를 결박하는 저주와 두려움으로부터 자유로워지고 소망이 닻이 되게 하자.

절대 싸우지 않겠다고?

함께하는 여행에 앞서 갑판을 청소하는 것은 매우 중요하다. 우리가 그렇게 시작하지 않았기 때문에 그 중요성을 정말 잘 안다. 결혼 전 상담을 받을 때 상담자는 싸움과 거센 풍랑을 헤쳐 나가는 것에 대해 조언하려 했지만, 우리는 속으로 이렇게 생각했다. '싸움? 우린 절대 싸우지 않을 거야! 하나님이 우리를 하나 되게 하시는걸. 이런 조언은 우리만큼 사랑하지 않는 사람들을 위한 거야. 우린 그렇지 않다고. 하나님이 우리 삶을 다스리고 계신걸.'

그런데 결혼한 지 겨우 몇 주 만에 문제가 터지기 시작했다. 우리 생각이 얼마나 잘못됐는지를 깨닫는 데 오래 걸리지 않았다. 우리는 완벽한 배우자에 대한 비전을 가지고 결혼생활을 시작했다. 하지만 곧 서로의 모든 결함들을 점점 더 알아 갔다. 우리는 서로를 변화시키려고 애쓰기 시작했다. 그 결과 행복한 결혼생활은 고집 센 두 사람의 전쟁터로 바뀌었다. 철이 철을

날카롭게 하려 할 때 불꽃이 튀게 마련이다.[3]

우리는 우리의 연합이 실제로 연약하고 깨지기 쉽다는 것을 여전히 깨닫지 못했다. 물론 서로에게 깊이 헌신하고 있었지만, 특히 오래 참고 자기를 돌보지 말아야 할 영역에서 자신의 인격을 너무도 중요하게 생각했다. 인정하고 싶지 않은 문제들이 태산이었고, 다가오는 도전들에 저항하려면 좋은 것들도 더 강화할 필요가 있었다.

하나님께 우리의 갑판을 맡기는 대신, 우리는 그저 서로를 고치려고만 했다. 스스로 하늘이 맺어 준 짝이라고 믿었던 부부는 점차 행복에서 멀어져 갔다. 여전히 교회에서는 좋은 얼굴을 했지만 실제 가정생활은 프로레슬링 쇼의 한 장면에 더 가까웠다.

결혼한 첫해에는 정말 치열했다. 존은 다툼이 있을 때 내가 (리사) 방에서 나가는 걸 원치 않았다. 내게 침대 위에 앉아 있으라고 했다. 나는 다음날 아침에 후회할 말을 하기 전에 방에서 나가고 싶었다. 그가 끝을 보기 위해 나를 도로 침대에 앉히려고 할 때 나는 이미 움직이고 있었다. 앞으로 나가려는 순간 존이 밀어서 내가 바닥에 넘어지고 말았다.

재빨리 전기스탠드를 든 채 벌떡 일어났다. 존이 겁먹은 얼굴로 믿을 수 없다는 듯이 쳐다보았다. "그걸 가지고 뭘 하려는 거야?" 존이 물었다.

"나도 몰라." 나는 중얼거리듯 말했다. 그 어처구니없는 장면 덕에 우리 둘 다 마음을 가라앉히고 그 문제에 대해 대화를 나누었다. 하지만 문제의 근원은 해결되지 않았다.

이 사건이 있은 지 며칠 후, 친구와 점심을 같이 먹었다. 그녀는 나보다 결혼한 지 더 오래됐기 때문에 왠지 내 문제들을 편하게 얘기할 수 있을 것 같았다. 하지만 불쑥 그 전기스탠드 사건을 자세히 얘기하지 않고 교묘하게 접근했다. 나는 아무렇지도 않게 "남편이랑 다투다가 갑자기 손에 전기스탠드를 든 자신의 모습을 발견한 적 있어?"

그녀는 무슨 그런 터무니없는 질문을 하냐는 듯이 나를 쳐다보았다. "아니!"

나는 재빨리 대답했다. "나도 없어!"

물론 거짓말이었다. 내 친구는 무심코 던진 질문이 도움을 청하는 외침이라는 걸 짐작했을 수도 있다. 하지만 가식적인 결혼생활 덕에 더 이상 대화는 진전되지 않았다.

존과 나는 아무데도 갈 곳이 없는 것 같았다. 결혼생활에서 중요한 문제들이 계속 일어났지만 누구를 찾아가야 할지 몰랐다. 교회에서는 우리의 몸부림과 고통을 감추었다. 관계의 마찰이 점점 더 커졌지만 대처할 방법을 알지 못했다. 우리 상황에 대한 절망과 수치심은 상황을 더 악화시켰다. 그 결과 우리 가정의 긴장감은 더 이상 견딜 수 없는 지경에 이르렀다.

그때 그 일이 벌어졌다. 내가(존) 리사를 때렸을 때 갈등은 절정에 달했다. 이 사건이 일어나기 전에도 신체적인 마찰이 있었지만, 즉 내가 아내를 밀친 적이 있었지만 아내를 때린 것은 이때가 처음이었다. 그 즉시 내가 한 짓을 깨닫고 충격과 회환에 빠졌다. 그러자 리사도 반격을 가하고는 욕실로 들어가 버렸다. 우리 둘 다 그날 밤 뭔가를 잃어버린 기분으로 잠자리에 들었다.

다음날 아침 리사는 아무 말이 없었고 점점 더 서먹해졌다. 우리 관계에 존엄성과 신뢰가 모두 사라진 것 같았다. 둘 다 풀타임으로 일했기 때문에 한 주간이 지나는 동안 둘 사이의 거리는 더 멀어졌다. 리사는 그 당시 영업 쪽 일을 했는데 일부러 늦게까지 자기 지역의 가게들을 점검하며 돌아다녔다. 나와 마주치지 않기 위해서였다. 그러다 집에 들어오면 나와 얘기를 나누거나 저녁을 같이 먹지 않고 곧바로 침실로 들어가 책을 읽었다. 나는 주말을 기다렸다. 주말이 되면 드디어 지난 일을 매듭지을 수 있을 거라고 생각했다.

우리도
결혼 생활을 끝내고 싶었다

나(리사)는 어릴 때 만약 내 미래의 남편이 나를 때리면 그와 헤어질 거라고 맹세했다. 나는 매우 불안한 가정에서 자랐고, 그래서 또 다른 학대 상황에 처하는 것이 매우 두려웠다. 존이 나를 때렸을 때 내가 했던 맹세가 생각났고 어쩌면 일생을 바꿀 결정에 직면했다. 내가 결혼 생활을 계속할 수 있을까? 나를 때린 사람을 사랑하고 그에게 헌신할 수 있을까?

나와 함께 일하던 사람들은 내게 깊은 고민이 있다는 걸 알아챘다. 상사 한 분은 아무것도 묻지 않고 나에게 당장 존과 헤어지라고 했다. 나는 존을 집에서 쫓아내려고 주말이 되기만을 기다렸다. 동료들에게 상의하는 것과 더불어 제임스 돕슨(James Dobson) 박사의 책 《사랑은 강인해야 한다》(*Love Must Be Tough*)를 읽었는데, 그 책도 내가 그 상황을 위기로 몰아가도록 부추겼다.

그날 저녁, 존은 집에 들어올 수가 없었다. 안에서만 열 수 있는 문을 잠가 버린 것이다. 휴대폰도 없을 때라 그는 밖에 서서 크게 소리쳤다. "리사, 나 왔어. 제발 들여보내 줘!" 나는 결국 창문을 열고, 그가 온 것을 알지만 그날 밤은 다른 데서 보내야 한다는 걸 알렸다. 존은 완전히 믿기지 않는 표정이었다. 얼마 후 자기가 들어갈 수 없다는 걸 인식하고, 기도와 금식을 가장하여 친구와 함께 하룻밤을 지내기로 했다.

홀로 남은 나는 하나님과 진지하게 대화를 나누기로 했다. 기도는 이런 식으로 시작되었던 것 같다. "좋습니다, 하나님. 내게 몇 가지 생각이 있습니다. 존은 집을 나가 있는 동안 자기가 나에게 얼마나 끔찍한 일을 저질렀는지 깨달아야 합니다. 어쩌면 하나님이 그에게 악몽을 꾸게 하시거나 번개를 치셔서 그를 두렵게 만드실 수 있을 겁니다. 다만 그를 죽이진 말아 주세요. 그 사람에 대한 생명 보험을 충분히 들어 놓지 않았으니까요."

하지만 존에 대해 아무리 기도해도, 하나님은 오로지 나에 대해서만 말씀하셨다. 하나님은 나와 존의 문제를 이야기하는 데 관심이 없으셨다. 오직 내 마음의 상태를 다루기 원하셨다. "리사, 너의 결혼생활에 초자연적인 중재가 필요하구나. '너의 결혼생활에 초자연적인 개입이 있길 원한다면 네가 초자연적으로 행동해야 할' 것이다. 그 말은 네가 용서할 가치가 없다고 생각할 때도 용서하라는 뜻이다"라고 말씀하셨다.

그리고 계속해서 이렇게 말씀하셨다. "리사, 넌 존의 탓만 하고 있구나."

하나님의 관심은
오로지 '나'

존과 나는 단지 당면한 문제에 대해서만 싸운 것이 아니었다. 지난 몇 달 간의 결혼생활에서 얻은 정보를 무기 삼아 서로를 비하하고 반박했다. 공격과 비난과 원망이 점점 더 쌓여 가는 것이 모든 다툼의 원인이었다. 작은 말다툼도 끝나지 않을 것 같은 긴 싸움이 되어 버렸다.

점점 길어지는 싸움의 주범인 나는 존의 지난 잘못들을 용서할 마음이 없었다. 내가 우리의 관계 속에 가지고 들어온 상처 때문에, 만일 그의 빚을 탕감해 주면 나의 감정적, 육체적 안전이 위협받을까 봐 두려웠다. 하지만 하나님은 존이 전혀 완벽한 사람이 아니더라도 용서 받을 자격이 있다고 말씀하셨다.

계속해서 하나님의 관심을 다시 존에게로 돌리려 했지만 하나님은 협조하지 않으셨다. 나는 간청했다. "왜 항상 내가 변해야 합니까? 하나님이 존에게도 똑같이 하라고 말씀해 주시면 좋겠어요. 하나님이 말씀하시기 전에는 그가 달라지지 않을 테니까요."

하지만 이 모든 일들을 통해 하나님은 부패한 내 마음을 드러내셨다. 교만과 이기심이 곧 추한 머리를 쳐들었다. 만약 주일날 교회에서 존과 같이 앉지 않거나 손을 잡고 있지 않으면 사람들이 어떻게 반응할까에 대해 생각했다. 그래서 존이 나와 함께 교회에 갈 수 있게 시간에 맞춰 집에 오게 해야겠다고 마음먹었다. 그래야 남들 앞에 이상하게 보이지 않을 테니 말이다. 존이나 우리 관계에 대해서는 걱정하지 않았다. 오로지 다른 사람들이 우리를 어떻게 생각할지가 걱정이었다. 나의 교만 때문에, 내게 변화가 가장 많이 필요한 곳에서 하나님의 은혜로 변화되는 것을 경험하지 못했다.

마침내 내가 깨어졌다. 하나님이 내 마음속에서 그의 뜻대로 행하시기 시작했다. 비록 존의 큰 잘못 때문에 일어난 일이지만 내 잘못도 있었음을 인정했다. 내가 겸손하게 낮추자마자 하나님의 은혜가 들어왔다. 겸손은 항상 은혜의 수문을 열어 준다.

> 하나님은 교만한 자를 대적하시되 겸손한 자들에게는 은혜를 주시느니라(벧전 5:5).

내가 존을 변화시킬 수 없다는 것을 분명히 깨달았다. 오직 하나님만이 존을 변화시키실 수 있었다. 하지만 나는 하나님이 나를 변화시키시게 할 수 있었다.

주말이 지나고 존은 다른 사람이 되어 돌아왔다. 하나님이 결혼 초기에 그를 다루신 뒤로 그는 다시는 나를 때리지 않았다. 우리 둘 다 완전한 회복과 화해를 바라며 하나님 앞에서와 서로에게 겸손하게 반응할 때 우리의 결혼생활은 달라졌다.

하나님께 책임을 넘길 때
변화가 있다

그 시기에 받은 상처들이 하룻밤 사이에 치유되었다고 말할 수 있으면 좋겠지만 그렇지 않다. 그 뒤 2년 동안 큰 감정적 환란과 싸움이 계속되었다. 우리는 하나님을 영화롭게 하며 함께 살아가는 법을 배우려고 노력했다. 그동안 여러 가지 충고도 들었다.

우리는 미성숙했기 때문에 하나님이 개인의 삶 속에서 어떤 일을 행하실 때 서로에게 자주 화를 냈다. 결혼하고 4년쯤 지났을 때 우리는 만신창이가 된 기분이었다. 어떻게 보면 우리가 범한 잘못의 여파 속에서 살아 온 것이다. 우리의 실패를 보여 주는 물리적인 증거도 있었다. 이를테면 망가진 냉장고와 교체한 유리창 같은 것들이다. 하지만 하나님은 우리에 대한 소망을 잃지 않으셨다. 그는 갑판을 청소할 기회를 주심으로써 실수를 만회하게 하셨다. 원수가 우리 결혼생활을 파괴하려고 한 것을 하나님이 장차 일어날 일의 기반으로 사용하셨다.

우리는 늘 힘든 싸움을 해 왔다고 말했지만, 이렇게 상세히 설명한 것은 처음이다. 우리 행동을 변명하기 위함이 아니라 어떠한 경우에도 변화가 일어난다는 것을 확신시켜 주고 싶어서다. 하지만 모든 학대가 행복한 결말을 맞는 것은 아니다. 안전하지 못한 상황이라면 안전한 곳으로 피하라. 부끄러워하지 말라. 안전한 곳에 가서 필요한 도움을 받으라. 이 문제는 이후에 좀 더 이야기하겠다.

이렇게 힘든 시간 동안 우리의 결혼생활은 완전히 절망적으로 보였다. 그러나 30년이 지난 지금 그 어느 때보다 함께 삶을 즐기고 있다. 우리 결혼생활은 기적을 일으키는 하나님의 능력을 보여 주는 증거이다. 그 사이 우리가 깊은 골짜기들을 더 경험하지 않았다는 말이 아니다. 하지만 분명하게 알겠다. 우리가 사랑하기로 선택했을 때 하나님은 어려움들을 하나하나 이겨 내도록 신실하게 인도하셨다.

지금 당신의 관계가 어떤 상태인지 우리는 모른다. 하지만 분명 소망이 있다! 마음을 하나님께 향하고 하나님이 당신을 다루시게 하라. 당신은 배우자를 변화시킬 수 없지만 하나님은 하실 수 있다. 하나님께 책임을 넘겨라. 하나님께 맡기면 그가 아름다운 변화를 시작하실 것이다.

가정 폭력에
대하여

이 문제는 분명하게 짚고 넘어가야 한다. 남편들이여, 절대로 아내에게 육체적 폭력을 행사하면 안 된다. 성경은 아내를 더 연약한 그릇처럼 귀히 여기라고 말한다(벧전 3:7). 설령 아내가 감정적, 혹은 육체적인 폭행을 하더라도 그와 같이 반응해선 안 된다. 못 참겠으면 차라리 피하라. 아내의 폭행에 대한 보복이라 하더라도 절대 육체적으로 대응하지 말라. 안 그러면 아내의 신뢰를 잃을 것이다. 그녀는 더 이상 당신 품 안에서 안전하다고 느끼지 못한다. 만일 아내를 폭력적으로 대해 왔다면 즉시 하나님 앞에 회개하고 배우자에게 용서를 구하라.

아내들이여, 남편은 당신을 보호해 주려는 자연적인 욕구를 가지고 있다. 하나님이 이 목적을 위해 많은 남자들에게 더 강한 힘을 주셨다. 남편을 육체적으로 공격하는 것이 사소한 분노의 폭발이라고 생각할지 모른다. 몸에 손상을 주지 않으면 아무 해가 되지 않는다고 생각한다. 하지만 남편에게 아내의 공격은 대단히 파괴적이다. 옳든 그르든, 남자들은 공격을 받으면 육체적으로 반응하게 되어 있다. 서로에게서 가장 나쁜 것을 자극하거나 이끌어 내지 않기 바란다. 가장 좋은 것을 이끌어 내라. 남편에게 폭력적으로 대해 왔다면 회개하고 즉시 그런 행동을 중단하라.

어쩌면 폭력적인 가족 문화 속에서 자랐을지 모른다. 원가족에게서 언어적, 감정적, 혹은 육체적 학대를 당해 왔을 수도 있다. 그러나 폭력은 갈등을 해결하는 건강한 방법이 아니다. 기독교 상담을 통해 삶과 가정의 문제들을 해결하는 건강한 방법을 배울 수 있다. 많은 교회들이 이런 주제들에 관한 소그룹 모임을 하고 있다. 전문적이고 영적인 도움을 청하는 것을 절대 부끄러워하지 말라.

남편과 아내 모두에게 해당되는 문제이다. 만일 배우자가 당신과 가까이 있는 것을 위험하게 느낀다면 그에게 가까이 가지 말고 그의 신뢰를 다시 얻기 위해 노력하라. 상대방이 위험을 느끼는 상황에서 억지로 대화를 이끌어 가려고 하지 말라. 그렇게 하면 상황이 더 악화될 뿐이며, 나중에 후회할 일을 만들 가능성이 크다.

02

용서를
하지 않으면
영혼은 독살된다

"당신이 바뀌면
용서할게"

결혼생활에서 제일 먼저
갑판에서 치워야 할 것은 불만이다. 불만은 독성이 있으므로 이
주제를 다루는 데 많은 부분을 할애할 것이다.

용서하는 것은 죄수를 석방해 주고 그 죄수가 당신이었다
는 것을 알게 되는 것이다(루이스 스메데스).

용서하길 거부하는 마음은 자유를 박탈하고 열정을 가로막는다. 사람들은 보복을 꾀하면서 왜곡된 기쁨을 느끼지만, 그 기쁨은 끊임없이 추구해 봐야 고통만 따를 뿐이다. 용서의 행위는 가해자와 피해자 둘 다를 해방시켜 준다.

많은 사람들이 적절한 보상을 받을 때까지 용서를 보류해야 한다고 믿는다. 얼마나 많은 사람들이 "그들이 바뀌면 용서할 거야"라고 말해 왔는가? 하지만 하나님 나라에서 용서는 선택 사항이 아니다. 유일한 삶의 길이다. 더 많이 용서할수록 하늘에 계신 우리 아버지를 더욱 닮아 간다. 우리가 하나님의 위대하심을 나타내는 자들이 되려면 용서의 능력을 받아들여야 한다.

바울은 우리에게 이렇게 명령했다.

> 누가 누구에게 불만이 있거든 서로 용납하여 피차 용서하되 주께서 너희를 용서하신 것 같이 너희도 그리하고(골 3:13).

이 말을 받아들이기 힘들 때가 종종 있다. 하지만 이 말씀은 제안이 아니라 명령이다. 어떤 조건이나 예외 조항도 없다. 하나님은 우리에게 잘못한 사람은 누구든지 용서하라고 하신다. 그게 끝이다.

우리는 종종 자신의 잘못을 용납하고 두둔하며 다른 사람에게 그렇게 대우받기를 기대한다. 그러나 다른 사람들의 잘못, 특히나 배우자의 잘못은 용서하기가 훨씬 더 어렵다. 누구든지 용서하지 못하는 사람은 자신이 무엇을 용서받았는지 잊어버린 것이다. 얼마나 많은 사람들이 독선에 빠져 자신이 영원히 지옥에 떨어져야 마땅한 사람이었다는 걸 망각하는가. 우리가 하나님께 범한 죄는 너무 심각해서 하나님이 그 죄의 결과들을 바꾸기 위해 독생자를 희생시키셔야만 했다. 그리스도는 괴로워하며 원망하기가 훨씬 더 쉬웠을 십자가 위에서 용서를 말씀하셨다. 우리가 용서를 받을 만한 행동을 하기 전에 그는 우리를 용서하셨다. 우리도 다른 사람들에게 그와 같이 해야 한다.

배우자가 완벽하지 않다는 것은 굳지 말하지 않아도 알 것이다. 그 누구도 완벽하지 않다! 하지만 실수를 통해 우리는 하나님의 용서를 베풀 기회를 얻는다. 기꺼이 용서하려는 마음은 그리스도가 우리 안에 계신다는 가장 큰 증거 중 하나이다.

상처를 떠나보내자

신혼 때 나(리사)는 "당신이 변하면 당신을 용서할게요"라고 말하는 사람 중 하나였다. 존이 행동을 바꿀 때까지 나는 그가 잘못한 일들의 목록을 머릿속에 계속 쌓아 갔다. 용서를 보류하면 그에게 변화의 동기가 생길 거라고 생각했으나 그럴수록 그는 비난받는 느낌과 절망감과 무력감을 느낄 뿐이었다.

그런데 하나님이 나를 어떻게 용서하시는지를 깨닫자 모든 것이 달라졌다. 하나님의 용서는 수정된 행동에 대한 보상이 아니다. 하나님의 용서를 새롭게 이해하자 내 입에서 하나님의 마음을 나타내는 말들이 나오기 시작했다. "당신이 변화하기 원한다는 걸 믿고, 당신을 용서합니다."

그 당시에는 존을 용서하는 것이 나에게 얼마나 중요한 일인지 전혀 몰랐다. 나중에야 남편을 미워하는 것이 오히려 남편의 변화를 방해한다는 걸 알게 됐다. 예수님은 이렇게 말씀하셨다.

> 너희가 누구의 죄든지 사하면 사하여질 것이요 누구의 죄든지 그대로 두면 그대로 있으리라 하시니라(요 20:23).

오랫동안 이 구절은 공포와 억압을 전파하는 도구로 왜곡되어 왔다. 이는 예수님의 의도가 아니었다. 그의 사역 전체를 연구해 보면 이 말씀의 목적과 의미를 이해할 수 있다. 다른 누구보다도 예수님은 용서의 능력을 잘 알고 계셨다. 왜냐하면 용서를 통해 화해할 수 없는 자들과 화해하셨기 때문이다.

고린도후서 5장 17-20절에 따르면 우리는 화목케 하는 직책을 맡은 자들이며, 하나님이 우리를 통해 세상에 그의 뜻을 전하신다. 우리는 그리스도 안에서 주어지는 용서를 확실하게 전해야 한다. 그렇지 않고 계속 정죄하면 하나님의 소망을 선포하지 않고 대신 형제들을 고발하는 자와 뜻을 같이 하는 것이다. 하나님이 새로 시작할 기회를 주기 원하시는 사람들을 우리가 비난하고 정죄하는 것이다. 보르헤르트(G. L. Borchert)는 예수님의 말씀에 관한 주석에서 이렇게 표현했다. "사람들을 자유케 하여 과거의 죄와 죄책감을 내려놓고 성령의 인도 하에서 부활하신 그리스도와 함께 사는 기쁨에 집중하게 하는 데 있어 용서의 선포가 중요한 역할을 할 수 있다는 것을 인정할 필요가 있다."[4]

용서는 거룩한 행위다. 다른 어떤 미덕도 그렇게 큰 자아의 희생을 요구하지 않는다. 용서는 변호 대신 약함을 의식적으로 선택하는 것이다. 그러나 자아를 희생하는 가운데 하나님의 받아 주심을 깨닫는다. 용서를 선택함으로써 우리는 자신의 감정을 숭배하지 않고 대신 하나님의 진리에 복종한다. 그리고 배우자를 용서하는 것은 그들에게 하나님의 은혜로 변화를 받으라는 하나님의 초청을 받아들일 기회를 주는 것이다.

회개하며 하나님께 나아갈 때 하나님은 "나는 신이다. 네가 2주 안에 이 일을 다시 할 거다"라고 대답하지 않으신다. 그는 단지 "내가 너를 용서한다"라고 말씀하신다. 그리고 우리에게 변할 수 있는 능력을 주신다. 하나님은 우리가 미래에 실패할 거라고 말씀하지 않으신다. 그는 모든 싸움에 대해 희망과 약속을 말씀하신다. 우리도 서로에게 그와 같이 하자.

마음을 열라

불만은 마음을 닫게 한다. 다시 상처받지 않으려고 마음 주변에 벽을 쌓는 것이다. 이런 벽들이 우리를 보호해 줄 거라고 생각하지만 사실은 그리스도의 사랑을 받고 나눌 수 있는 능력을 방해한다. 하나님의 사랑이 없으면 우리 삶에는 목적과 능력이 사라진다. 자기를 보호하기 위해 이기적으로 행동할 것이다. 결국 마음이 돌처럼 변하고 다른 사람들에게 무관심하게 살아갈 것이다. 복음 메시지와 정반대되는 삶이다.

갈릴리해와 사해을 떠올려 보라. 이들은 이스라엘에서 가장 크고 유명한 호수다. 갈릴리해는 북쪽에서 흘러들어오는 물을 남쪽으로 흘려보낸다. 지속적으로 물이 흐르기 때문에 갈릴리해는 삶에 도움이 되며 깊은 물속에서 다양한 수중 생물들이 잘 자란다. 그에 반해 사해는 오로지 물을 흡수만 한다. 사해로 흘러들어온 물은 모두 그곳에 머물러 있다. 사해는 배출구가 없기 때문에 작은 박테리아나 균류만 소금기 있는 물속에서 살아남을 뿐이다. 그래서 사해라는 이름이 붙여졌다.

불만을 품고 있으면 사해처럼 된다. 닫힌 마음 때문에 결혼생활은 선한 것이 번성하거나 심지어 살아남을 수도 없는 환경이 되어 버린다. 용서를 통해 마음을 다시 열어 하나님의 능력이 들어와서 우리를 통해 흘러나갈 수 있게 하자.

용서를 주고받지 않으면 필히 영혼은 독살 당한다. 우리는 자급자족할 수 있는 존재가 아니다. 오직 하나님만이 그런 분이시다. 함께 사는 사람들과 서로 사이좋게 주고받는 것이 있어야 활력이 생긴다. 우리는 자유롭게 주고받으며 살아야 한다.

용서는
한계가 없다

이렇게 생각할지 모른다. '나의 용서는 무궁무진하지 않아. 분명 한계가 있어!' 제자들도 그와 비슷하게 생각했다.

> 그때에 베드로가 나아와 이르되 주여 형제가 내게 죄를 범하면 몇 번이나 용서하여 주리이까 일곱 번까지 하오리이까. 예수께서 이르시되 네게 이르노니 일곱 번뿐 아니라 일곱 번을 일흔 번까지라도 할지니라(마 18:21-22).

베드로는 최대한 관대해지려고 애쓰며 물었다. 그는 "네 눈이 긍휼히 여기지 말라. 생명에는 생명으로, 눈에는 눈으로, 이에는 이로, 손에는 손으로, 발에는 발로이니라"(신 19:21)는 율법 아래서 자랐다. 그러므로 일곱 번 용서해야 하냐고 물었을 때 예수님이 "그래, 베드로야, 너는 그만하면 됐다!"라고 말씀해 주시기를 기대했을 것이다.

신약의 다른 본문을 보면, 베드로는 하루에 어떤 사람을 용서해 주어야 할 횟수가 일곱 번이라고 생각했다(눅 17:3-4 참조). 따라서 "일곱 번을 일흔 번까지" 용서하라는 예수님의 대답은 단지 용서의 한계를 더 넓히라는 명령이 아니었다. 그는 베드로에게 셀 수도 없이 용서해야 한다고 말씀하신 것이다.

어떤 사람이 예수님이 말씀하신 수준으로 죄를 범하려면

하루에 490번 죄를 지어야 한다! 그렇게 많이 죄를 지으려면, 3분에 한 번씩 당신을 불쾌하게 해야 한다. 이는 보통 사람들이 짓는 죄보다 훨씬 더 많다. 하지만 설령 배우자가 하루에 490번 이상 잘못한다고 해도, 490번이 넘으면 그만 용서해도 된다는 뜻은 아니다.

성경에서 숫자 7은 완전함을 상징한다. 예수님이 7의 배수인 490이라는 숫자를 사용하신 것은 우리가 하늘에 계신 아버지의 기준에 따라 완전히 용서해야 한다는 뜻을 담고 있다. 이 관대한 용서는 오직 우리가 그리스도를 통하여 하나님께 돌아갈 수 있었기 때문에 가능하다. 그리스도 안에서, 아버지와 그의 자녀들 사이에 조화가 이루어진다. 우리가 새 마음을 가진 새로운 피조물이기 때문에 용서할 능력이 생긴다. 우리 마음은 주님의 용서를 거리낌없이 받아들였고, 영적으로 건강한 상태를 유지하려면 다른 사람에게도 막힘없이 용서를 베풀어야 한다.

예수님은 우리가 무한히 용서하기를 원하신다. 용서하는 주인과 용서하지 않은 종의 예화를 보면 알 수 있다. 그 예화는 이렇게 마무리된다.

주인이 노하여 그 빚을 다 갚도록 그를 옥졸들에게 넘기니라. 너희가 각각 마음으로부터 형제를 용서하지 아니하면 나의 하늘 아버지께서도 너희에게 이와 같이 하시리라(마 18:34-35).

우리가 용서하지 않으면 용서받지 못한다. 예외는 없다. 우리가 용서하는 것이 하나님께 왜 그토록 중요한가? 우리가 용서하는 가운데 하나님의 본성을 발견하고 본받기 때문이다. 우리 안에 내재된 초라한 인간성의 한계를 초월하여 우리 아버지의 모습을 닮아 간다. 하나님의 용서 속에서 우리는 온전해진다. 그리고 우리가 용서를 베푸는 사람들에게도 하나님의 온전하심이 미치게 하라는 권유, 또는 명령을 받는다. 만일 배우자가 자주 용서를 구한다면 하나님이 치유의 힘을 전달할 기회를 풍성히 주신 것이다.

용서라는 주제에 대해 더 알아보고 싶으면 존의 책《관계》(*The Bait of Satan*)를 참고하라.

03

● ♥ ● ♥ ● ♥ ● ♥ ● ♥ ●

모든
두려움을
내어 드리라

존의 이야기 :
어떻게 이런 아내와 살 수 있을까

거의 18개월 동안 계속
서로 화를 내며 다툰 적이 있었다. 똑같은 말싸움이 반복해서 모
습을 드러냈다. 심지어 아이들 앞에서도 서로 교묘하게 공격했
다. 큰 아이들은 눈치를 채고 이렇게 말하곤 했다. "제발 저녁 먹
는 동안에는 이런 얘기 좀 안할 수 없어요?" 우리의 고통과 불화
때문에 집안에는 항상 긴장감이 맴돌았고, 그렇게 우리 가정을
조금씩 갉아먹었다.

어느 날 밤, 평상시처럼 서로를 질타하다가 내가(존) 집을 뛰쳐나와 버렸다. 리사에게 몹시 화가 났고, 곧바로 하나님께 불평하기 시작했다. 리사의 단점과 근시안적인 태도에 대해 한탄했다. 하나님이 비협조적이고 쓸데없이 비판적인 아내를 내게 주셨다고 생각했다. 어떻게 이런 아내와 계속 살 수 있을까 하는 의문이 들었다.

　　그때 하나님이 주신 응답을 결코 잊지 못할 것이다. 성령님은 나의 딱한 처지나 내가 처한 고통에 대해서는 전혀 말씀하지 않으셨다. 대신 이렇게 속삭이셨다. "아들아, 리사에 대해 감사한 점 한 가지를 생각하고 그것에 대해 내게 감사하길 원한다."

　　시간이 좀 걸렸지만, 마침내 나는 중얼거리듯 입을 열었다. "아내는 좋은 엄마예요." 그 말이 내 입에서 나오는 순간, 영혼 속에 생명이 꿈틀거리는 것을 느꼈다. 하나님께서 계속하라고 부추기셨다. 나는 "주님, 리사가 정말 요리를 잘하는 것에 대해 감사합니다"라고 말했다. 그리고 "그녀의 아름다운 모습에 감사합니다"라고 말했다. 더 많은 말들이 흘러나오기 시작했고, 나는 마치 기관총마냥 리사의 좋은 점들을 계속 쏟아놓았다.

　　더 이상 리사에게 화가 나지 않았다. 오히려 나 자신에게 화가 났다. '넌 정말 바보야! 네 아내는 정말 놀라운 사람인데 그녀에게 바보같이 굴다니. 대체 너한테 무슨 문제가 있는 거야?' 그동안 리사를 얼마나 끔찍하게 대했는지 깨달으면서 마음이 아파 왔다. 그녀는 내가 선택한 아내였고 우리 아이들의 어머니였으며 하나님으로부터 온 절대적인 축복이었다. 그런데 내가 그녀를 나의 사명에 폐가 되는 사람처럼 취급했었다.

집을 뛰쳐나올 때 리사와 나는 서로에게 진저리가 나 있었다. 하지만 지금 얼른 가서 그녀에게 얼마나 감사한지 말해 주고 싶은 마음뿐이었다. 그래서 집으로 달려갔다.

집에 도착하자마자 리사를 찾아 이렇게 소리쳤다. "리사, 정말 미안해! 내가 바보 같았어. 제발 용서해 줘. 당신은 놀라운 어머니이고 훌륭한 아내야. 내 마음의 희망이야." 나는 하나님이 상기시켜 주신 것들을 나누었고, 그녀의 모든 훌륭한 점들과 자질, 은사들을 칭찬하기 시작했다. 그 말들은 마치 강물처럼 내 마음에서 쏟아져 나왔다.

리사는 마음이 누그러져 눈물을 흘리기 시작했다. 놀랍게도 내가 없는 동안 그녀는 이렇게 기도했다고 한다. "하나님, 존이 다시 돌아와 미안하다고 말하게 해 주신다면 다시 마음을 열겠습니다."

리사의 이야기 :

남편이 집에 없는 게 차라리 편해

결혼하고 18개월 동안 상황이 점점 더 악화되자 나는 존을 사랑하지 않는다고 믿기 시작했다. 내가 용서하길 거부하자 내 마음은 더욱 냉담해졌고, 우리 관계는 굉장히 위태로워졌다.

그 당시 존은 여행을 많이 다녔다. 나는 그가 집에 있을 때보다 그가 없는 시간을 더 즐기기 시작했다. '존이 없으면 삶이 한결 편안해져'라고 생각했다. '존이 집에 있어 봐야 나를 미치게 만들기만 하지. 내내 싸움과 갈등뿐인걸.'

나는 절박하게 하나님께 부르짖기 시작했다. "하나님, 우린 정체되어 있습니다. 존은 전혀 친절하지가 않아요! 하나님이 그의 행동에 화를 내셔야만 합니다!"

나는 쉴 새 없이 하나님 앞에 나의 정당함을 주장했다. 하지만 마침내 내가 조용해졌을 때 하나님이 이렇게 말씀하셨다. "리사, 내가 너에게 충분하다고 말해 주렴."

처음에는 좀 무서웠다. 만약 내가 하나님만으로 족하다고 말한다면, 존이 변하지 않을 거라는 뜻인가? 나는 "아버지, 당신은 내게 충분합니다"라고 대답했다.

그리고 "하지만 존은 어떻습니까?"라는 질문을 반복했다.

또다시 이런 말씀이 들렸다. "내가 너에게 충분하다고 말해 주렴."

"당신은 내게 충분합니다."[5]

나는 그 말을 자주 반복했다. 갈등이나 실망감이 고개를 들 때마다 이렇게 기도했다. "예수님, 당신은 나에게 충분하십니다." 시간이 지날수록 그 계시는 내 마음속에 뿌리를 내렸고 나의 기도는 달라졌다. 상한 마음의 고백으로 시작했던 것("예수님, 당신은 나에게 충분하십니다")이 하나님에 대한 넘치는 만족이 되었다. "예수님, 당신은 나에게 넘치도록 충분하십니다."

곧 하나님이 우리 두 사람의 마음속에서 역사하셨다. 존이 여행에서 돌아오는 날, 기쁘게 공항으로 마중을 나갔다. 그가 집에 오지 않기를 바랐던 몇 개월 동안은 주로 다른 사람들에게 그 일을 부탁했었다. 그러나 이제는 남편을 맞이하는 것이 행복했고, 그가 나에게 아름다운 선물을 주었다는 걸 알게 됐다.

그 순간 우리의 결혼생활이 새롭게 시작되었다. 놀랍게도 그 변화가 일어나기 전에 하나님은 감사를 통해 우리 두 사람의 마음을 열어 주셨다.

결혼생활에서 부당한 대우를 받더라도 예수님의 용서의 본을 따르기로 다짐한다면 결국 가정이 늘 건강하고 더 번성하는 것을 경험할 것이다. 그 당시에는 몰랐지만 우리가 자녀들에게 보여 준 가장 큰 본보기 중 하나가 서로 미안하다고 말하고 용서하는 것이었다. 아이들은 우리가 불완전한 세상에 거주하는 불완전한 사람들이지만 마음속에 있는 하나님의 완전한 용서가 수많은 죄들을 덮을 수 있다는 걸 이해하게 되었다. 우리의 연합을 망치고 파괴하려 했던 그 죄들이 실제로 아이들에게 하나님의 사랑과 은혜와 용서를 보여 주는 삶의 교훈들이 되었다. 우리 가정 안에서 이 지혜의 말씀들이 실현되는 것을 보았다.

허물을 덮어 주는 자는 사랑을 구하는 자요(잠 17:9).

계속 불만을 품고 있으면 사랑이 점차 줄어들기 때문에 모든 사람이 패배한다. 그러나 용서하기로 마음먹으면 사랑이 번성하기 때문에 온 가족이 승리한다.

두려움

　　　　　　　　　　　　　관계 속에서 불만 다음
으로 다루어야 할 것은 두려움이다. 처음 결혼하고 10년 동안 나
(리사)는 버림받는 것에 대한 두려움과 싸웠다. 우리 아버지와 나
의 첫 목사님이 둘 다 아내를 버리고 더 젊은 여자를 만났다. 그
경험에서 비롯한 두려운 생각들이 내 마음속에 계속 남아 있었
다. 그 두려움은 크게 소리치지 않고 이렇게 속삭였다. '결국 모
든 남자들은 떠나. 남자들을 너무 가까이하지 마. 그래야 네가
실망하지 않지.' 이런 생각 때문에 작은 애정 표현도 거부했다.
존이 나를 껴안으면 조금 있다가 그의 품에서 벗어나려고 그를
토닥거리곤 했다.

　　　어느 날 그렇게 '토닥거리며 밀어내기'를 하고 나니, 존이 단
도직입적으로 물었다. "대체 몇 살쯤 되면 내가 당신을 떠나지
않는다는 걸 믿을 거야? 일흔 살이 될 때까지 기다려야 해?" 정
말 깜짝 놀랐다.

　　　"얼마나 걸리든 난 기다릴 거야." 존이 계속 말했다. "하지
만 그동안 많은 즐거움을 놓치고 살겠지."

　　　내가 다른 남자들에게 느낀 실망감 때문에 존이 피해를 입
고 있다는 걸 깨달았다. '왜 그들이 잘못한 것 때문에 존이 대가
를 치러야 해? 그건 공평하지 않아. 나 자신을 보호하려고 우리
의 관계를 방해하고 있는 거잖아.' 미래에 존을 잃을지 모른다는
두려움이 현재의 우리 두 사람을 강탈하고 있었다. 그때 나는 존
을 조금만 사랑하고 나중에 후회하기보다 그를 잃어버릴 위험을

감수하고라도 그를 온전히 사랑하겠다고 마음먹었다.

두려움과 불신은 결혼생활이 번성하는 것을 방해한다. 두려움은 미래에 더 좋은 일이 일어날 수 있다고 믿기를 거부하며 끈질기게 과거에 집착하기 때문이다. 하나님이 결혼생활 속에서 새로운 일을 행하시길 원한다면 두려움을 버리고 미래에 대한 사랑의 예측을 받아들여야 한다. 두려움은 실패를 기대하지만, 사랑은 궁극적으로 절대 실패할 수 없다.

두려움은 삶 속에서 하나님의 사랑과 보호하심에 정반대되는 영적 세력이다. 사랑과 두려움은 둘 다 보이지 않는 것에 대한 믿음에서 나온다. 사랑은 우리가 보는 것을 의심하고 보지 못하는 것을 믿으라고 도전한다. 두려움은 보이는 것을 믿고 보이지 않는 것을 의심하라고 촉구한다. 실패에 대한 두려움이나 사랑에 대한 희망에 직면할 때 우리는 둘 중 하나를 믿기로 선택할 수 있다. 둘 다는 안 된다. 두려움은 사랑을 쫓아내고 사랑은 두려움을 쫓아내기 때문이다.[6]

> 온전한 사랑이 두려움을 내쫓나니 두려움에는 형벌이 있음이라. 두려워하는 자는 사랑 안에서 온전히 이루지 못하였느니라. 우리가 사랑함은 그가 먼저 우리를 사랑하셨음이라(요일 4:18-19).

사랑의 변화시키는 힘이 두려움의 사로잡는 힘보다 더 크다. 두려움을 내쫓는 온전한 사랑은 오직 하나님의 사랑을 경험할 때 발견된다. 하나님의 사랑의 능력으로 우리는 자신에 대한 염려를 버릴 수 있다. 하나님이 우리의 필요들을 신실하게 보살펴 주시리라는 것을 알기 때문이다. 하지만 우리가 하나님의 임재 안에서 시간을 보내지 않는다면 그의 사랑의 성품을 친밀하게 알 수 없다. 하나님의 신실하심은 그의 임재 안에서 나타나기 때문이다.

하나님의 참된 본성을 모르면 우리는 늘 하나님께, 혹은 배우자에게 버림받을지 모른다는 두려움 속에 살 것이다. 이는 왜곡된 형태의 형벌이다. 우리를 향한 하나님의 사랑 안에 확고히 거할수록 두려움으로부터 자유로워져서 배우자에게도 헌신적인 사랑을 베풀 수 있다. 하나님은 이렇게 말씀하신다.

사랑하는 자들아 우리가 서로 사랑하자. 사랑은 하나님께 속한 것이니 사랑하는 자마다 하나님으로부터 나서 하나님을 알고 사랑하지 아니하는 자는 하나님을 알지 못하나니 이는 하나님은 사랑이심이라(요일 4:7-8).

두려움의 견고한 진은 우리로 하여금 이런 식으로 말하게 한다. "만약 배우자가 바람을 피운다면 절대 용서하지 않을 거야." 미래에 우리를 보호하기 위한 그런 맹세는 오늘 하나님의 사랑의 능력을 받아들이지 못하게 한다. 배우자가 우리에게 상처를 주고, 우리를 거부하고, 혹 배신하더라도 하나님이 우리 마음을 보살펴 주실 것을 믿어야 한다. 하나님은 우리의 두려움을 그에게 내드리라고 하셨다. 그렇게 하기를 거부하는 것은 곧 하나님이 우리 삶을 인도하실 수 있음을 믿지 않는 것이다. 두려움을 내드리지 않고는 예수님의 주되심에 복종할 수 없다.

- ♥ - ♥ - ♥ - ♥ - ♥ - ♥ - ♥ -

04

말씀으로
가문의 저주를
끊으라

가족의
저주

처음 결혼생활을 시작했을 때 하나님이 우리와 자녀들 안에서 새로운 일을 하기 원하신다는 걸 알았다. 하지만 우리 부모님과 조부모님들 가운데 명백하게 견고한 진들이 있었다. 알코올 중독, 부도덕한 행위, 주술 같은 것들이 우리 집안을 괴롭혀 왔다. 우리가 새로운 유산을 받으려면 그 전에 오랫동안 우리 가족을 괴롭혀 온 저주들에 직면해야 했다. 이런 일들은 오직 기도로 싸우고 하나님의 말씀으로 무너뜨릴 수 있다.

가족 저주의 구체적인 부분들은 부부마다 다르게 보이지만, 여기에 한 예가 있다. 앞 장에서 우리 두 사람의 가족 배경이 매우 다르다고 얘기했다. 나(리사)는 뻔히 보이는 우리 가족의 역기능에 대해 존의 가족이 어떤 반응을 보일지 걱정되었다. 약혼식 저녁식사 때 우리 아버지는 술에 취해서 부끄러운 줄도 모르고 존의 어머니에게 집적거리셨다. 남편이 바로 앞에 있는데 말이다! 아버지의 그런 행동은 존의 어머니를 향한 본심보다는 우리 어머니에게 상처를 주는 것이 주된 목적이었다. 나중에 존의 어머니는 그 깨끗한 가문에 최초로 이혼 배경을 가진 사람이 들어오는 것에 대해 깊은 우려를 표하셨다. 나는 어머님이 이렇게 말씀하시는 것을 우연히 들었다. "우리 집안에서는 한 번도 이혼한 적이 없었다."

나는 생각했다. '어머님이 나를 그렇게 보시는 건가? 나는 이 가문을 망치는 사람인가?'

저녁식사를 마치고 나올 때 우리 어머니의 상처와 그에 못지않은 나 자신의 수치심이 느껴졌다. 마치 결혼 전에 가족이 기여한 '좋은 것'과 '나쁜 것'을 측정할 수 있는 저울이 있는데 좋은 것이 존의 쪽으로 급격히 기운 것 같았다. 나쁜 것들은 모조리 내가 가지고 들어왔다. 간음, 이혼, 중독 등의 문제들이 바로 우리 집안에 있었기 때문이다.

그런데 하나님은 존의 좋은 것이나 나의 나쁜 것에 관심을 두지 않으신다는 것을 깨달았을 때 돌파구가 보였다.

딸이여 듣고 보고 귀를 기울일지어다. 네 백성과 네 아버지
의 집을 잊어버릴지어다. 그리하면 왕이 네 아름다움을 사
모하실지라. 그는 네 주인이시니 너는 그를 경배할지어다.
… 왕의 아들들은 왕의 조상들을 계승할 것이라. 왕이 그들
로 온 세계의 군왕을 삼으리로다. 내가 왕의 이름을 만세에
기억하게 하리니 그러므로 만민이 왕을 영원히 찬송하리로
다(시 45:10-12, 16-17).

이 구절은 주로 예수님과 그의 신부를 묘사하는 말씀이나,
하나님은 우리 삶에 대한 그의 약속을 보여 주셨다. 그 약속은
우리 가족이 과거에 저지른 잘못들에 의해 제한을 받지 않는다.
'딸이여'라는 부분을 읽을 때 내 안에서 무언가가 살아났다. 하
나님은 그의 귀한 딸인 나에게 말씀하고 계셨다. 그 순간 그리스
도 안에 있는 나의 정체성에 대한 새로운 자각이 드러났다. 나는
과거의 견고한 진들을 거부하고 우리 가족의 미래에 대한 새 희
망을 받아들였다.

내 육신의 아버지(바람둥이, 알코올 중독자, 완전히 망가질 대로 망가
진 사람)를 닮는 대신, 우리 아이들은 자신의 아버지(경건한 사람)를
닮을 뿐만 아니라 그들의 주님을 닮을 것임을 깨달았다. 내 아들
들이 지극히 높으신 왕의 자녀들이 될 거라는 약속을 믿었다.

우리는 가족의 저주를 다루면서 하나님 말씀이 사실임을
알게 됐다. 기도하고 선포하는 동안 하나님이 우리의 삶에 대해
세우신 약속들 안에서 우리 가족은 번성해 왔다.

가족의 저주를
끊기 위한 기도

갈라디아서 3장 13절은 이렇게 말한다. "그리스도께서 우리를 위하여 저주를 받은 바 되사 율법의 저주에서 우리를 속량하셨으니." 당신의 가정에 대대로 내려온 저주가 무엇이든 간에, 그리스도 안에서 당신은 더 이상 그 저주의 대상이 아니다.

당신 집안의 저주들을 의식하고 있다면 당신의 유산을 제한하고 규정해 온 것을 끊어버리도록 도와주고 싶다. 이 기도는 하나님의 말씀의 검으로 사탄의 견고한 진을 다루도록 도와줄 것이다. 가족의 저주에서 자유로워지는 것은 우연히 일어나는 일이 아니다. 사탄의 책략을 알고 공격해야 한다. 사탄의 목적은 하나님이 당신 앞에 두신 기쁨과 평안과 만족을 당신이 누리지 못하게 하는 것이다. 하지만 이제 그리스도 안에서 당신의 것이 된 권위를 통해 당신의 원수가 격파되는 것을 볼 수 있다.

이 기도를 계속 하기 전에 잠시 시간을 갖기 바란다. 지금 바로 기도할 계획이라면 당신 혼자 하든지, 배우자와 단 둘이 하든지, 친한 친구와 하든지, 아니면 기도 파트너와 함께 하든지 하라. 이는 지극히 개인적인 시간이며, 당신의 탄원과 포기와 응답을 큰소리로 말해야 할 것이다.

아래 기도는 우리의 결혼생활과 가정을 위협해 온 구체적인 저주들 가운데 몇 가지를 다루고 있다. 성경 구절들을 조합해서 이 기도를 만들었다. 말씀은 날카롭고 강력한, 양날을 가진 성령의 검이기 때문이다. 당신의 집안에 이 기도에서 다루지 않은 문제들이 있다면 하나님의 진리와 약속으로 그 문제들을 다루는 성경 구절들을 찾아보기 바란다. 하나님의 말씀에 따라 담대한 선언을 하고 예수님의 이름의 능력으로 당신의 삶에서 저주를 끊으라. 기도문 끝에는 더 알아보기 위한 참조 구절들도 포함시켰다.

하늘에 계신 사랑하는 아버지,

주님의 귀한 아들, 예수님의 이름으로 주님 앞에 나아갑니다. 감사함으로 주의 문에 들어가고 찬송함으로 주의 궁정에 들어갑니다. 나를 향한 주의 크신 자비와 사랑에 사로잡혀, 주께서 내 삶 속에서 이루신 강한 구원의 역사를 미리 감사드립니다.

이제 이스라엘의 하나님 여호와와 언약을 맺으려 합니다. 주님은 여호와, 하늘과 땅의 하나님, 크고 두려우신 하나님, 주를 사랑하고 주의 계명을 지키는 자에게 언약을 지키시는 분이십니다. 주의 귀를 기울이시며 눈을 여시사 종의 기도를 들으옵소서. 나와 내 아버지의 집이 범한 죄들을 고백합니다. 우리가 주를 향하여 크게 악을 행하였으니 용서해 주옵소서. 우리가 주께 죄를 범하였으므로 수치로 가득합니다. 그러나 우리가 주께 패역하고 하나님 여호와의 목소리를 듣지 않고 그의 종 선지자들에게 부탁하여 우리 앞에 세우신 율법을 행하지 아니하였을지라도, 주 우리 하나님께는 긍휼과 용서하심이 있습니다. 우리 마음에 할례를 행하사 과거의 죄와 수치와 치욕들이 모두 떠나가게 하옵소서.

나와 내 조상들의 죄를 고백하고 버리오니, 온갖 주술이나 마술, 점치는 일에 관여하지 않겠습니다. (여기서 잠깐 멈추고, 계속 기도하기 전에 성령이 특별히 그만두기 바라시는 것들이 더 있는지 주의를 기울여 보라. 점성학, 강령회, 공포 영화, 게임, 책 등이 포함될 수 있고, 그 외의 것들도 있을 것이다.) 이러한 것들에 관여하는 것을 그만두고 나와 아이들의 삶에서, 또 그 후손들의 삶에서 그 저주를 끊겠습니다.

마약과 알콜 남용의 영역에서 나와 조상들의 죄들을 고백하고 버립니다. 아버지, 영적인 세계에서 죄와 속박 또는 억압으로 들어가는 문들을 닫아 주옵소서. 나와 내 아이들의 삶과 또 그 후손들의 삶에서 그 저주의 힘을 끊어 버리겠습니다. 예수님의 이름으로 기도합니다, 아멘.

앞으로 성적인 죄와 관련된 저주와 영혼의 속박을 다룸으로써 이 원칙을 기반으로 계속 이야기하겠다. 예수님이 십자가에서 최종 승리를 거두셨기 때문에 우리는 이런 저주들로부터 자유롭다. 이러한 죄들이 나와 내 자녀들을 계속 따라다닐까 봐 두려워하거나 걱정할 필요가 없다. 당신은 오늘 가족을 위해 새로운 유산을 세웠다.

더 연구하기 원한다면 이 구절들을 참조하라. 시편 100:4;
역대하 29:10-11; 느헤미야 1:5-7; 다니엘 9:8-10; 여호수아 5:9;
마태복음 10:34; 히브리서 4:12; 역대하 29:5-6.[7]

- ♥ - ♥ - ♥ - ♥ - ♥ - ♥ - ♥ -

05

비현실적인
기대의 덫에
빠지지 말라

통제하려는 친척들

통제하려는 친척들의 문제는 신혼 시기에 흔하게 나타나지만, 그 뒤로도 쉽게 풀기 힘든 갈등 요소이다. 배우자와 우리 가족 간에 갈등이 생기면 당연히 부모님이나 친척을 옹호하고 싶어진다. 누구든 부모님을 깊이 사랑하고 공경해야 한다. 하지만 일단 결혼했으면 배우자에 대한 의무가 제일 우선이다.

첫아들이 결혼하기 전에 나(존)는 이렇게 얘기했다. "애디슨

(Addison), 네가 먼저 조언을 구하지 않으면 어떤 부분에서도 네 삶에 개입하지 않을 거다. 더 이상 네 삶에 대한 방향을 제시해 주지 않을 거야. 네가 배우고 성장할 기회를 주고 싶으니까." 애디슨은 이런 입장에 대해 고마움을 표현했고, 내게 조언을 듣고 싶을 때면 먼저 다가왔다.

아들을 통제하거나 나와 비슷하게 만들고 싶지 않았다. 그저 하나님이 창조하신 모습대로 성장하길 바랐다. 또한 내가 너무 많이 관여하면 그 아이가 가장 노릇을 하는 데 방해가 될 수 있다고 생각한다. 솔직히 아들이 자기 가정을 꾸려 가는 것을 보고 깜짝 놀랐다. 내가 그 나이 때 했던 것보다 훨씬 나았다!

성경은 분명히 말한다.

남자가 부모를 떠나 그의 아내와 합하여 둘이 한 몸을 이룰지로다(창 2:24).

부모를 떠난다는 것은 부모 가정의 권위에서 떠난다는 뜻이다. 또한 부모가 당신에게 미치는 해로운 영향력들을 떠난다는 뜻이다. 부모 공경이 중요하지만, 부모에게 복종하지 않고도 공경할 수 있다. 당신은 새로운 체계를 가진 새 가정을 만들었으며, 부모는 더 이상 당신에게 막강한 권위를 가진 존재가 아니다. 그러므로 부모가 자녀들 인생이나 결혼생활을 좌지우지하게 해서는 안 된다.

당신 가정에 너무 많이 관여하려는 친척들이 있을지 모르겠다. 우리 부부에게도 그런 친척이 있었다. 우리 둘 다 존경하고 사랑하는 분이었지만 그분의 개입은 점점 더 파괴적으로 변해 갔다. 우리는 조용히 그 문제를 다루려고 했으나 소용이 없었다. 마침내 만나서 우리 입장을 분명히 전달했다.

나(존)는 이렇게 말했다. "우리 가정 일에 더 이상 관여하지 말아 주세요. 우리 가정은 완전히 새로운 가정입니다. 우리가 정말 존경합니다만, 이 집에서 이뤄지는 결정들을 통제하지 말아 주세요. 우리를 조종하지 말아 주세요." 다행히 이 분은 상황을 이해했고, 지금은 우리 관계에서 적절하고 건강한 역할을 하고 있다.

우리는 모든 형태의 공격들로부터 부부의 연합을 지켜야만 한다. 가족들의 공격도 포함된다. 종종 이러한 공격들은 악의가 없고 아무 해가 없어 보이기도 한다. 주로 경멸하는 농담의 형태를 띠지만, 그런 교묘한 말들은 항상 파괴적이다. 나는 결혼식 주례를 할 때면 참석한 모든 친구들과 가족들을 바라보며 이렇게 말한다. "이 결혼을 욕하는 자들에게 화가 있을 것입니다. 하나님이 정하신 결혼입니다. 감히 이 부부를 조종하거나 갈라놓으려 하지 마십시오. 오늘 하나님이 세우신 가정에 대해 오직 생명의 말만 하십시오."

우리는 애디슨이 아내 줄리(Juli)와 우리 사이에서 갈등할 상황을 만들지 않기로 다짐했다. 사실 애디슨은 줄리와 결혼하는 날 스스로 선택한 것이다. 우리는 그 아이의 결정에 감격했다! 사랑은 결코 사람들에게 선택을 하게 만들지 않는다. 사랑은 지지해 주고 오래된 관계와 새로운 관계들 사이에 다리를 놓아

준다. 우리는 줄리를 사랑하고, 그 아이를 딸처럼 생각한다. 이런 친밀감 형성은 우리가 줄리의 새 가정을 존중해 주고 줄리와 애디슨이 그들만의 이야기를 써 가도록 했기 때문에 가능했다.

비현실적인 기대

비현실적인 기대는 미국에서 주요 이혼 사유 중 하나로 꼽힌다.[8] 많은 사람들이 결혼할 때 영원한 행복, 계속되는 성관계, 편안한 관계를 기대한다. 결혼생활이 정확하고 집요하게 우리의 이기심과 불안함을 드러낼 거라고는 기대하지 않는다. 배우자의 약점과 결함들을 맞닥뜨릴 거라고 기대하지도 않는다. 이러한 잘못된 기대들은 원망과 불만의 근원이 되고 경건한 연합을 이루는 데 방해가 된다.

종종 어리석은 비교가 비현실적인 기대를 부추긴다. 오락을 추구하는 문화이다 보니 끊임없이 영화에 나오는 부부들의 모습과 비교할 기회가 생긴다. 영화와 텔레비전은 노력 없는 사랑, 희생 없는 아름다움, 위험 없는 신뢰를 보여 준다. 할리우드 같지 않은 삶의 순간들은 보여 주지 않고 관계의 로맨틱한 면들만 부각시킨다.

얼마나 오랫동안 결혼생활을 해 왔든, 결혼생활에는 낭만적인 데이트, 아주 매끄러운 궁합, 책임에서 자유로운 날들만 있는 것이 아니라는 걸 알았을 것이다. 결혼은 힘든 일이며 종종 엉망이 되기도 한다.

결혼이 힘든 일이라고 해서 결혼하지 말라는 뜻은 아니다. 결혼생활의 도전들은 당신을 더 성장시킨다. 인격을 다듬고 능력을 키워 준다. 이 관계는 '큰 뜻'과 관련된 것임을 기억하는가? 성장하고 성숙한다는 개념은 누구나 좋아하지만, 막상 성숙을 요구하는 상황을 만나면 그렇지 않다.

비현실적인 기대의 문제는 대중매체가 보여 주는 결혼생활 때문만이 아니다. 우리는 또한 친구나 이웃의 결혼생활과 비교하는 실수를 범한다. 정말 끔찍한 생각이다. 우리는 보이지 않는 곳에서 그들의 관계가 어떠한지 알 길이 없다. 모든 것이 멋지고 훌륭해 보이지만, 닫힌 문 뒤에서 서로를 파괴하고 있는지도 모른다.

또 둘만의 관계에서도 여러 시기를 비교하고 싶은 유혹이 든다. 기저귀 차는 아이들 때문에 자유 시간이 거의 없는 지금을 아이가 없던 때의 부부 관계와 비교할지도 모른다. 논리적으로 말이 안 되는 소리다. 아이가 생긴 후에도 삶을 똑같이 유지할 수 있는 방법은 없다. 부모가 되면 자유는 훨씬 줄어들고 책임은 훨씬 더 많아진다. 자녀가 생기면 자연히 삶이 변하게 되어 있다. 따라서 결혼생활도 다르게 보인다. 이는 이해하기 어려운 문제가 아니다. 그런데도 어리석은 비교를 해서 지금 누릴 수 있는 기쁨과 만족을 비하하거나 억지로 늘리려고 할 때가 얼마나 많은가?

테어도어 루즈벨트(Theodore Roosevelt)는 "비교는 기쁨을 빼앗아 가는 도둑이다"라고 말했다. 결혼생활에서 기쁨을 발견하려면 더 좋아 보이는 관계들과 비교하지 말아야 한다. 이웃 부부의 모습이든, 영화에 나오는 부부 관계든 말이다. 비교 속에서는 절대 기쁨을 발견하지 못한다. 기쁨은 옹졸하지 않다. 따라서 옹졸한 마음을 통해서는 기쁨을 얻을 수 없다. 참된 기쁨은 상황을 초월하고, 감정에 국한되지 않으며, 큰 그림, 즉 인생에 대한 하나님의 전체적인 계획을 인식할 때 강화된다.

기쁨은 성령의 열매이다(갈 5:22-23 참조). 하나님으로부터 오는 것이지 환경에서 오는 것이 아니라는 뜻이다. 인간의 의지로 만들어 낼 수 없다. 행복은 일시적인 어려움에 영향을 받는 감정이지만, 기쁨은 고난을 초월한다. 곧 그리스도 안에서 우리의 위치를 깨달음으로써 생기는 소망에서 온다. 하나님 안에서 기쁨을 누리지 못한다면, 결혼생활을 잘해 나가는 데 필요한 힘이 부족해진다. 하나님을 기뻐하는 것이 곧 우리의 힘이기 때문이다(느 8:10 참조). 바울은 빌립보 교회에 보내는 편지에서 이런 생각을 거듭 드러낸다.

주 안에서 항상 기뻐하라. 내가 다시 말하노니 기뻐하라. 너희 관용을 모든 사람에게 알게 하라. 주께서 가까우시니라. 아무것도 염려하지 말고 다만 모든 일에 기도와 간구로, 너희 구할 것을 감사함으로 하나님께 아뢰라. 그리하면 모든 지각에 뛰어난 하나님의 평강이 그리스도 예수 안에서 너희 마음과 생각을 지키시리라(빌 4:4-7).

관계에 대한 염려가 생길 때 기쁨과 감사로 하나님께 아뢰

어라. 그는 염려를 평강으로 바꾸어 주신다고 약속하셨다. 얼마나 좋은 거래인가!

비현실적인 기대들은 기쁨을 빼앗아 결국 결혼생활을 위한 힘을 빼앗는다. 이 덫에 걸려들지 말라. 관계 속에 견고한 진을 친 기대들이 있는지 확인하고, 하나님 말씀의 진리와 우리 인생을 향한 하나님의 특별한 계획보다 앞서게 한 것을 회개하라.

당신의 차례

이제 이 장에서 다룬 내용에 관해 배우자와 이야기를 나누기 바란다. 결혼생활에서 제거해야 할 것들을 기록할 때 성령님이 인도해 주시기를 구하라. 태도와 행동의 변화와 수정도 꼭 필요하다. 하나님이 은혜의 힘으로 도우실 것이다. 가정의 저주 같은 다른 문제들은 기도함으로 맞서야 한다.

제거할 목록이 몇 페이지를 가득 채우더라도 낙심하지 말라. 이 활동은 지금 '잘못된 것'이 얼마나 많은지를 보거나 어떤 부분에 가장 문제가 많은지를 보기 위한 것이 아니다. 미래에 얼마나 놀라운 일들이 일어날 수 있는지를 보려는 것이다. 앞으로 훌륭한 이야기를 써 나가도록 준비시키기 위해 지금 이 문제를 다루는 것이다. 이는 이 땅에서 드러나는 천국의 유산이 다. 갑판을 청소하여, 아무 장애 없이 하나님이 예비하신 모든 것을 받아들이며 자유롭게 앞으로 나가기를 바란다. 아래 기도문은 이 거룩한 길을 가도록 도와주기 위해 작성했다.

이 순간이 거룩한 순간이 되기를 바란다.

아버지, 우리에게 새로운 시작과 새로운 유산을 주셔서 감사합니다. 우리의 관계에서 제거해야 할 것들을 기록할 때 천국의 기운이 우리를 둘러싸기를 기도합니다.

성령님, 우리를 이끄시고 인도하시기를 간구합니다.

하나님의 천사들이 우리를 에워싸고, 대대로 우리 가족을 괴롭혀 온 원수를 물리칠 태세를 갖추기를 기도합니다.

용서와 변화를 일으킬 수 있는 큰 은혜를 간구합니다.

주님의 말씀대로 마음을 새롭게 하시기를 기도합니다.

모든 두려움을 내쫓을 주님의 사랑을 보여 주옵소서.

신뢰의 회복과 관계의 개선을 위해 기도합니다.

분열이 있었던 곳에 연합을 가져다주시길 기도합니다.

우리에게 영감을 주셔서 세상적인 기대가 아니라 주님의 약속을 따라 꿈을 꾸게 하옵소서.

우리 가정에 자유가 임하기를, 가정과 개인적인 삶에 자유가 임하기를 예수 그리스도의 이름으로 기도합니다. 하나님 나라가 우리 안에 임하였음을 선포합니다. 하나님의 뜻이 하늘에서 이루어진 것처럼 이 땅에, 우리 부부와 가정 안에 이루어지게 하소서. 예수님의 능력의 이름으로 기도합니다. 아멘.

DAY 01

마음의 쓴 뿌리부터 청소하라

여러분 자신을 스스로 점검해 보십시오. 여러분은 자신이 믿음 안에서 흔들림이 없는지 스스로 확인해 보고, 모든 것을 당연한 것으로 여기며 적당히 지내는 일이 없게 하십시오. 여러분 자신을 주기적으로 점검하십시오. 여러분에게 필요한 것은, 예수 그리스도께서 여러분 안에 계신다는 전해 들은 이야기가 아니라, 직접적인 증거입니다. 그 증거가 있는지 시험해 보십시오. 만일 그 시험에 실격했다면, 방법을 강구하십시오(고후 13:5, 메시지성경).

앞으로 나아가기 위해 때로 뒤를 돌아보고 여기까지 어떻게 왔는지 깨닫는 것이 좋다. 이 점검을 통해 현재 결혼생활의 갑판에서 제거해야 할 잡동사니들을 평가하고 처리하기 바란다. 잠시 생각하는 시간을 가지며 정직하게 질문에 답해 보라.

1. 어린 시절을 돌아보라. 당신 가정의 전반적인 분위기를 어떻게 묘사할 것인가?(예: 평화롭다, 혼란스럽다, 사랑이 가득하다, 사랑이 없다, 개방적이다, 폐쇄적이다, 관대하다, 인색하다, 두렵다, 아름답다, 따뜻하고 환영받는 분위기, 또는 차갑고 적대적인 분위기)

2. 부모님의 전반적인 관계를 짧게 묘사해 보라(대화, 애정, 친근함 등).

3. 부모님은 의견 충돌과 다툼을 어떻게 해결하셨는가? 서로를 어떻게 대하셨는가?

4. 문장을 완성하라.

> "내가 성장하면서 즐거웠던 일들과 우리 가정에서 따라하고 싶은 것들은….."
>
> "내가 싫어했던 것들과 나의 결혼생활과 가정에서는 반복하고 싶지 않은 것들은….."

5. 당신의 대답을 다시 살펴보고, 현재 가정이나 결혼생활과 비교해 보라. 가정 분위기나 배우자와의 관계 속에서, 또 갈등을 해결하는 방식과 아이들을 훈육하는 방식에 있어서 어떤 공통점들이 보이는가?

6. 이 조사를 근거로, 당신 부부가 결혼생활의 갑판에서 제거해야 할 것은 무엇인가? 배우자와 함께 나누라. 성령님이 제거해 주셔야 할 것들을 내드리며 기도하라.

용서를 하지 않으면 영혼은 독살된다

> 누가 누구에게 불만이 있거든 서로 용납하여 피차 용서하되 주께
> 서 너희를 용서하신 것 같이 너희도 그리하고(골 3:13).

배우자를 용납해 주는가? 배우자가 실수하는 것을 너그럽게 받
아주고 하나님의 은혜로 그의 형상을 닮아 갈 여지를 주는 것을 말한
다. 사실 우리는 모두 허물이 있기 때문에 용납이 필요하다. 우리가 용
서할 때 하늘에 계신 아버지를 닮아, 배우자를 변화시키시는 하나님
은혜의 전달자가 된다. 작가 C. S. 루이스의 말을 들어 보자.

그리스도인이 된다는 것은 용서할 수 없는 것을 용서하는 것이
다. 하나님이 당신 안에 용서할 수 없는 것들을 용서해 주셨기 때
문이다. 어려운 일이다. 한 가지 상처를 용서하는 것은 그리 어
렵지 않을 수 있다. 그러나 매일의 삶에서 끊임없이 화를 돋우는
일들을 용서하는 것, 즉 권위적인 시어머니, 폭력적인 남편, 잔소
리하는 아내, 이기적인 딸, 거짓말하는 아들을 계속 용서해야 한
다면, 과연 어떨까? 쉽지 않겠지만 우리가 지금 어떤 상태인지를
기억하고, 매일 밤 '우리가 우리에게 잘못한 사람들을 용서하는
것처럼 우리의 죄를 용서해 주옵소서'라는 기도의 의미를 잘 생
각해 보기 바란다. 우리는 다른 조건 없이 용서를 받았다. 용서를
거부하는 것은 곧 우리 자신을 위한 하나님의 자비를 거부하는
것이다. 예외는 없으며, 하나님의 말씀은 모두 진심이다.[9]

1. 어떤 영역에서 배우자가 당신을 용납해 줄 필요가 있는가? 당신이 실수하면서 경건한 인격으로 성장해야 하는 부분은 어디인가? 세 영역을 말해 보고 계속 노력하라.

2. 배우자에게서 당신이 용납해야 하는 세 영역을 말해 보라. 현재 용납해 주고 있는가? 그렇지 않다면 이유는 무엇인가?

3. 하나님은 만약 배우자에게 원망하는 마음을 품고 있으면 어떻게 될 거라고 말씀하시는가? 마태복음 6장 14-15절, 18장 21-35절, 마가복음 11장 25절을 잘 읽고 성령님이 계시해 주시는 것을 적어 보라.

4. 회개와 용서의 기도를 하라.

   "하나님, 배우자를 용서하지 않고 계속 원망했던 나를 용서하시옵소서. 더 이상 그 사람의 잘못을 기록해 두길 원치 않습니다. 주님은 나의 죄를 용서하시고 다시는 기억하지 않으십니다. 나도 그와 같이 할 수 있는 능력과 갈망을 주옵소서. 배우자를 주님의 손에 맡깁니다. 아멘."

DAY 03

모든 두려움을 내어 드리라

무엇에든지 참되며 무엇에든지 경건하며 무엇에든지 옳으며 무엇에든지 정결하며 무엇에든지 사랑 받을 만하며 무엇에든지 칭찬 받을 만하며 무슨 덕이 있든지 무슨 기림이 있든지 이것들을 생각하라(빌 4:8).

배우자를 생각할 때 무엇에 초점을 두는가? 배우자의 허물과 잘못만 생각하면 결혼생활의 문제들이 더욱 확대된다. 반면에 감사할 수 있는 것들에 생각을 고정시키면 관계를 완전히 새로운 시각으로 바라볼 수 있다. 모든 삶이 그렇듯이 결혼생활에서 가장 중요한 것은 관점이다.

1. 어떤 렌즈를 통해 배우자를 바라보는지가 관계에 직접적인 영향을 끼친다. 전반적으로 배우자를 어떻게 대하는가? 일반적으로 나타내는 말과 행동, 태도들을 생각해 보라. 당신의 행동을 있는 그대로 보여 달라고 기도하라. 하나님이 무엇을 보여 주시는가? 하나님의 도우심으로 어떤 부분을 바꾸라고 하시는가?

2. 배우자의 가치를 새로운 시각으로 바라보기 원하는가? 빌립보서 4장 8절을 깊이 묵상하라. 그리고 나서 배우자에 대해 하나님께 감사할 수 있는

일들 10가지를 적어 보라(기질, 특성, 은사 등). 앞으로 30일 동안 계속 묵상하며 이 목록을 추가해 보라. 이런 특성들에 대해 감사하는 마음을 배우자에게도 진심으로 표현하라.

3. 두려움은 시각을 왜곡한다. 배우자와 우리 자신, 그리고 상황 속에서 잘 못처럼 보이는 것들에 초점을 두게 한다. 여러 가지 면에서 두려움(fear)은 실제처럼 보이는 가짜 증거(False Evidence Appearing Real)이다. 배우자와의 관계에서 가장 큰 두려움은 무엇인가? 하나님께 보여 달라고 기도하라. 빌립보서 4장 8절 말씀에 비추어 이 두려움들을 살펴보라. 참되거나 경건하거나 옳은 것인가? 정결하고 사랑받을 만한 것인가?

4. 잠시 멈추고 기도하라. "성령님, 이 두려움이 어떻게 만들어졌습니까? 무엇에 근거한 두려움입니까? 어떻게 하면 주님을 더 신뢰하고 내 삶에서 두려움이 없어지는 것을 볼 수 있습니까?" 잠잠히 귀를 기울여라. 성령님이 뭐라고 말씀하시는가?

DAY 04

말씀으로 가문의 저주를 끊으라

> 그리스도께서 우리를 위하여 저주를 받은 바 되사 율법의 저주에 서 우리를 속량하셨으니…(갈 3:13).

하나님은 당신 가정 안에서 완전히 새로운 일을 행하기 원하신 다! 그는 이렇게 말씀하신다. "보라 내가 새 일을 행하리니 이제 나타 낼 것이라. 너희가 그것을 알지 못하겠느냐. 반드시 내가 광야에 길을 사막에 강을 내리니"(사 43:19). 조이스 마이어(Joyce Meyer)의 이야기를 들 어 보자.

> "예수님은 감옥문을 열고 포로들을 해방시켜 주기 위해 오셨다. … 당신은 비참한 과거를 보냈을지 모른다. 지금 매우 부정적이 고 우울한 상황에 처해 있는지도 모른다. 너무 안 좋은 상황들에 직면해 있어 실제로 소망을 가질 이유가 없어 보일지도 모른다. 그렇지만 미래를 결정하는 것은 과거나 현재가 아니다! 마음자 세를 새롭게 가져라. 하나님께는 모든 것이 가능하다는 것을 믿 어라(눅 18:27)."[10]

1. 그리스도는 당신의 혈통에 잠재되어 있던 모든 저주로부터 당신과 배우 자와 자녀들을 자유롭게 해 주려고 대가를 치르셨다. 지금 해야 할 일은 그의 승리가 실제로 효력을 나타내게 하는 것이다. 하나님 앞에 잠잠하 고 이렇게 기도하라.

"성령님, 내 가문에 어떤 불경한 행위의 저주들이 꿈틀거리고 있습니까? 내 배우자의 가문에는 어떻습니까? 부디 우리가 잘 처리하고 참된 자유를 경험하도록 우리에게 보여 주옵소서."

2. 우리는 두려움 때문에 맹세를 한다. 다시 상처받을 것이 두려워 종종 이와 같은 말을 한다. "어떤 남자/여자도 …하면 용서하지 않을 거야, 내 남편/아내가 (나를 속이거나 때리거나 등등) 한다면 나는 …할 거야." 마음속으로나 혹은 소리 내어 그런 맹세를 했다면 회개하라. 당신을 방어해 주시고 보호해 주실 하나님을 신뢰하게 도와달라고 기도하라(이사야 54:17).

   "너를 치려고 제조된 모든 연장이 쓸모가 없을 것이라. 일어나 너를 대적하여 송사하는 모든 혀는 네게 정죄를 당하리니 이는 여호와의 종들의 기업이요".

3. 예수님과의 관계를 통해 당신은 모든 저주에서 벗어나고 모든 신령한 복을 받는다(엡 1:3 참조). 이 성경 구절들을 잘 읽고 당신 가족이 그리스도 안에서 어떤 축복들을 받을 수 있는지 확인해 보라(마태복음 11:28; 16:19; 누가복음 10:19; 11:13; 요한복음 4:14; 7:38-39; 14:27; 15:11; 고린도전서 1:30; 고린도후서 5:21; 베드로후서 1:3-4)

비현실적인 기대의 덫에 빠지지 말라

그가 친히 말씀하시기를 내가 결코 너희를 버리지 아니하고 너희를 떠나지 아니하리라 하셨느니라(히 13:5).

기대는 "미래에 어떤 일이 일어나거나 어떻게 될 거라는 강한 믿음"이다.[11] 사람들에게 기대를 갖는 것은 특히 우리와 관련하여 그들이 어떻게 성공할지, 또는 얼마나 잘될지에 대한 강한 느낌이나 믿음을 갖는 것이다. 일반적으로 가장 가까운 사람들, 특히 배우자에 대해 가장 큰 기대를 갖는다. 작가이자 연설가인 패트릭 몰리(Patrick M. Morley)는 이렇게 설명한다.

"우리는 모두 기대를 가지고 결혼생활을 시작한다. 그 기대는 다양하고 때로는 비현실적이다. 그러한 기대들은 (1)우리가 가진 결혼의 이미지나 (2)우리의 충족되지 않은 필요들에 근거한 것이다. 우리는 저마다 마음속에 이상적인 결혼생활의 이미지를 가지고 있다. 그 이미지는 우리 부모님의 말과 행동, 가족 전통, 친구의 부모님, 텔레비전, 독서, 영화 배우 또는 어떤 영웅으로부터 왔을 것이다."[12]

1. 비현실적인 기대들은 결혼생활의 어떤 부분에서나 존재할 수 있다. 돈 문제, 대화, 집안일, 자녀 양육, 친구들과의 관계, 성관계 등. 잠시 이렇게 기도하라.

"하나님, 나는 결혼생활에 대해 어떤 비현실적인 기대를 가지고 있습니까?"

어떻게 하면 비현실적인 기대들을 현실적인 것으로 바꿀 수 있을까? 패트릭 몰리는 계속해서 이렇게 말한다.

"우리는 돌려받을 것을 기대하지 않고 주는 법을 배워야 한다. 우리의 기대를 배우자에게 전달하고, 그들도 우리가 현실적인 기대를 갖고 있다는 데 동의하는지 들어 보아야 한다."[13]

2. 배우자에게 이렇게 물어보라. "내가 당신한테 비현실적인 기대를 한다고 생각해? 그렇다면 어떤 것들이 그래?" 중간에 말을 막지 말고 존중하며 경청하라. 배우자에게 비현실적인 기대를 갖고 있다면 그들에게 압박감을 준 것에 대해 진심으로 사과하라.

3. 궁극적으로 기대는 하나님과 그의 말씀에 기록된 약속들에 두어야 한다. 하나님은 신실하시며 절대 실망시키지 않으실 것이다! 이렇게 기도하라.

"하나님, 내가 오직 하나님만 채워 주실 수 있는 필요들을 배우자가 채워 주길 기대하고 있습니까? 그렇다면 알려 주세요. 은혜를 주셔서 이 필요들을 채워 주시는 주님을 신뢰하게 해 주세요."

1. 결혼생활에서 의견 충돌은 피할 수 없는 일이다. 하지만 우리가 그 충돌을 어떻게 다루느냐에 따라 결과는 달라질 수 있다. 배우자의 특성을 이해하는 것이 그들을 인정해 주고 긍정적인 새 관점으로 그들을 바라보는 데 어떤 도움이 되는가?

2. 그리스도를 통해 누구나 용서를 구하면 받을 수 있다. 하지만 만일 당신이 어떤 일에 대해 하나님께 용서를 구했는데 하나님이 "글쎄 내가 널 용서하기 원하는지 모르겠다. 아마도 넌 그 일을 또 할 것 같은데. 먼저 어떤 변화를 보고 싶구나"라고 말씀하신다면 어떨까? 배우자가 용서를 구했을 때 이렇게 말하거나 생각한 적이 있는가?

3. 하나님의 무조건적인 사랑과 용서가 어떻게 당신에게 변화할 수 있는 힘과 동기를 부여하는가? 이것에 비춰 볼 때 용서에 관하여 배우자에게 어떤 태도를 취해야겠는가?

   "용서는 관계 속에서 비난과 고통의 순환을 끊는 유일한 방법이다 … 그것이 책임과 정의와 공정성의 문제를 모두 해결해 주는 것은 아니다. 그러나 관계를 처음부터 다시 시작할 수 있게 해 준다"(필립 얀시).[14]

4. 두려움은 우리의 삶 속에서 하나님의 사랑과 보호하심에 정반대되는 영적 세력이다. 두려움을 찾아내서 다루지 않으면 우리를 마비시켜 결혼의 큰 뜻에 이르지 못하게 할 것이다. 남편들이여, 남자들이 아내와의 관계 속에서 직면하는 두려움들은 무엇인가? 아내들이여, 여자들이 남편과의 관계 속에서 직면하는 두려움들은 무엇인가? 당신은 이 두려움들을 극복하기 위한 어떤 구체적인 방법들을 찾아냈는가?

5. 결혼생활에서의 비현실적인 기대들은 분노와 좌절과 실망의 온상이다. 원수는 교활하게 오락물과 미디어를 이용하여 배우자에 대한 비현실적인 관점을 갖게 하고 불만의 씨앗을 뿌린다. 여기서 멈추고 생각해 보라. 영화, 음악, 텔레비전 프로그램, 잡지, 책, 인터넷이 배우자와 결혼생활을 바라보는 관점에 어떤 영향을 미치는가? 비현실적인 기대들로부터 우리의 마음과 생각을 지키기 위해 어떤 실제적인 행동을 취할 수 있을까?(빌립보서 4장 8절 말씀을 함께 나누고, 미디어 선택에 대한 시금석으로 삼으라)

PART 4

"우리 부부도 달라질 수 있을까"

하나님의
은혜에
접속하라

너희 중에 누구든지 크고자 하는 자는 너희를 섬기는 자가 되고 너희 중에 누구든지 으뜸이 되고자 하는 자는 너희의 종이 되어야 하리라(마 20:26-27).

01

자격이 있든 없든
아낌없이
사랑하라

결혼생활의
참된 기준

건강한 부부관계를 만드
는 효율적인 방법이 단 하나 있다. 많은 이들이 잘 볼 수 있는 곳
에 숨겨져 있다. 이 방법은 흥미진진하지도 않고 결코 쉽지도 않
다. 하지만 우리 모두가 결혼생활 속에서 갈망하는 만족과 목적
과 사랑을 이해하는 유일한 길이다. 그 큰 비밀을 맞닥뜨릴 준비
가 되었는가? 그것은 바로 섬김이다. 당신이 꿈꾸는 결혼생활을
세울 수 있는 유일한 방법은 배우자를 섬기는 일에 헌신하는 것

이다.

부디 이 책을 내려놓거나 다음 장으로 넘어가고 싶은 충동을 거부하기 바란다. 섬김의 개념은 일반적으로 별로 흥미를 일으키지 않는다. 오히려 반항심이나 심지어 두려움을 일으킬 가능성이 더 높다. 우리는 다른 사람의 이익, 갈망, 또는 취향에 따른다고 생각하면 약간 주춤하는 경향이 있다. 그러나 하나님의 아들이시며 왕 중 왕이신 예수님은 우리에게 가장 좋은 것을 주기 위해 종이 되기로 선택하셨다. 그는 하나님과 인간 사이에 다리를 놓기 위해 그에게 합당한 권위와 특혜의 자리를 거절하셨다. 그리고 우리에게 하나님과 화해할 길을 열어 주셨다. 이제 주님은 우리가 특별한 삶을 살고 예수님을 닮아 갈 수 있게 하심으로써 우리의 가장 깊은 꿈과 열망과 기쁨을 채워 주는 것을 기뻐하신다. 예수님은 자신의 생명을 버리시면서, 우리의 생명을 풍성하게 해 주셨다. 이 전례 없는 무한한 섬김이 모든 관계, 특히 결혼생활에서 기준이 되어야 한다.

갑판을 청소했으면 이제 꿈꾸는 결혼생활을 만들어 갈 차례다. 하지만 결혼에 대한 꿈, 즉 하나님께 영감을 받은 행복의 청사진을 실현하는 유일한 길은 당신의 목숨을 바치는 것이다. 하나님 나라에서는 아낌없이 나누어 준 것들만 계속 누릴 수 있다. 결혼생활에서 누리기 원하는 기쁨, 사랑, 만족은 오직 배우자를 위해 자신의 가장 큰 이익 추구를 포기할 때 찾아온다.

가장 불쌍한 그리스도인들은 자아의 추구에 몰두해 있는 자들이다. 누구보다 가장 무능력한 사람은 다른 사람을 위해 아무 일도 하지 않는 사람들이다. 그리스도 안에서, 예수님의 섬김의 영적 유전자가 우리의 본성 안에 심겨졌기 때문이다. 예수님은 최고의 종이시다. 그리스도 안에서 우리의 정체성을 받아들이지 않을 때 우리 스스로 그의 변화시키는 능력에서 멀어진다. 그 정체성은 무엇보다도 종으로 사는 것을 포함한다. 그리스도의 그 능력은 경건한 삶과 결혼생활을 구축하는 데 극히 중요하며, 우리는 그가 사신 것처럼 살고자 할 때에만 그 능력에 다가갈 수 있다. 섬기지 않으면 우리가 원하는 결혼생활을 이루어 갈 수 없다.

가장 작은 자가 되라

제자들과 마지막 식사를 하시는 동안 예수님은 가장 친한 친구들에게 그의 죽음이 임박했으며 그가 곧 배신을 당할 거라고 말씀하셨다. 그러자 제자들 반응은 어떠했는가? 가장 먼저 절대로 예수님을 배신할 일은 없을 거라고 적극 부인했다. 그러고 나서 금방 그들 중에 누가 제일 크냐는 다툼이 일어났다.

얼마나 터무니없는 모습인가! 예수님은 그의 임박한 죽음에 대해 자세히 이야기하셨는데 그의 가장 친한 친구들이 할 수 있는 일은 고작 서로 자기가 잘났다고 말하는 것이었다. 그들의 어리석음에 예수님이 어떻게 말씀하셨는지 보라.

너희 중에 큰 자는 젊은 자와 같고 다스리는 자는 섬기는 자와 같을지니라. 앉아서 먹는 자가 크냐 섬기는 자가 크냐 앉아서 먹는 자가 아니냐. 그러나 나는 섬기는 자로 너희 중에 있노라(눅 22:26-27).

예수님 말씀은 얼굴에 정면으로 날아온 축구공처럼 제자들을 강타했다. 그들은 서로 큰 자가 되는 데에만 관심이 있었다. 그런데 예수님은 큰 자가 되려면 섬기는 일을 잘해야 한다고 말씀하셨다.

예수님은 단지 어려운 말씀을 하는 데서 멈추지 않으셨다. 이어서 예수님이 하신 행동은 제자들을 더 불편하고 혼란스럽게 했다. 성경을 보자.

예수님께서는 아버지께서 자기에게 모든 것을 다스릴 권세를 주셨다는 것을 아셨습니다. 또한 그는 아버지께로부터 오셨다가 다시 아버지께로 돌아가실 것을 아셨습니다. '그래서' 저녁 잡수시던 자리에서 일어나 겉옷을 벗고 수건을 가져다가 허리에 두르셨습니다. 예수님께서는 대야에 물을 부어 제자들의 발을 씻기시고 두르신 수건으로 그들의 발을 닦아 주기 시작하셨습니다(요 13:3-5, 쉬운성경).

예수님은 왜 제자들의 발을 씻겨 주셨는가. 한 단어를 주의 깊게 살펴보면 답이 보인다. 바로 '그래서'이다. 예수님은 모든 것을 다스릴 권세를 받으셨다. 그래서 자신을 낮추고 낮은 종이 할 일을 하셨다. 예수님은 거짓된 겸손과 싸우지 않으셨다. 그는 분명 자신의 권세를 아셨다. 그러나 지대한 영향력을 가진 자신의 권위를 과시하거나 남용하는 대신, 자신의 지위를 발판 삼아 상상도 할 수 없는 섬김의 행위를 보여 주셨다.

1세기에는 길이 포장되어 있지 않았고 여행자들이 나이키 운동화를 사서 신을 쇼핑몰도 없었다. 사람들은 아예 신발을 신지 않거나 샌들을 신고 다녔다. 그래서 발에 온통 먼지와 동물의 배설물이 묻을 수밖에 없었다. 냄새와 더러움의 정도가 가히 현대인들이 상상할 수 없는 수준이었을 것이다.

발이 너무 더러웠기 때문에 주인이나 손님들의 발을 닦아 줄 종들이 필요했다. 종들은 해야 할 일이 많았다. 마구간도 관리해야 하고 음식 준비도 해야 하고 방청소도 해야 했다. 여기서 발을 씻기는 일은 가장 천한 종이 하는 일이었다. 어떤 사회에서는 심지어 이 지저분한 일을 오로지 여자 하인들에게만 맡겼다. 그들은 그렇게 굴욕적이고 역겨운 일을 할 만큼 '가치 없는' 자들로 간주되었다.

그런데 예수님은 가장 미천한 섬김의 행위를 자처하셨다. 왜인가? 제자들에게 섬김에 대한 교훈의 중요성을 이해시켜야 했기 때문이다. 심지어 선생의 지위를 상징하는 겉옷을 벗고, 종처럼 수건을 허리에 두르셨다. 예수님은 곧 자신을 부인하고 배신하고 떠날 사람들의 발을 씻겨 주기 위해 이 모든 일들을 행하셨다.

예수님께서는 제자들의 발을 다 씻기신 뒤에 옷을 입고 다시 자리에 앉으셔서 그들에게 이런 질문을 하셨습니다. "내가 방금 전에 너희에게 행한 일이 무슨 뜻으로 한 것인지 이해하겠느냐? 너희가 나를 '선생님' 또는 '주님'이라고 부르는데 너희 말이 맞다. 나는 바로 그런 사람이다. 내가 선생과 주로서 너희 발을 씻겼으니 너희도 서로 발을 씻겨 주어야 한다. 내가 너희에게 본을 보여 준 것이다. 내가 너희에게 진리를 말한다. 종이 자기 주인보다 크지 못하고, 보냄을 받은 자가 그를 보낸 자보다 크지 못한 법이다. 너희가 이것을 알고 그대로 행하면 너희에게 복이 있을 것이다"(요 13:12-17, 쉬운성경).

제자들의 발을 씻기신 후 예수님은 다시 옷을 입으시고 선생의 위치로 돌아가셨다. 그리고 제자들이 결코 잊지 못할 교훈을 마무리 지으셨다. 영원히 새길 그 말씀은 네 가지 요점으로 정리할 수 있다.

1. 주님이자 선생님으로서 나는 궁극적인 본보기다.
2. 내가 기꺼이 이렇게 비천한 일을 하였으니, 그 일이나 다른 어떤 섬김의 일도 가치 없게 여기지 말라.
3. 나는 너희의 주인이며 너희보다 큰 자이나 가장 낮은 종으로서 섬기려 한다.
4. 내가 보여 준 섬김의 리더십을 따르는 자들은 복이 있을

것이다.

섬기기 위해
부름받았다

예수님은 그의 본을 따르면 복이 있을 거라고 말씀하셨다. 이는 그를 본받아 배우자를 섬길 때 결혼생활에 축복이 임할 거라는 뜻이다.

밤마다 발을 씻겨 주는 의식을 행함으로써 예수님을 따라 하라는 말이 아니다. 그의 섬김의 본을 우리의 삶 속에 적용해야 한다. 결혼생활에서 우리 각자의 역할을 섬김의 발판으로 사용할 때 그리스도의 본을 가장 잘 따르는 것이다. 바울의 글을 읽어 보자.

> 아무 일에든지 다툼이나 허영으로 하지 말고 오직 겸손한 마음으로 각각 자기보다 남을 낮게 여기고 … 너희 안에 이 마음을 품으라. 곧 그리스도 예수의 마음이니(빌 2:3, 5).

그리스도의 마음은 무엇인가? 그는 자신을 종으로 여기고 자신보다 다른 사람들의 이익을 먼저 생각했다. 그가 사랑하는 자들을 위해 죽으실 때 그 마음이 극에 달했다. 배우자를 위해 그렇게까지 희생하도록 요구받지는 않을 것이다. 하지만 배우자를 위해 우리의 자기중심성을 버리도록 부름받았다.

섬김이 그렇게 중요하다면, 즉 하나님의 축복을 가져오는 일이라면 왜 좀 더 많은 사람들이 행하지 않는가? 타락한 인간 본성이 문제다. 그것은 끊임없이 성령의 길과 싸우며 우리 자신의 이익을 목표로 삼으라고 종용한다. 육신은 우리에게 육신의 욕망을 인정하라고 요구하며, 그 갈망이 충족되어야 한다고 주장한다. 그러나 아무리 채워 주려고 해도 인간의 본성은 항상 더 많은 것을 원할 것이다.

성령은 헌신하는 마음을 주고 지속적인 만족을 주는 반면, 죄의 본성은 끊임없이 이기심과 불만족을 부추긴다. 매순간 우리는 성령의 인도를 따를지, 만족할 줄 모르는 육신의 소욕을 따를지, 선택하며 살아간다.

> 육체의 소욕은 성령을 거스르고 성령은 육체를 거스르나니 이 둘이 서로 대적함으로 너희가 원하는 것을 하지 못하게 하려 함이니라(갈 5:17).

예수님은 우리를 악한 본성에서 자유롭게 하셨고, 그래서 우리는 자유롭게 우리 생명을 내줄 수 있다. 구원이 우리를 자유케 하신 것은 더 많이 갖기 위해서가 아니라 더 많이 나누기 위함이다. 바울은 "너희가 자유를 위하여 부르심을 입었으나 그러나 그 자유로 육체의 기회를 삼지 말고 오직 사랑으로 서로 종노릇 하라"(갈 5:13)고 말했다.

우리에게 자유가 주어진 것은 삶을 희생하기 위함이다. 만일 우리가 단지 우리 자신을 위해서만 산다면 그리스도 안에서 얻은 자유를 낭비하고 죄와 이기심을 따르는 것이다. 그리스도가 우리를 죄와 이기심으로부터 자유롭게 하려고 죽으셨는데 말이다. 그러나 다른 사람들, 특히 배우자를 섬기며 사는 법을 배움으로써 우리는 하나님이 주신 풍성한 삶을 누릴 수 있다.

02

성령님이
다스리게 하라

성령의 능력을
받아야 한다

사람들은 에베소서 5장의 '결혼에 관한 말씀'을 언급할 때 대개 22절부터 시작한다. 아내들에게 복종하라는 말씀이다. 그러나 바울의 권면은 사실상 그 앞에서 시작된다. 결혼생활이 그리스도와 교회의 관계를 어떻게 보여 주어야 하는지를 온전히 이해하기 위해 18절로 돌아가 보자.

오직 성령으로 충만함을 받으라(엡 5:18).

여기서 "충만함"으로 번역된 단어를 헬라어 원문에서 보면 지속적인 경험으로서 성령에 흠뻑 젖는 과정을 묘사한다. 지속적으로 성령 충만하여 그의 인도를 받지 않으면, 하나님만 채워 주실 수 있는 필요들을 배우자가 채워 주길 바랄 것이다. 배우자가 아무리 훌륭하더라도 하나님을 대신할 수는 없다. 하나님만 주실 수 있는 목적과 의미와 축복을 배우자가 불어넣어 주기를 기대한다면, 분명 실망하고 좌절하며 하나님의 사랑을 나타내지 못할 것이다.

삶 속에 성령을 기쁘게 받아들여야 결혼생활을 통해 그리스도를 나타낼 수 있다. 그리스도는 구원의 초석이지만, 성령은 변화를 일으키시는 분이다. 우리 삶이 계속 성령으로 충만해짐으로써 마음이 새로워지고 행동이 변화하는 것을 경험할 수 있다. 하나님은 이렇게 말씀하신다.

> 너희는 … 옛 사람을 벗어 버리고 오직 너희의 심령이 새롭게 되어 하나님을 따라 의와 진리의 거룩함으로 지으심을 받은 새 사람을 입으라(엡 4:22-24).

성령을 떠나 그리스도처럼 사랑하고 섬기려고 애쓰는 것은 수도꼭지에 연결되어 있지 않은 호스에서 물을 받으려는 것과 같다. 호스는 스스로 물을 배출하지 못한다. 단지 물을 전달하는 도관일 뿐이다. 마찬가지로 우리가 성령의 능력을 받을 때에만 하나님이 바라시는 대로 배우자를 사랑하고 섬길 수 있다.

의지력과 행동의 수정도 중요하지만 궁극적으로 우리 마음을 새롭게 하거나 육신의 소욕을 이길 수 없다. 오직 성령의 인격과 능력을 받아들일 때 삶을 변화시키는 성령의 영향력이 우리의 삶 속에서, 또 우리의 삶을 통해 나타나는 것을 경험할 수 있다. 그 영향력은 배우자를 향한 그리스도 닮은 태도와 행동 속에서 나타난다. 성령의 개입 없이 행동을 고치려고 노력하면 좌절과 망상에 빠질 뿐이다.

우리는 조종하고 지배하려는 태도 때문에 결혼생활이 파탄난 사람들로부터 수많은 메시지를 받았다. 많은 경우에 이런 사람들은 성경을 많이 알았지만 성령의 사랑과 은혜가 부족했다. 그 결과 자유와 능력을 주어야 할 말씀이 가두고 넘어뜨리고 부끄럽게 하는 데 사용되었다. 이기심이 도사리는 곳마다 그런 악한 모습이 나타난다. 성령의 일에 헌신하지 않고 부부로서 주된 역할인 섬김을 거부할 때 이기심이 더 크게 자라날 것이다.

이제부터는 우리는 결혼생활 안에서 섬김이 어떤 모습으로 나타나는지를 살펴보자. 어떻게 섬김을 통해 결혼생활을 세워나갈 수 있는지에 대해 성경적인 틀을 제공하고자 한다. 이런 의미에서, 배우자의 현재나 과거의 행동을 비난하는 데 이 장을 이용하지 말기를 바란다. 대신 앞으로 나아가기 위한 틀로 사용하라.

물론 두 배우자가 부부의 역할에 대한 하나님의 계획을 존중하기 원한다는 전제가 깔려있다. 또 그 전제가 항상 맞는 것은 아니다. 그럼에도 어떤 상황에 있든 간에, 당신은 배우자를 변화시킬 수 없다. 그렇게 하려고 시도한다면 하나님께 방해가 될 뿐이다. 성령의 역사에 대해 마음을 열고, 배우자 안에서 오직 성령만이 하실 수 있는 일을 하시게 하라.

정체성과 역할

우리가 결혼생활에서 해야 할 섬김의 역할을 이해하려면 다시 에덴동산으로 돌아갈 필요가 있다.

> 하나님이 자기 형상 곧 하나님의 형상대로 사람을 창조하시되 남자와 여자를 창조하시고(창 1:27).

남자와 여자는 둘 다 하나님의 형상을 지닌 자들로서 하나님의 본성을 나타낸다. 남자와 여자는 다르지만 이 세상에서 하나님의 본성을 나타내는 데 있어서는 똑같이 중요하다.

남편과 아내는 역할이다. 독특한 역할로서 성경은 그 역할이 수반하는 것들에 대해 구체적으로 조언한다. 그러나 이 역할들이 우리의 정체성은 아니다. 정체성은 우리의 본래 설계와 관련이 있다. 우리는 세상에서 하나님의 형상을 지닌 자들로 창조되었다. 인류의 타락으로 이 목적이 왜곡되었지만 그리스도의 희생으로 다시 회복되었다. 그리스도 안에서 우리의 구원은 무엇보다도 정체성의 변화다.

남편, 아내, 전문가, 사역자, 부모, 친구 등 어떤 역할도 당신의 정체성을 능가할 수 없다. 그리고 역할의 **변화**(예를 들자면 미혼에서 기혼으로)는 정체성의 변화와 같지 않으므로 남자나 여자나 결혼 전과 마찬가지로 결혼 후에도 하나님 보시기에 귀한 존재들이다.

안타깝게도 많은 사람들(특히 여자들)이 결혼하고 나면 자신의 가치가 바뀐다고 생각한다. 여자들은 남편을 공경하려면 자신의 중요성이나 공헌이 더 작아져야 할 것 같은 두려움을 느낀다. 이런 시나리오에서는 여자들이 사랑과 섬김의 행위를 나타내기보다 노예처럼 자신이 거의 없어져버릴 때까지 움츠러든다.

처음에는 이런 관계에서 남편이 혜택을 보는 것 같지만 그렇지도 않다. 이기심이 하나의 라이프스타일로 발전하면 두 배우자 모두 손해다. 아내를 결혼생활의 동등한 파트너로 여기지 않는 남편은 친밀한 협력자를 잃을 뿐 아니라 가장 큰 성장의 기회를 잃어버린다. 남자들은 예수님이 교회를 섬기시는 것처럼 자기 배우자를 섬길 때 더욱 그리스도를 닮을 수 있다. 예수님이 그가 이끄시고 사랑하시는 이들을 섬김으로써 리더십의 본을 보이셨던 것을 명심하라.

사랑, 존중, 공경은 두 배우자 모두에게 반드시 필요하다. 둘 다 중요한 사람이고 둘 다 섬기는 사람이다. 이런 식으로 결혼생활에 접근하는 것은 남자와 여자가 통치의 능력을 되찾는 데 도움이 된다. 그 능력은 하나님이 우리를 창조하실 때부터 우리에게 맡기신 힘과 권위의 선물이다.

통치 vs 지배

> 하나님이 그들에게 복을 주시며 하나님이 그들에게 이르시되 생육하고 번성하여 땅에 충만하라, 땅을 정복하라, 바다의 물고기와 하늘의 새와 땅에 움직이는 모든 생물을 다스리라 하시니라. … 하나님이 지으신 그 모든 것을 보시니 보시기에 심히 좋았더라(창 1:28, 31).

남자와 여자는 적이 아니었다. 친한 동역자이자 협력자였다. 즉 별개의 두 사람이 한 마음으로 하나된 것이다. 그들은 땅에 충만하고 땅을 정복하라는 명령을 받았다. 하나님은 그들에게 생육하고 번성하라는 임무를 주시고 세부적인 것들은 그들이 결정하게 하셨다. 그들에게 통치권을 주신 것이다.

통치는 지배 권력, 권한, 또는 통제와 관련이 있다. 영향력이 미치는 범위를 말해 주며, 권력의 소유와 관련이 있다. 최후의 만찬 이야기에서 배운 것처럼, 남자든 여자든 우리에게 주어지는 모든 권위는 다른 사람들을 섬기며 그들의 유익과 성장을 돕기 위한 것이다.

성별의 싸움은 타락 이후에 시작되었다. 하나님과 피조물

사이에 굉장히 중요한 단절이 생기자 통치가 지배와 조작으로 바뀌었다. 이렇게 하나님이 주신 힘을 왜곡하는 것들이 아름다운 연합을 위한 하나님의 본래 계획과 계속 싸우고 있다. 결혼은 번성이 아니라 분열의 도구가 되었다.

결혼은 절대 권력 싸움이 아니라, 힘의 연합을 위해 창조되었다. 서로 다른 장점과 힘을 가진 두 사람을 하나 되게 하여 그 다른 점들을 번성의 기회로 삼는 것이 결혼이다. 이는 화해할 수 없을 것 같은 사람들을 화해시키기 위한 하나님의 계획의 일부이다.

> 인자가 온 것은 잃어버린 자를 찾아 구원하려 함이니라(눅 19:10).

종종 이 구절을 오직 복음 전도 활동을 묘사하는 것으로만 이해한다. 그런데 사실은 훨씬 더 많은 책임을 내포하고 있다. 예수님은 단지 잃어버린 사람만 구원하기 위해 오신 것이 아니다. 그는 잃어버린 것들을 구원하러 오셨다. 우리 인간은 타락하면서 하나님과의 교감을 잃었다. 그뿐 아니라 서로간의 조화로운 관계도 잃었다. 여기에는 형제들 간의 관계, 자매들 간의 관계, 부모와 자녀 관계, 남편과 아내의 관계도 포함된다. 또한 다른 피조물들과의 아름다운 관계도 잃었다.

예수님의 구원 사역은 단지 천국 갈 때까지 생존하기 위한 것만이 아니다. 지금 회복되어 풍성한 삶을 누리기 위한 것이다.

십자가로 인해, 손실을 겪은 모든 관계에 회복의 가능성이 생겼다. 지금 결혼생활 속에서 치유를 경험할 수 있다는 뜻이다. 남자와 여자는 다시 한 몸으로 살 수 있다!

마음과 뜻이 하나가 될 때 우리는 번성한다. 하나님이 연합이 있는 곳에 복을 명령하신다고 하셨기 때문이다(시 133편 참조). 우리 영혼의 적은 우리가 하나님의 복을 경험하거나 번성하는 것을 원치 않는다. 따라서 안간힘을 다해 우리의 연합을 파괴하려 한다. 지배의 기만과 싸우고 참된 통치의 본질을 받아들이라. 하나님의 뜻이 세상에서 이루어지는 것을 보기 위해 하나님과 협력하는 길이다.

이제 결혼생활에서 남자와 여자의 서로 다른 역할들에 대해 중점적으로 논의하고자 한다. 정체성, 가치, 통치에 대한 하나님의 관점을 제대로 이해하지 않으면, 하나님이 정하신 역할들이 한쪽 배우자에게 더 유리하다는 잘못된 생각에 빠지기 쉽다. 결혼에 대한 하나님의 첫 번째 명령을 연구하고 정체성과 역할의 차이를 알았으므로 이제 두 배우자의 역할이 얼마나 흥미롭고 중요하고 타당한지 깨달을 것이다.[1]

03

남편들이여,
사랑으로 아내를
덮어 주라

아내를 귀히 여기라

서로 귀히 여겨라. 성경
은 양 배우자가 서로 존중해야 한다고 분명히 말한다.

남편들아 이와 같이 지식을 따라 너희 아내와 동거하고 그
를 더 연약한 그릇이요 또 생명의 은혜를 함께 이어받을 자
로 알아 귀히 여기라. 이는 너희 기도가 막히지 아니하게
하려 함이라(벧전 3:7).

아내의 역할은 나중에 이야기하고 지금은 남자의 역할에 초점을 맞추자.

남편들이여, 아내는 당신보다 못한 사람이 아니다. 아내는 그리스도 안에서 공동 상속자이며, 그에 걸맞게 존중해 주어야 한다. 베드로가 아내는 남편보다 더 연약하다고 말한 것은 육체적인 힘을 말한다. 잠재적인 통찰력이나 분별력 또는 영적인 능력을 말하는 것이 아니다. 육체적 '연약함' 때문에 아내의 가치가 남편보다 덜한 것은 아니다. 단지 당신만큼 역도를 많이 들어올릴 수 없을 거라는 뜻이다.

베드로의 말은 사실적인 관찰에 근거한 말이지 가치를 선언하는 말이 아니다. 매우 중요한 사실이다. 왜냐하면 우리는 존중할 가치가 있다고 생각하지 않는 사람들은 섬기려 하지 않기 때문이다. 아내를 위해 목숨을 버릴 수 있으려면 먼저 아내의 특별한 가치를 알아야 한다.

이렇게 직접적으로 말하는 이유는 당신이 아내를 하찮게 여기거나 무시하려 한다고 믿어서가 아니라 불분명하게 말할 이유와 여지가 전혀 없기 때문이다. 남자와 여자는 둘 다 하나님의 형상으로 창조되었다. 따라서 남자가 여자를 존중하고 귀히 여기고 사랑하고 보호하지 않는다면 우리 아버지의 명예를 손상시키는 것이다.

처음에 하나님은 남자가 혼자 있는 것이 좋지 않다고 말씀하셨다(창 2:18 참조). 이 첫 번째 문제, 즉 남자의 고독을 하나님은 하와를 창조함으로 해결하셨다. 여자는 부차적인 피조물이 아니라 하나님의 응답이다. 하나님의 사람으로서 당신은 아내를 사랑하고 도와주고 공을 들이고 섬길 기회를 부여받았다. 길 잃은 세상을 향한 하나님의 마음을 담대하게 선포하는 것이다.

베드로는 또한 남자들이 지식을 따라 아내를 대해야 한다고 말했다. 우리와 다른 그들을 이해하려고 노력해야 한다. 모든 남자들은 서로 다르고 모든 여자들도 서로 다르며 남자와 여자는 아주 많이 다르다. 나(존)는 리사가 나와 다르다고 해서 그녀를 무시하지 않는다. 대신 그녀를 칭찬하고 나와 다른 점들을 이해하려고 노력한다.

리사와 내가 정확히 똑같았다면 아마 나의 삶은 지극히 단조롭고 지루했을 것이다. 때로는 서로 다른 점들 때문에 힘들기도 했지만, 우리 둘 다 자신의 약한 부분들을 드러내고 도전받고 더 강해지는 계기가 되었다. 나에게는 나와 다른 리사가 필요하다. 나는 그녀를 귀히 여기며, 무엇이 그녀를 움직이는지 더 잘 이해하려고 노력함으로써 나 자신과 우리 가족이 유익을 얻으려 한다.

마지막으로 베드로전서 3장 7절은 우리가 아내를 귀히 여기지 않으면 기도가 막힐 거라고 말한다. 하나님은 우리 아내를 존중하고 이해하는 것을 우리 기도 생활의 기본 요소로 만드실 만큼 여자들의 행복을 중요하게 생각하신다!

가정의 머리

> 이는 남편이 아내의 머리됨이 그리스도께서 교회의 머리됨과 같음이니(엡 5:23).

이 구절은 우월함과 열등함의 문제를 이야기하지 않는다. 이는 결혼이 상징하는 그리스도와 그의 신부의 모습을 나타낸다. 이 유기적인 비유에서 남편들은 그리스도와 같은 위치에 있으므로 연합을 이끌어 가는 역할을 맡는다. 그리스도가 하신 것처럼 섬김으로 이끌어 가는 막대한 책임을 맡았다. 그래서 믿지 않는 세상 사람들이 그들을 통해 예수님의 본성을 볼 수 있어야 한다. 또한 예수님이 교회를 얼마나 깊이 사랑하시는가를 생각하면, 아내들을 하찮은 존재로 생각할 수가 없다.

남편에게 가정의 머리로서 권위가 주어진 것은 아내의 말을 무시하기 위해서가 아니다. 그와 반대로 현명한 남편은 아내의 조언을 묵살하려 하지 않는다. 그는 의사 결정 과정에서 아내가 꼭 필요하다는 것을 안다.

결혼 초에 나(존)는 하루에 한 시간 반 정도 기도를 하며 경건시간을 가졌다. 그런데 당시 풀타임으로 일을 하던 리사는 내가 보기에 샤워를 하거나 운전을 하면서 잠깐씩 기도하는 게 다인 것 같았다. 우리가 어떤 결정에 대해 서로 의견이 다를 때 나는 내가 리사보다 기도하는 시간이 더 많으니 가정의 머리로서 나의 판단에 따르게 할 권한이 있다고 생각했다. 그런데 착각이었다. 내가 결정을 내렸어도 나중에 리사의 생각이 옳았던 적이 많았다!

솔직히 말해서 좌절했다. '왜 기도는 내가 훨씬 더 많이 하는데 리사의 통찰력이 그렇게 정확한 걸까?' 하는 생각이 들었다. 그래서 하루는 이렇게 기도했다. "하나님, 저는 매일 아침 한 시간 반 동안 기도를 합니다. 리사는 아마 샤워하면서 10분 정도 기도하는 것 같습니다. 그런데 우리의 생각이 서로 다를 때 절반 이상은 리사의 생각이 옳습니다."

그러자 하나님은 이렇게 말씀하셨다. "원을 하나 그려 보아라." 나는 종이를 찾아 그 위에 원을 그렸다.

"원 안에 X자를 가득 채워 넣어라" 하고 하나님이 지시하셨다. X자로 원이 가득 채워지자 이번에는 "정가운데 위에서 아래로 선을 그려라"고 하셨다.

"선을 중심으로 X자들의 절반은 한쪽에 있고 절반 정도는 다른 쪽에 있는 게 보이느냐? 존, 네가 혼자였을 땐 너 자신만으로 내 안에서 완전했다. 너는 원 전체였다. 그러나 리사와 결혼을 했을 때 너는 그녀와 한 몸이 되었다. 이제 원은 너희 두 사람

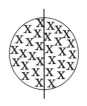

을 나타낸다. 절반은 너고 절반은 리사다." 하나님은 계속 말씀하셨다.

"X들이 무엇인지 아느냐? 네가 현명한 결정을 내리기 위해 나에게서 받아야 하는 정보를 나타낸다. 문제는 네가 절반의 정보만 가지고 모든 결정을 내리려 한다는 것이다. 너는 내가 네 아내에게 보여 주는 것을 아내에게서 이끌어 내는 법을 배워야 한다. 그래야 가정의 머리로서 내가 주는 모든 정보를 가지고 결정을 내릴 수 있다."

그 계시는 내가 가정의 머리라는 사실이 무엇을 의미하는지에 대해 나의 관점을 완전히 바꾸어 놓았다. 나는 더 이상 나의 역할을 이용하여 리사의 조언을 피하고 싶은 마음이 없다. 하나님이 그녀를 통해 말씀하시는 것으로부터 유익을 얻는 것이 기쁘고, 또 우리가 어떤 결정을 내릴 때 하나가 되기 위해 노력하는 과정이 즐겁다.

이끄는 종

다시 말하지만 남자의 역할은 지배하는 것이 아니다. 지배하는 것은 이끄는 것과 매우 다르다. 리더십은 선택의 존엄성을 포함하지만, 지배는 선택권은 주지 않고 요구만 한다. 남자들이 가정의 경건한 리더가 되기 위한 열쇠는 권위 있는 자리에 앉는 것이 무엇을 의미하는지를 이해하는 것이다. "다스리는 자는 섬기는 자와 같을지니라"(눅

22:26)는 예수님의 말씀을 기억하라. 가정의 머리로서 남편은 이끄는 종이 되어야 한다.

남자는 두목이고 여자를 그를 위해 일하는 사람이 아니다. 남편은 아내와 함께 일하는 리더이다. 정말 현명한 남편이라면 아내 없이는 아무것도 할 수 없다는 것을 아내에게 거듭 이야기할 것이다. 나(리사)는 남편에게 내가 필요하다는 말을 들으면 기분이 좋다. 뭐든지 그 사람한테 부족한 점을 내가 채워 줄 수 있을 것만 같다. 또 내가 그런 여자가 되는 법을 모른다면 어떻게 해서든 알아내려 할 것이다. 남편이 나를 반드시 필요한 사람이라고 불러 줄 때 나는 더 성장한다.[2]

남편들이여, 아내를 섬기라는 것은 단지 아내가 원하는 것을 다 들어주라는 뜻이 아니다. 그보다는 당신의 삶을 희생하고 그녀에게 무엇이 최선인지를 생각하여 결정을 내리라는 뜻이다. 우리는 예수님이 우리를 이끄시는 것처럼 배우자를 이끌고 있다. 예수님이 최선을 위해 하시는 일들 가운데 우리가 좋아하지 않는 일들이 많이 있다.

살다 보면 반드시 배우자의 행복과 배우자가 원하는 것이 서로 충돌하는 상황을 만날 것이다. 우리는 예수님의 본을 따라, 그런 상황에서 가장 편안하거나 편리한 것이 아니라 최선의 것을 선택해야 한다. 그러나 무엇이 아내에게 최선인지 알기 위한 전제조건은 그리스도가 교회를 사랑하고 귀히 여기시는 것처럼 당신의 아내를 사랑하고 귀히 여기는 것이다.

예수님은 제자들의 발을 씻기신 후에 그가 여전히 그들의 주님이심을 분명히 보여 주셨다. 그는 권력의 자리에서 내려오지 않으셨다. 그러나 근본적으로 권력의 목적을 재정립하셨다. 그가 보여 주신 대로 우리에게 권력이 주어진 것은 서로 섬기기 위함이다. 남자들이여, 가정의 머리로서 우리의 권한은 배우자에게 가장 좋은 환경을 만들어 주는 데 사용해야 한다. 우리가 가정의 머리이므로 가장 낮은 종이 되는 것이 우리의 소임이다. 이렇게 함으로써 아내에게 복종하는 것이다.

> 그리스도를 경외함으로 피차 복종하라(엡 5:21).

에베소서 5장 18절에 "오직 성령으로 충만함을 받으라"는 바울의 명령을 기억하는가? 그는 이렇게 명령한 뒤에 성령 충만한 사람이 하는 일들을 묘사한다. 신령한 노래를 부르거나 감사하는 일 등이다. 그 다음에 21절에서 "피차 복종하라"고 말한다. 이것을 일반적으로 결혼에 대한 바울의 논의의 시작으로 이해한다. 그러나 《결혼을 말하다》(*The Meaning of Marriage*)라는 책에서 팀 켈러는 이렇게 지적한다.

> 영어 성경에서 21절은 주로 단독 문장으로 표현되어 있지만, 그 때문에 독자들은 바울이 강조하는 중요한 요점을 보지 못한다. 헬라어 본문에서 21절은 바울이 "성령 충만한" 사람의 몇 가지 특징을 묘사하는 앞의 긴 문장의 마지막 부분이다.[3]

따라서 켈러는 이렇게 말한다.

성령 충만의 마지막 특징이 이 마지막 구절에 담겨 있다. 그것은 교만과 아집이 사라져서 겸손하게 다른 사람들을 섬기게 되는 것이다.[4]

결혼과 관련하여, 성령의 능력으로 사는 사람은 배우자에게 복종하는 모습을 보면 알 수 있다는 뜻이다.

많은 사람들이 복종을 오로지 아내의 역할로만 생각한다. 그러나 바울은 명백하게 두 배우자가 서로 복종해야 한다고 가르친다. 이 구절에서 '복종'에 해당하는 헬라어 단어는 바울이 나중에 아내들에게 자기 남편에게 복종하라고 명령할 때 사용하는 단어와 동일하다. 이 단어는 굴복 또는 종속의 의미를 담고 있다. 가정의 권위 구조에 관하여, 아내들은 머리인 남편에게 복종해야 한다. 그러나 남편들은 아내를 향해 또 다른 형태의 복종을 받아들여야 한다.

바울은 그리스도를 경외함으로 복종해야 한다고 말한다. 여기서 '경외'라는 단어는 헬라어 '포보스'(phobos)인데, 경외심을 일으키는 공포나 두려움이라는 뜻을 가지고 있다. ('phobos'는 공포증을 뜻하는 'phobia'와 많이 비슷하다.) '경외'라는 단어는 원문의 의미를 다 전달하지 못한다. "그리스도에 대한 경외심을 일으키는 두려움으로 서로 복종하라"고 번역하는 편이 더 낫다.

어느 날 내가(존) 리사에게 잘해 주지 못했을 때 하나님은 이렇게 말씀하셨다. "리사는 첫 번째로 내 딸이고, 두 번째로 네 아내다." 내 안에서 하나님에 대한 두려움을 느끼게 했다!

남편들이여, 하나님은 항상 존재하신다. 그는 당신이 그의 딸에게 어떻게 말하고 행동하는지를 다 알고 계신다. 말을 넘어 마음속의 동기까지 들여다보신다. 아내를 대하는 태도를 통해 하나님을 공경하고 있는가? 아내를 무시한다면 그녀의 아버지를 무시하는 것이다. 두려움과 떨림으로 그녀를 보살펴라.

바울은 계속해서 남편이 아내를 위해 목숨을 바침으로써 아내에게 복종해야 한다고 설명한다. 다시 말하면, 아내의 최고 이익을 위해 자신을 내줌으로써 그녀에게 복종하라는 것이다.

> 남편들아 아내 사랑하기를 그리스도께서 교회를 사랑하시고 그 교회를 위하여 자신을 주심같이 하라(엡 5:25).

그리스도는 결코 개인적인 이익을 위해 권력과 지위를 사용하지 않으셨다. 우리에게 권한을 부여하기 위해 사용하셨다. 마찬가지로 남편들은 아내들에게 유익과 힘을 주기 위해 권위를 사용해야 한다. 그리스도는 그의 신부를 영화롭고 거룩하게 하기 위해 목숨을 내주셨다. 그의 가장 깊은 기쁨, 즉 그의 해피 엔딩은 바로 신부가 영화롭게 되는 것이다. 우리가 예수님의 발자취를 따라갈 때는 이기심이 끼어들 자리가 없다. 남편으로서 당신의 역할은 평생 아내를 섬기며 사는 것이다. 아내와 주변 세상에 그리스도를 나타내는 궁극적인 목적을 위해서다. 이런 식으로 아내를 이끌어 줄 때 하나님이 당신에게 주신 권위에 아내가 기쁨으로 복종하기가 훨씬 더 쉬워질 것이다.

─ ♥ ♥ ♥ ♥ ♥ ♥ ♥

04

아내들이여,
항상 남편을
지지해 주라

남편을 지지해 주라

바울이 "그리스도를 경외함으로 피차 복종하라"(엡 5:21)는 말로 남편과 아내를 위한 훈계를 시작한 것을 기억할 것이다. 그 다음 구절에서는 "아내들이여 자기 남편에게 복종하기를 주께 하듯 하라"(엡 5:22)고 더 자세히 설명한다. 많은 사람들이 이 명령을 여자들에게 손해라고 생각했으나 그렇지 않다.

아내 여러분, 그리스도를 지지하는 것처럼 남편을 이해하고 지지해 주십시오. 남편은 그리스도께서 교회에 하시는 것처럼 아내에게 지도력을 보이되, 아내를 좌지우지하지 말고 소중히 여기십시오. 남편이 그러한 지도력을 발휘한다면, 아내도 교회가 그리스도께 순종하듯 남편에게 순종해야 합니다(엡 5:22-24, 메시지성경).

결혼은 지배하기 위한 것이 아니기 때문에 아내는 동등한 파트너로서 통치 활동에 참여한다. 남편의 머리됨과 충돌하지 않는다. 남편과 아내 둘 다 결혼생활 안에서나 주변 세상 안에서 자기만의 권위와 영향력을 행사할 수 있는 영역이 있기 때문이다. "나는 너를 위해 권위와 영향력을 행사할 것이며 너는 나를 위해 권위와 영향력을 행사할 것이다"라고 말하는 것이 통치다.

아내가 남편을 지지해 주는 것은 섬김의 행위다. 아내들이여, 남편의 마음은 당신에게 달려 있다. 사랑과 존중하는 마음으로 진실을 말함으로써 그의 마음을 보호하는 것은 가장 큰 섬김의 행위가 될 수 있다. 남편이 그의 마음을 표현하도록 도와줌으로써 그를 섬기는 법을 배워라. 섣불리 결론을 내리지 말고 대화를 통해 남편의 삶을 향상시킴으로써 그가 비전과 목적을 갖고 성장하도록 도와주라.

여자들은 육체적인 힘이 약하지만 남자들은 종종 자신의 마음이 위험에 처한 것을 발견한다. 남자들은 아내가 육체적으로 연약한 부분들을 보호해 주고 도와주어야 하며, 마찬가지로

여자들은 남자들의 마음을 보살펴 주어야 한다. 마음의 수호자
가 되는 것보다 더 고귀한 임무가 있을까?[5]

남편이 먼저 아내를 섬기고 아내를 위해 목숨을 내줄 때 여
자는 가정의 머리인 남편을 공경하게 된다. 세상에 그리스도의
사랑을 나타내는 데 있어 여자가 할 역할이다. 남편에 대한 아내
의 공경, 사랑, 존중은 예수님의 인도를 받는 것이 어떤 것인지
를 보여 준다. 하나님은 여자들이 부차적인 존재이기 때문에 복
종해야 한다고 요구하지 않으셨다. 그는 여자들에게 교회가 어
떠해야 하는가를 보여 주라고 하신다. 결혼생활 속에서 우리는
선하시고 신실하시고 사랑하시며 관대하신 주님의 인도를 받을
때 삶이 어떻게 되는지를 보여 줄 기회를 갖는다. 원수가 이를
무시당하거나 통탄할 만한 역할로 왜곡시키도록 내버려둔다면
얼마나 슬픈 일인가! 하나님은 이 역할을 여자들에게 맡기심으
로써 그의 딸들에게 하나님이 신뢰할 만한 분이심을 보여 주라
고 하셨다.

하나님은 여자들을 강하고 유능하게 만드셨다는 것을 아신
다. 역사를 보면 하나님이 여자들을 택하여 백성들을 인도하고,
판단하고, 예언하고, 중보하고, 심지어 그의 독생자를 낳고 키우
게 하셨다. 여자들에게 남편의 머리됨을 존중하라고 명하실 때
하나님은 그들이 연약하거나 무가치한 존재라고 말씀하지 않으
신다. 대신 이렇게 말씀하신다. "나는 너희가 내 딸이기 때문에
유능하고 강하다는 걸 안다. 하지만 결혼의 영원한 이미지 속에
서, 나에게 복종할 때 발견되는 그 선함을 보여 줄 사람이 필요

하다. 내가 헌신을 받을 만한 존재임을 다른 사람들에게 보여 주기 위한 방도로서 지지하고 순종하는 역할을 기꺼이 하겠느냐?"

리더십의 책임

하나님과 달리 남편들은 완전하지 않다. 항상 옳은 결정을 내리지 않으며, 항상 아내를 충실히 섬기지 않는다. 남편을 공경하고 지지하기 원하는 여자들에게 큰 좌절감을 줄 수 있다. 시간이 갈수록 아내들은 독자적으로 행동하고 싶은 유혹이 생긴다. 그러나 남편의 리더십에 저항하는 것이 자유를 가져다 줄 것 같아도 사실은 큰 고통을 초래할 수 있다.

첫 아들이 아직 아기였을 때 나(리사)는 장시간 일을 했고 주말까지 빡빡한 스케줄이 이어졌다. 직업적으로나 개인적으로도 어려움에 직면했고, 동시에 완벽한 어머니이자 아내가 되려고 노력했다. 한편 존은 그 당시에 과도기에 있었다. 내가 일에 대한 스트레스와 아들을 보지 못해 힘들어하는 동안 존은 파트타임으로 일하면서 기도하고 금식하고 친구들과 대화를 나누고 골프를 쳤다. 나는 엄청난 압박감을 느꼈고 그 모든 것을 남편 탓으로 돌렸다. 모든 것을 움켜쥐려 했으나 손에서 모든 게 빠져나가는 느낌이었다.

존이 나와 함께 걱정해 주길 원했지만 그는 그렇지 않았다. 남편에게 내 걱정을 얘기하면 "리사, 다 내려놓고 하나님께 맡겨"라고 말했다.

'아니! 내가 신경 쓰지 않으면 아무것도 안 될걸' 하고 생각했다. 피할 수 없는 압박감이 나를 짓누르면 마치 일 시키는 감독처럼 긴장감이 나를 사로잡았다.

어느 날 밤에는 샤워를 하면서 이 무거운 짐에 대해 하나님께 불평을 털어놓았다. 어떠한 짐도 존에게 넘겨 줄 수 없다고 주장했다. 쓰레기를 내다 놓는 것조차 일일이 말해 줘야 하니, 어떻게 더 중요한 일을 그에게 믿고 맡길 수 있겠는가? 나는 통제권을 포기할 수 없는 이유를 정당화하며 이리저리 씨름하고 있었다.

"리사, 존이 훌륭한 리더라고 생각하느냐?" 하나님이 부드럽게 물으셨다.

"아니오! 그를 믿지 않아요!"라고 단언했다.

"리사, 존을 믿을 필요가 없어. 오직 나를 믿으면 돼. 넌 존이 가정의 머리 역할을 썩 잘하고 있다고 생각하지 않지. 네가 더 잘할 수 있을 것 같고 말이야. 네가 지금 겪는 긴장과 불안은 가정의 머리가 짊어지는 중압감과 부담감이란다. 그게 너한테는 멍에지만 존에게는 망토와 같단다. 그걸 내려놔라, 리사."

그 즉시 내 마음의 짐이 어디서 온 것인지 깨달았다. 내가 감당하려고 애써 왔던 우리 가정의 머리 역할이 나를 억압해 왔던 것이다. 내가 감당할 일이 아니었기 때문이다. 그 일이 남편에게는 그렇게 강압적으로 다가오지 않았을 것이다. 왜냐하면 하나님이 가정의 머리로서 그에게 기름을 부으셨기 때문이다.

나는 가정에서 지도자 자리를 차지하기 위해 싸워 왔다는 걸 인정했다. 남편을 세워 주고 믿어 주는 대신 무너뜨리려 했다. 결국 남편은 자신의 권한을 나에게 넘겨 주었고, 나는 그것을 엉망으로 만들어 버렸다.

상심한 나는 샤워기를 잠그고 수건을 움켜잡았다. 곧 침실에 있는 존에게 다가가 울면서 사과했다. "미안해요. 모든 일에 당신과 싸우려고 해서. 당신을 믿는 게 두려웠어요. 당신이 원한다면 내일 당장 일을 그만둘게요. 다시 당신과 하나가 되고 싶어요."

그러자 존이 대답했다. "난 당신이 일을 그만두길 원치 않아. 그게 문제라고 생각하지 않거든. 하지만 당신이 공급자라고 생각하지 말았으면 해."

남편의 말이 옳았다. 우리의 공급자는 내가 아니라 하나님이었다. 그 사실을 망각했기 때문에 내가 스트레스를 받고 비협조적이었던 것이다. 우리는 더 많은 대화를 나누었고 나는 존에게 이렇게 약속했다. "내가 당신 뒤로 가서 당신을 밀어 줄게요. 당신을 믿어요."

그때 내가 무엇을 지지하는지, 또는 무엇을 믿는지 확신이 없었다. 다만 무엇을 믿고 왜 믿는지 자세히 아는 것보다 존에게 이러한 지지가 더 필요하다는 걸 알았다. 우리 가정에서 모든 것이 너무도 엉망이라는 걸 알았다. 내가 만든 혼란을 하나님이 바로잡아 주시길 원했다. 그러자 존 역시 자기가 나를 이끌어 주지 않고 멀리했던 것에 대해 사과했다. 우리는 서로 사랑하고 지지해 주고 이끌어 주겠다는 약속을 어긴 것이다.

그날 밤 몇 년 만에 처음으로 정말 편안하게 잠을 잤다. 나를 묶고 있던 멍에가 사라졌다.

하나님이 우리에게 지우시지 않은 짐을 우리가 짊어질 때마다 무거운 속박의 멍에가 된다. 반면에 하나님이 우리에게 맡기신 일은 망토처럼 우리 위를 덮는다. 이는 보호와 공급을 수반하는 지위와 권력을 나타낸다.

우리 가정의 머리가 되려고 함으로써 나에겐 멍에가 주어졌고 존은 본연의 역할을 상실했다. 모든 게 엉망이었다! 하나님이 세우신 가정의 질서에 복종했을 때 나의 멍에가 벗겨졌고 하나님의 리더십의 망토가 존을 덮었다. 그 망토는 나도 덮어 주었다. 나와 존의 보살핌을 받는 모든 사람들을 덮고 보호해 주기 위해 망토가 넓게 펼쳐졌기 때문이다.[6]

05

하나님의
축복의 통로가
되라

당신의 역할을 설계하라

　성경은 결혼생활에서 남자와 여자의 역할에 대해 많이 이야기하지만, 성경이 말하지 않는 것들도 많이 있다. 하나님이 아담과 하와에게 번성하여 땅에 충만하라고 하셨지만 세부 사항들을 일일이 말씀하지 않으신 것과 마찬가지로, 결혼생활에 한계를 정해 주시지만 우리를 그 안에 가두지는 않으신다. 예수님은 우리가 어떻게 섬겨야 하는지에 대해 틀을 제공하고 본을 보이셨지만 모든 부분을 세세하게 관리하지는 않으신다.

　마치 마음대로 조경을 하고 건물을 짓고 뭐든 즐길 수 있는 큰 땅이 주어지는 것과 같다. 어떤 사람들은 수영장을 만들고 싶고, 어떤 사람들은 농구장을 짓고 싶다. 둘 다 하고 싶거나 혹은 둘 다 싫은 사람들도 있다. 마찬가지로 결혼은 당신이 만들어 가며 즐길 수 있는 당신의 '집과 밭'이다. 아내가 조경을 더 잘한다면 그 일은 아내에게 맡겨라. 남편이 정원 가꾸는 일을 좋아한다면 그 일을 하게 하라. 둘 다 상대방의 섬김으로 혜택을 누릴 것이다. 그 누구도 남자들만 조경을 할 수 있다거나 여자들은 정원 손질을 해야 한다고 말할 수 없다. 당신에게 맞는 일을 하고, 항상 섬김의 틀을 잊지 말라. 세세한 부분들은 당신과 배우자, 그리고 성령의 인도하심에 달려 있다.

　결혼생활의 섬김이라는 주제에 대해 다투게 되는 주된 원인 중 하나는 우리가 배우자를 섬기는 방식대로 그들도 우리를 섬겨 주길 기대하는데 항상 그렇게 되지를 않기 때문이다. 우리 가정에서는 존이 자신을 종이라고 말하면 우리가 웃곤 했다. 그는 저녁식사를 마치자마자 주방에서 사라지는 것으로 유명했고, 나(리사)와 아들들에게 뒷정리와 설거지를 맡겼다. 우리 눈에는 그가 섬기고 있는 것처럼 보이지 않았다.

　우리는 존이 다른 능력으로 섬기고 있는 것을 알아보지 못했다. 우리가 식탁을 치우는 동안 그는 재정을 관리하고, 우편물을 열어 보고, 청구서를 처리했다. 꼭 해야 하는 다른 일들, 즉 우리 가족 중에 그가 제일 잘하는 일들을 처리하기 위해 그가 없이도 할 수 있는 일들에는 손을 대지 않았던 것이다.

그 예는 우리에게 중요한 사실을 짚어 준다. 바로 책임의 분담이라는 것이다. 결혼생활에서 섬김의 문화를 만들기 위해 각 사람이 책임지고 할 일을 결정할 수 있다. 자신의 책임을 알면 두 가지 면에서 도움이 된다. 첫째, 자신의 역할을 잘 감당하는 것은 배우자를 섬기는 데 있어 중요한 부분이다. 자신이 맡은 일을 잘하면 배우자에게 시간과 마음의 여유가 생기기 때문이다. 둘째, 배우자가 책임 맡은 일이 무엇인지 알면 어느 부분에서 더 섬길 수 있는지 알게 된다.

에베소서 5장의 어느 구절도 남자와 여자의 관심사와 기술에 대한 고정관념을 강화하지 않았다. 당신의 가정에서 임무를 할당할 때 굳이 사람들이 생각하는 '전통적'이거나 '정상적'인 틀을 벗어나지 말아야 한다는 부담감을 느끼지 말라. 어떤 남편들은 요리를 좋아한다. 어떤 아내들은 자동차 관리하는 일을 좋아한다. 한 사람은 아이들의 숙제 봐 주는 일을 좋아하고, 다른 한 사람은 아이들을 축구 교실에 데려다 주고 데려오는 일을 더 좋아할지도 모른다.

재정 관리도 누구든지 더 잘하는 사람이 하면 된다. 그 사람은 배우자에게 용돈을 주고 또 가족이 빚을 지지 않게 도와줌으로써 섬길 수 있다.

당신은 또한 몸을 보살피고, 외모를 가꾸고, 배우자보다 친구들의 말에 휘둘리지 않음으로써 배우자를 섬길 수 있다. 행동뿐 아니라 말과 몸짓으로도 섬길 수 있다. 결혼생활에는 움직일

공간이 많고 섬길 수 있는 기회도 많다.

축복을 누려라

너희가 이것을 알고 행하면 복이 있으리라(요 13:17).

섬김은 섬김을 받는 사람에게 복을 주지만 가장 큰 복은 섬기는 사람에게 온다.

갑판을 청소하고 비전을 세웠으면, 당신의 결혼생활은 이제 세상에서 하나님의 사랑을 나타내는 아름다운 그림이 될 준비가 되었다. 결혼생활을 잘 세워 갈 가장 좋은 방법은 기회가 될 때마다 섬기는 것이다. 서로 세워 주며 하나님의 축복이 흐르는 것을 보라.

우리가 서로 세워 주기 시작하자 하나님이 우리를 세워 주기 시작하셨다. 하나님은 우리의 지경을 넓히셨고 주변 사람들에게 그의 사랑과 은혜를 함께 나누게 하셨다. 당신이 섬김을 통해 서로 세워 줄 때 하나님은 당신의 영향력이 미치는 사람들을 도울 수 있는 기회들을 열어 주신다. 하나님의 멋진 계획은 당신의 결혼생활을 훌륭한 걸작품으로 만들어 가장 냉소적인 불신자들도 고개를 돌리게 하는 것이다.

섬김은 행동과 태도에 관한 것이다. 배우자를 섬길 기회가 주어질 때마다 이 반응들 중에 하나를 선택할 수 있다. 거절하고 이기심을 택하든가, 마지못해 의무감으로 섬기든가, 배우자를 돕는 것이 기뻐서 즐겁게 삶을 내줄 수 있다.

> 너희 안에 이 마음을 품으라. 곧 그리스도 예수의 마음이니 그는 근본 하나님의 본체시나 하나님과 동등됨을 취할 것으로 여기지 아니하시고 오히려 자기를 비워 종의 형체를 가지사…(빌 2:5-7).

어떤 사람과 결혼을 하면 본질적으로 남은 생애 동안 그 사람을 섬기기로 약속하는 것이다. 서약은 사실상 이렇게 말하는 것이다. "당신의 최고 이익을 위해 내 삶을 바칩니다. 당신을 위해 내 목숨을 내주는 것을 기뻐하겠습니다. 당신의 꿈, 갈망, 목표들이 이제는 나에게 최대의 관심사입니다. 당신과 함께 하나님의 사랑을 나타내는 법을 배우고 싶습니다."

참으로 겸손한 종의 자세로 결혼생활에 다가간다면 거룩한 연합을 경험할 수 있다. 항상 쉽지는 않겠지만 하나님의 최선을 위해 싸우고 헌신적인 삶을 택하면 가정에 사랑과 기쁨, 평안, 행복, 만족이 넘친다. 이는 세상에 하나님의 사랑을 보여 줄 기회이다.

DAY 01

자격이 있든 없든 아낌없이 사랑하라

나는 섬기는 자로 너희 중에 있노라(눅 22:27).

그 자유로 육체의 기회를 삼지 말고 오직 사랑으로 서로 종노릇

하라(갈 5:13).

"사랑은 결혼의 기초이다. 하나님을 향한 사랑과 다른 사람을 향한 사랑이 있어야 한다." 작가이자 강사인 헨리 클라우드(Henry Cloud)와 존 타운센드(John Townsend) 박사의 말이다.

"사랑은 다른 사람들이 그 사랑을 받을 자격이 있든 없든 상관없이 그 사람을 위해 가장 좋은 것을 구하는 모습으로 나타난다. 자신의 이기적인 필요와 갈망보다 다른 사람을 더 우선시하는 것이다. 희생하고, 나눠 주고, 고통받는 것이다. 오랫동안 언약을 지키기 위해 상처와 폭풍우를 견뎌 내는 것이다."[7]

배우자의 가장 큰 유익을 구하는 것, 그의 필요와 갈망을 자신보다 더 우선시하는 것, 희생하며 나눠 주는 것은 모두 한 가지를 나타낸다. 바로 섬김이다. 이것이 성공적인 결혼생활의 비결이다.

1. 잠시 멈추고 생각해 보라. 배우자에게 유익한 것들은 무엇인가? 무엇이 그들에게 성취감을 주는가? 취미나 오락 면에서 즐기는 것은 무엇인가? 무엇이 그들을 편안하게 하고, 웃게 하고, 행복을 느끼게 하는가?

2. 실제로 당신이 배우자의 이익을 추구하고 우선순위로 삼을 수 있는 방법들은 무엇이 있는가?

3. 당신 자신과 성령님께 물어보라. 내가 배우자를 섬기는 데 방해가 되는 것은 무엇인가? 내 안에 이기심을 부추기거나 조장하는 것이 있는가? 내가 자신을 낮추고 섬기면 어떤 일이 일어날까 봐 두려운 것이 있는가? 예수님은 최고의 종이시며, 당신은 하나님의 자녀로서 그의 DNA를 받았다. 바로 그거다! 당신은 하나님의 영적 유전자들을 가지고 있는데 그 가운데 섬김의 유전자가 있다. 다음 구절들을 묵상해 보라.

> "여러분의 새 삶은 옛 삶과 다릅니다. 전에 여러분은 썩어 없어질 씨에서 태어났지만, 이제는 살아 계신 하나님의 말씀에서 새로 태어났습니다. 생각해 보십시오. 여러분은 하나님께서 직접 잉태하신 생명입니다"(벧전 1:23, 메시지성경).

DAY 02

성령님이 다스리게 하라

> 사람이 무엇이기에 주께서 그를 생각하시며 … 주의 손으로 만드신 것을 다스리게 하시고 만물을 그의 발 아래 두셨으니…(시 8:4, 6).

헌신과 섬기는 마음은 그리스도를 믿는 자로서 우리가 유산으로 물려받은 것이다. 우리가 하나님과 교제하며 시간을 보낼 때 하늘에 계신 우리 아버지의 이런 놀라운 특성들이 우리의 삶 속에서 형성되고 실제가 된다. 즉 지속적으로 성령의 충만을 받는 만큼 삶과 결혼생활에 예수님의 섬김이 나타난다.

1. 당신이 하나님과 관계를 맺기 시작한 때부터 지금까지의 시간을 돌아보라. 어떤 구체적인 면들에서 성령님이 당신을 더 좋게 변화시키셨는가? 그가 당신의 결혼생활을 어떻게 변화시키셨는가?

   성령님의 내주하심을 통해, 하나님은 당신 부부에게 맡기신 모든 것들을 부부와 함께 다스리기를 바라신다. 웹스터 오리지널(Webster's original) 1828 사전에 따르면, '통치권'(dominion)라는 단어는 "다스리거나 통제하는 힘, 지휘하고 제어하고 이용하는 힘, 최고의 권위"를 뜻한다.[8]

2. 통치권의 정의를 주의 깊게 다시 읽어 보라. 이제 잠시 멈추고 생각해 보자. 개인적으로나 부부로서, 당신의 통제 아래 있었거나 당신이 책임지고 지휘하며 다스려 온 사람들이나 일들이 있었는가? 이 영역에서 어떻게 하고 있는가?

3. 당신이 다스려야 하는 어떤 영역이 왜곡되어 오히려 당신을 지배하고 통제하고 있는가? 그런 부분이 있다면 설명해 보라. 기도하며 이 부분을 성령님께 맡겨라. 당신을 용서해 주시고 은혜와 능력을 주셔서 그 영역에서 다시 통치할 수 있는 계획을 세우게 해 달라고 기도하라.

4. 어떤 실제적인 면에서 배우자와 원수가 아니라 협력자로서 함께 일할 수 있을까? 어떻게 하면 자녀들과 자원들, 일과 사역의 영역들을 더 잘 다스릴 수 있을까?

5. 당신과 배우자가 한 마음과 한 뜻을 품을 때 가정이 번성한다. 연합이 있는 곳에 하나님은 축복을 명하신다(시 133편 참조). 어떤 영역에서 원수가 당신과 배우자 사이에 분열과 갈등을 일으키기 위해 특별히 애써 왔는가? 자신을 낮추고 이러한 문제들을 하나님께 맡겨라. 성령님을 기쁘게 받아들이고, 배우자와 하나 되게 해 달라고 간구하며, 하나님의 축복을 기대하라.

남편들이여, 사랑으로 아내를 덮어 주라

또한 이것은 아내가 남편을 어떻게 존중해야 하는지를 보여 주는 생생한 그림이기도 합니다(엡 5:33, 메시지성경).

남편 여러분에게도 똑같이 권합니다. 아내에게 좋은 남편이 되십시오. 아내를 존중하고 기뻐하십시오. … 하나님의 은혜로 사는 새로운 삶 안에서는 여러분과 동등한 사람입니다. 여러분의 아내를 동등한 사람으로 존중하십시오. 그래야 여러분의 기도가 막히지 않을 것입니다(벧전 3:7, 메시지성경).

남자와 여자는 부부관계에서 서로 동등하다. 아내는 남편보다 못한 존재가 아니고, 남편도 아내보다 못한 존재가 아니다. 두 배우자는 공동 상속자이며 하나님의 은혜를 똑같이 받는다. 어떻게 하면 우리가 서로를 동등한 사람으로 가장 잘 존중해 줄 수 있을까? 하나님이 주신 우리의 역할들을 배우고 그대로 살면 된다.

지미 에반스(Jimmy Evans) 목사는 이렇게 말한다.

"결혼생활에서 남자의 가장 큰 욕구는 바로 존중에 대한 욕구다. 하나님께서 여자에게 '주께 하듯' 남자에게 복종하라고 명하시는 것이 흥미롭지 않은가? 여자가 남자를 존중하고 기꺼이 복종할 때 남자의 가장 깊은 결혼생활의 욕구를 채워 주는 것이다. 마찬가지로, 남자가 자기 아내를 부양하고 보살피기 위해 자신을 희생할 때 아내의 가장 깊은 결혼생활의 욕구를 채워 주는 것이다. 바로 안전의 욕구다. 여자는 자기를 보호해 주고 필요를 공급해 줄 지도자를 필요로 한다. 남자가 기꺼이 이 일을 해 줄 때 여자의 마음속 갈망들이 충족된다."[9]

남자들이여, 아내는 첫째로 하나님의 딸이고 두 번째로 당신의 아내다. 여자들이여, 남편은 첫째로 하나님의 아들이고 둘째로 당신의 남편이다. 우리는 똑같이 하나님의 형상을 지닌 자들로서 서로를 존중함으로써 하늘에 계신 우리 아버지를 공경한다. 남편과 아내를 위한 하나님의 가르침을 주의 깊게 읽어 보라(엡 5:22-31).

1. 남편의 역할에 대해 성령님이 무엇을 보여 주시는가? 아내의 역할에 대해서는 어떠한가?

2. 하나님이 주신 역할을 실행함으로써 배우자를 존중하고 있는가? 당신은 어떤 영역에서 성장할 여지가 있는가?

　　잠시 멈추고 기도하라. "성령님, 배우자를 존중하지 못하게 방해하는 것이 무엇입니까? 존중하지 않음으로써 내가 놓치는 것은 무엇입니까? 아직 손대지 않은 배우자의 잠재력은 무엇입니까? 배우자의 특별한 가치를 볼 수 있게 도와주옵소서." 조용히 귀를 기울여 보라. 성령님이 무엇을 보여 주시는가?

아내들이여, 항상 남편을 지지해 주라

> 그러므로 사람이 부모를 떠나 그의 아내와 합하여 그 둘이 한 육
> 체가 될지니 이 비밀이 크도다. 나는 그리스도와 교회에 대하여
> 말하노라(엡 5:31-32).

하나님은 남편과 아내의 역할을 고안해 내셨다. 이 역할들은 열
등함이나 지배와 관련된 것이 아니다. 궁극적으로 그리스도와 교회의
관계를 보여 주는 것이다.

1. 두 배우자의 역할에 대해 읽었으면, 이 장에서 공부한 것과 전에 듣거나
   생각했던 것을 비교해 보라. 이 장의 어떤 내용이 전에 들었거나 믿었던
   내용과 달랐는가? 어떤 부분이 도전이 되는가?

2. 남편의 역할에 대해 생각해 보라. 예수님이 섬기시는 것처럼 아내를 섬
   김으로써 이끄는 것이다. 결혼생활에서 남편은 예수님의 지도력과 섬김
   과 사랑의 모습을 보여 준다. 남자들이여, 당신의 역할에 대해 어떤 점이
   흥분되는가? 그 역할에 대해 당신이 확신할 수 없는 부분이 있는가? 자신
   의 힘으로 이 역할을 완수해야 하는 것이 아니다. 이렇게 기도하라.

   "성령님, 당신은 예수 그리스도의 영이시며 내 안에 살고 계십니다.
   내게 예수님처럼 사랑하고 섬기는 법을 가르쳐 주옵소서. 아내를 잘

이끌고, 옳은 결정을 내리고, 동등한 협력자로서 아내를 존중할 수 있도록 은혜를 주옵소서."

3. 여자들이여, 남편의 역할에 대한 어떤 점이 흥분되는가? 결혼생활에서 하나 됨을 이루기 위해 어떻게 남편의 역할을 존중해 줄 수 있겠는가?

4. 그 다음에, 아내의 역할을 생각해 보라. 그리스도를 향한 교회의 지지와 복종을 나타내면서 기꺼이 복종하고 지지하는 역할을 담당하는 것이다. 여자들이여, 당신 역할의 어떤 부분이 흥분되는가? 어떤 점에 두려움이나 열등감을 느끼는가? 이유는 무엇인가? 당신의 목소리, 재능, 공헌은 유효하고 가치가 있다. 잠시 이렇게 기도하라.

"하나님, 당신께 복종할 때 나타나는 선함의 본보기가 되라고 하신 것을 감사드립니다. 오직 말씀만으로 내 정체성을 이해하려 합니다. 주님을 섬기길 갈망하는 것처럼 남편을 섬기고 지지해 줄 수 있도록 은혜를 주옵소서."

5. 남자들이여, 아내의 역할에서 어떤 부분이 흥분되는가? 결혼생활에서 하나 됨을 이루기 위해 아내의 역할을 어떻게 존중해 줄 수 있겠는가? 이 질문들에 답하고 배우자와 이야기를 나누라. 걱정스럽거나 조정이 필요한 부분들을 다루면서, 결혼생활에서 하나 됨을 이루기 위한 비전을 서로 이야기하라.

하나님의 축복의 통로가 되라

서로 마음을 같이하며 높은 데 마음을 두지 말고 도리어 낮은 데 처하며 스스로 지혜 있는 체 하지 말라(롬 12:16).

"팀(team) 안에 나(I)는 없다"는 말을 들어 보았을 것이다. 스포츠에서만이 아니라 결혼생활에서도 사실이다. 당신과 '동료'는 각자 중요하고 꼭 필요한 역할을 담당한다. 어느 누가 다른 사람보다 더 우월하지 않다.

"서로 다른 것이 결혼생활에서 문제가 되어서는 안 된다"라고 헨리 클라우드와 존 타운센드 박사가 말했다. "배우자가 자녀 양육이나 가구 배치 등에 대해 당신과 다른 관점을 가지고 있다면 당신은 매우 풍요로워졌을 것이다. 당신의 세계가 많이 넓어졌을 것이다."[10]

그러면 결혼생활에서 각 포지션에 가장 적합한 사람은 누구인가? 항상 몇 가지 책임 분담이 있을 것이고, 이런 임무의 배정은 시간이 지나면서 조정되기도 할 것이다. 그러나 전반적으로 지금 각각의 임무를 완수하기에 가장 적합한 사람은 누구인가?

팀을 조사하라. 가정을 위한 근무 당번표를 만들어라. 해야 할 여러 가지 일들을 적고 각 역할에 가장 잘 맞는 사람을 배정하라. 어떤 일들은 한 배우자가 전적으로 맡을 수 있다. 또 어떤 일들은 매일 또는 매주 책임자를 바꿔 가며 같이 하는 것이 가장 효율적이다.

여기에 몇 가지 예들이 있다. 자동차 청소와 정비, 식사 계획과 준비, 휴가 계획 세우기, 저녁식사 후 설거지하기, 예산 세우기, 진공청소기 돌리기, 청구서 결제하기, 먼지 털기, 빨래, 숙제 봐 주기, 아이들 학교나 경기장에 데려다 주기, 장보기. 고정관념을 버려라. 결혼생활에 관한 이런 세밀한 부분들을 다른 사람들이 정하게 하지 말라.

1. 결혼하기 전에, 둘 중 한 사람이 책임지고 해야 한다고 생각했던 일들이 있었는가? 그렇다면 그 일들은 무엇이었는가? 근무 당번표와 비교해서 평가해 보라. 조정이 필요한 부분들이 보이는가?

2. 근무 당번표를 다시 살펴보고 배우자의 것과 비교해 보라. 서로 의논하여 서로 동의하는 책임 목록을 작성하라.

3. 어떤 식으로 태도와 말과 행동을 통해 배우자가 그들의 책임을 다하도록 도와줄 수 있을 것인가?

"창의적으로 사랑을 권하고 도움의 손길을 펼치십시오"(히 10:24, 메시지성경).

1. 예수님은 가장 낮은 섬김의 자리에서 제자들의 발을 씻겨 주실 때 우리에게 중요한 본을 보여 주셨다(요 13:1-17 참조). 현대 우리 사회에서는 발을 씻길 필요가 사실상 없지만, 서로 섬겨야 할 필요성은 여전히 남아 있다. 우리가 예수님을 본받아 상징적으로 '배우자의 발을 씻겨 줄' 수 있는 실제적인 방법들은 무엇이 있을까?

2. 남자들이여, 남편으로서 결혼생활에서 아내를 동등한 파트너로 여기는 것이 왜 중요한가?(벧전 3:7 참조) 그렇지 않을 경우 무슨 일이 벌어질 것인가? 여자들이여, 아내로서 남편을 공경하는 것이 왜 중요한가? 그렇지 않을 경우 무슨 일이 벌어질 것인가? 이 질문에 대한 답들이 어떻게 당신 안에 하나님에 대한 경외심을 일으키며, 하나님의 은혜로 그가 정해 주신 역할을 실행하게 하는가?

3. 한 남자와 한 여자의 부부 관계는 예수님과 우리와의 관계를 나타내게 되어 있다. 부부관계에서 남편과 아내가 누구를 상징하는지 설명해 보라. 남편의 역할과 아내의 역할들이 교회와 불신자들을 향한 예수님의 사랑을 어떻게 보여 주는가? 우리는 어떻게 우리의 임무를 수행할 힘을 얻는가?(이 질문의 두 번째 부분을 위해 집중적으로 살펴볼 말씀은 에베소서 5:18과 사도행전 1:8, 스가랴 4:6, 야고보서 4:6, 빌립보서 4:13이다)

4. 하나님은 우리가 서로 다른 점들 때문에 분열되지 않고 하나 되기를 원하신다. 잠깐 생각해 보라. 만약 당신과 배우자가 정확히 똑같았다면, 똑같은 약점과 장점을 갖고 있었다면 삶이 어떠했을 것 같은가? 이 시나리오를 이야기해 보고, 서로 다른 점들을 인정하고 기뻐할 수 있는 새로운 방법들을 같이 나눠 보라.

5. 가정에서 서로 합의된 책임들을 아는 것이 매우 유익하고 또 중요하다. 결혼생활에서 이것을 확립해 왔는가? 이 지식이 섬김의 분위기를 조성하고 동시에 배우자를 강하게 하는데 어떤 도움이 될 수 있는가?

PART 5

"다시 사랑할 수 있을까"

서로
'아낌없는 사랑'
을 훈련하라

성은 온전히 헌신하는 관계를 위한 것이다. 그리스도를 통해 하나님과 완전히 하나가 되는 데서 오는 기쁨을 미리 맛보는 것이기 때문이다. 세상에서 가장 황홀한 남녀 간의 사랑도 이 기쁨의 작은 전조에 불과하다. 《결혼을 말하다》[1]

01

❤ ❤ ❤ ❤ ❤ ❤ ❤

부부의
침상을
소중히 여기라

성은 관계의 활력 버튼

성경은 성관계에 대한 하나님의 계획을 묘사하는 데 전혀 부끄러움이 없다. 실제로 묘사가 매우 명쾌하고 때로는 아슬아슬할 만큼 에로틱하다. 못 믿겠다면 몇 분 동안이라도 배우자와 아가서를 함께 읽어 보고 무슨 일이 벌어지는지 보라.

많은 사람들과 달리 하나님은 성을 부끄러워하지 않으신다. 그는 성의 아름다움을 기뻐하시며 성의 목적을 중요시하신다. 하나님은 성행위에 직접 관여하기 원하신다. 부부관계 내에서의 성은 단지 좋고 허용되는 것만이 아니다. 숭고하며 적극 권장되는 것이다!

"많이 마시라"고 아가서는 말한다. 성은 신비롭고 심오하다. 피상적인 경험에 만족할 이유가 없다. 친밀한 성관계에서 얻는 비할 데 없는 만족을 맛보고 즐겨라.

성은 관계의 활력 버튼을 누르는 것과 같다. 성경은 종종 물을 성적인 쾌락과 만족의 비유로 사용한다. 물은 삶을 지속하는 데 꼭 필요하다. 물은 활력과 생기를 준다. 건강한 성생활이 결혼의 모든 실체는 아니지만, 그 가치는 아무리 강조해도 부족하다. 하나님은 성관계가 두 사람의 삶을 엮어 주는 심오한 서약을 아름답게 상기시키며 기념하는 것이 되기를 원하신다.

또한 성은 건강에도 좋다. 관계상의 친밀감을 증진시켜 줄 뿐만 아니라 면역체계를 강화해 주고, 건강한 체중 유지를 도와주며, 혈압을 낮추고, 고통을 감소시키고, 심장 발작의 위험을 낮춘다. 그 외에도 여러 가지 유익이 있다.[2]

교회의 일부 당파에서는 성적 친밀감에 대한 갈망을 타락한 성욕으로 낙인찍고 비판해 왔다. 이 때문에 결혼생활 안에서의 성도 부당한 비난을 받아 왔다. 어떤 사람들은 남편을 위한 아내의 순종 행위라고 믿게 만들려고 했다. 하지만 사실상 성은 두 배우자의 즐거움을 위한 것이다! 어떤 사람들은 성이 생식을 위해 용인되는 필요악이라는 오명을 씌웠다. 성스러운 행위를 사탄이 여러 가지로 왜곡할 때 늘 그렇듯이, 이 잘못된 개념 때문에 많은 사람들이 매우 불안한 마음으로 성을 바라보게 되었다.

생식은 성의 한 가지 목적이지만, 태초부터 하나님은 성이 또한 축복의 근원이 되게 하셨다. 성경은 "네 샘으로 복되게 하라. 네가 젊어서 취한 아내를 즐거워하라. 그는 사랑스러운 암사슴 같고 아름다운 암노루 같으니 너는 그의 품을 항상 족하게 여기며 그의 사랑을 항상 연모하라"(잠 5:18-19)고 말한다. 이 구절의 다른 번역을 보면 "사모하여라", "기뻐하여라", "만족하여라" 등으로 표현되어 있다.

분명 하나님은 내숭을 떨지 않으신다. 그는 생식기관을 만드셨고 그 기능을 부끄러워하지 않으신다. 그는 성을 만드셨고 그 감각을 굳히셨다. 우리의 쾌락은 곧 하나님의 기쁨이다. 그는 성적 욕구를 축소시키길 원치 않으신다. 오히려 신성하게 만들기 원하신다.

성화된 성

성화는 거룩함의 여정이다. 또한 우리 삶에 대한 하나님의 최선으로 나아가는 여정이다. 인간의 본성을 추출해 내고 거룩한 본성을 주입하는 것으로 여기라. 환상적인 성생활(우리를 위한 하나님의 최선의 한 부분)은 침실에서 거룩함에 대한 하나님의 소명을 받아들이는 데서 시작된다. 그렇게 함으로써 우리는 상상의 한계를 초월하는 성적 만족을 발견할 것이다.

　그러나 하나님은 우리가 그에게 드리는 것만 거룩하게 하실 수 있다. 안타깝게도 우리 중 많은 이들이 성생활을 하나님께 내드리지 않는다. 과거의 실수를 부끄러워하거나 과거의 학대에 사로잡혀 있기 때문이다. 이러한 경험들 때문에 성적인 본성을 거룩하지 않은 것으로 여기고, 그래서 이런 어두운 영역들을 거룩하신 하나님께 감추려 한다. 성을 창조하신 분이 성을 구원하여 거룩하게 하실 수 있다는 것을 많은 사람들이 금방 잊어버리는 것도 이상한 일이 아니다.

　수치심은 하나님에게서 눈을 돌려 계속 우리에게 초점을 두려 한다. 우리를 함정에 빠뜨려, 하나님의 자비와 은혜를 거절하게 만들려고 한다. 결국은 처음에 수치심처럼 보였던 것이 사실은 일종의 교만으로 드러날 수도 있다. 하나님이 하신 일이 우리 삶의 이 친밀한 영역을 치유하기에 충분치 않았던 것처럼, 우리는 하나님의 자비를 모욕한다. 우리의 고통을 사랑의 빛에 드러내기보다 계속 가지고 있으려 한다. 자신의 성적인 과거 속에서 하나님이 보호해 주지 않으셨다고 생각하는 이들은 종종 하나님을 현재 삶으로 초청하길 두려워한다. 사실 하나님은 당신을 실망시키지 않으셨다. 과거에 일어난 일은 타락한 인간성의 결과였다. 죄에 대한 수치심이나 학대 때문에 부부간의 친밀감과 성적인 만족을 충분히 즐기지 못하는 일이 없어야 한다. 하나님은 모든 손상된 곳을 치유하여 온전케 하기 원하신다.

　많은 그리스도인 부부들이 그렇듯이, 처음 결혼했을 때는 혼인 서약이 과거의 실수를 깨끗이 지우고 천국으로 인도할 거라고 생각했다. 우리가 서로 사랑하고 헌신했기 때문에 어떠한 과거의 그림자도 미래의 문턱을 넘지 못할 거라고 믿었다. 정기적으로 성적 친밀감을 느끼면 이기적인 행동이나 더럽혀진 수치심이 사라질 거라고 상상했다. 그러나 불행히도 우리의 생각이 틀렸다. 우리를 자유롭게 했던 선택과 계시들을 함께 나누기 위해 특별한 이야기를 들려주려 한다.

어떠한 과거의 유산이나 실패도 하나님의 자녀들에게서 새로운 성적 유산을 형성해 갈 자격을 박탈할 수 없다. 하지만 오직 하나님만이 성을 거룩하게 하시고 우리의 과거와 현재와 미래의 실수들을 만회해 주실 수 있다. 그리고 오직 하나님의 은혜로 부부의 침실은 만족과 사랑의 안식처가 된다.

과거가 어떠했든지 간에 하나님은 성생활을 철저하고 온전히 회복시켜 주길 바라신다. 하나님의 은혜는 당신이 행했거나 견뎌 왔던 그 어떤 일보다 더 크다. 그렇지만 당신이 먼저 하나님을 성생활의 주인으로 삼지 않으면 하나님의 은혜에 다가갈 수 없다. 상처를 인정하고 하나님께 내드려라. 하나님이 성적 악몽을 아름다운 꿈으로 바꾸어 주실 것이다.

부부의 침상을 소중히 여기라

모든 사람은 결혼을 귀히 여기고 침소를 더럽히지 않게 하

라. 음행하는 자들과 간음하는 자들을 하나님이 심판하시리라(히 13:4).

결혼생활에 문제가 있다면 제일 먼저 침대에서 나타날 것이다. 부부 관계에 대해 열정이 없는 것은 흔히 다른 문제가 있다는 징조이며 결코 성적인 기술이 부족해서가 아니다. 감춰진 문제들은 연약한 자리에서 드러난다. 그리고 우리는 성적 친밀감을 느끼는 순간보다 더 약해지기 쉬울 때가 없다.

성관계의 가장 중요한 원칙은 귀하게 여기는 것이다. 많은 사람들이 부부의 침상은 더럽혀지거나 훼손될 수 없으며 따라서 무엇이든 허용된다는 잘못된 믿음을 갖고 있다. 전혀 사실이 아니다.

미혼일 때는 미래의 배우자를 위해 순결을 지키는 것이 결혼을 소중히 여기는 것이다. 결혼식 후에는 절대 다른 사람들이 개입하거나(간음) 다른 것들(예를 들면 음란물이나 변태적인 행동, 불순한 생각)이 성관계의 아름다움을 손상시키지 못하게 하는 것이 결혼을 귀하게 여기는 것이다.[3] 부부의 침상은 세속적인 성적 방종을 거룩하게 하지 않는다. 오히려 세속적인 행위가 부부의 침상을 더럽히고 참된 친밀감을 방해한다. 또한 부부의 침상을 배우자에게 가장 큰 유익을 주는 섬김의 자리로 여겨야 한다. 성적으로 배우자를 섬긴다는 것은 하나님의 거룩함의 정의 안에서 그들의 필요를 소중히 여긴다는 뜻이다.

때로는 성적인 감정을 느끼지 않을 때에도 성관계를 가지는 것이 배우자를 섬기는 일이다. 나이가 들수록 성적인 감정이 무뎌지는 것이 문제가 된다. 더 이상 배우자에게 육체적으로 끌리는 감정을 확인하는 차원으로 성에 다가가지 않는다. 친밀한 끌림 이상의 의미를 갖는다. 하나님은 남편과 아내가 서로 접속하는 방법으로서 성을 창조하셨다. 확신이 없다고 해서 이 접속의 즐거움을 누리지 못하는 일은 없어야 한다. 이와 같은 섬김의 정신으로, 자신의 쾌락을 위해 배우자가 불편해하는 행위를 억지로 하게 해서는 안 된다.

우리는 부부의 침상을 명예로운 장소로 만들어 왔기 때문에 20대 때보다 50대에 더 좋은 성관계를 갖고 있다. 비록 우리 모습은 지금보다 20대 때가 훨씬 더 보기 좋았겠지만 말이다. 좋은 성관계는 겉모습이나 행위와 관련된 것이 아니다. 중요한 것은 당신이 누구와 함께 있느냐 하는 것이다.

사랑을 나눌 때 우리는 30여 년의 결혼생활을 축하하며 기뻐한다. 우리의 기쁨과 고통, 고난, 승리는 친밀한 관계에 의미와 가치를 더해 준다. 영적, 감정적, 생리적 친밀감이 모두 극에 달하여 경건한 기쁨과 만족을 느낀다. 우리의 결혼생활에서 쌓아 온 성적인 문화는 하나님의 구원 능력의 증거다. 처음 시작한 자리에서 멀리 왔기 때문이다.

●—♥—♥—♥—♥—♥—♥—●

02

과거의
상처는 반드시
해결하라

리사의 이야기

　　　　　　　　　　　　존과 나는 결혼할 때 서
로 다른 성적인 죄와 상처를 가지고 있었다. 존이 자기만의 싸움
을 하는 동안 나는 나 자신의 은밀한 전쟁을 해야만 했다. 내가
열아홉 살 대학생 때 아무 걱정 없이 했던 성적인 선택들이 갓
결혼한 스물두 살의 나에게 다가와 나를 위협할 줄은 상상도 못
했다.

　　부모님은 내게 결혼할 때까지 순결을 지켜야 한다고 하셨

지만 그 이유는 말씀해 주지 않으셨다. 내 기억으론, 성병에 대한 두려움이나 혼전 임신에 대한 부끄러움을 주로 강조했던 것 같다.

우리 부모님의 결혼생활은 늘 불안정했고, 말과 삶이 서로 일치하지 않는 부분들이 많았다. 할머니와 아버지는 각각 여러 번 외도를 하셨다. 순결이나 미덕의 개념은 한 번도 대화에 등장하지 않았다. 내가 관찰한 바에 의하면, 책임감 있게 행동하고 발각되지 않게 원하는 대로 하는 것이 요령인 것 같았다.

대학에서 이 논리를 나의 논리로 받아들였고, 여기에 또래들과 어울리면서 형성한 도덕의식을 나름대로 조합시켰다. 즉 나는 사랑하는 사람들하고만 같이 잠을 잘 것이고, 성적인 책임을 질 것이다. '책임'이란 피임을 하는 정도였다. 가끔은 책임감 없는 친구들까지 내가 다니는 병원에 데려가 피임약을 복용하게 했다.

그러다가 존을 만났다. 첫 데이트 때 존은 나를 하나님께 인도했다. 내 나이 스물한 살이었다. 나는 거듭났고, 성령 충만을 받았고, 치유를 받았다. 모두 같은 날 밤에 이루어진 일이었다. 대화를 나누던 중에 나는 좀 터무니없는 말을 했다. "내가 도덕적으로 살았던 걸 참 다행으로 생각해요"라고 말이다.

대체 내가 왜 그렇게 바보 같은 말을 했는지 모르겠다. 그 당시 내가 '도덕적'인 것과 '거룩한' 것의 차이를 이해하지 못했다는 것 외에는 아는 바가 없다. 나는 사랑하는 사람과 같이 잠을 자는 것이 바로 도덕적인 것이라고 생각했다. 거듭나긴 했지만 그 처음 몇 시간 동안 내 마음은 전혀 새로워지지 않았던 것이다.

나중에 우리가 진지하게 데이트를 시작했을 때 존이 내가 했던 말을 잊어버렸기를 바랐다. 그가 "우리 둘 다 우리 자신을 지켜 온 것이 얼마나 기쁜지 몰라"라고 했을 때 내가 얼마나 두려웠을지 상상해 보라.

이렇게 소리치고 싶었다. "그건 아무것도 모르는 갓 태어난 아기 그리스도인이 한 말이었어요!"라고. 나의 개인적인 선택의 결과들이 다른 사람들에게 얼마나 아픔을 줄 수 있는지를 그때 알았다.

그러다 존이 마침내 청혼할 거라는 사실을 알았을 때 나는 사실을 고백했다.

하나님을 사랑하고 나를 좋아하는 한 남자와 생을 같이할 소중한 기회를 내가 위태롭게 만들었다고 믿었고, 그런 나는 존과 결혼할 자격이 없는 것 같았다. 나는 산책을 하러 나가 하나님께 부르짖었다. 내가 용서받았다는 것은 알지만, 성적인 선택들의 결과가 너무나 후회스러워 견딜 수가 없었다.

존과 이야기를 나누기 위해 그의 아파트로 찾아갔다. 하지만 내가 부끄러운 비밀을 고백하기 전에 그가 이렇게 말했다. "당신한테 성경 한 구절을 읽어 주고 싶은데 괜찮아? 이 말씀을 꼭 당신과 나눠야겠다고 느꼈거든."

나는 고개를 끄덕였고 존은 성경을 읽기 시작했다. "그런즉 누구든지 그리스도 안에 있으면 새로운 피조물이라. 이전 것은 지나갔으니 보라, 새 것이 되었도다"(고후 5:17).

"이 말이 이상하게 들릴 거라는 거 알아. 하지만 하나님이 당신한테 이전 것들은 다 지나갔다고 말해 주라고 하시는 것 같았어. 당신은 이제 새 사람이고, 숫처녀…와 같아."

나는 정말 토할 것 같았다. "난 처녀가 아냐. 그 말을 하려고 왔어"라고 말했다.

존은 내 어깨에 손을 얹고 내 눈을 바라보며 말했다. "하나님이 그렇다고 하시는데, 우리가 감히 반박할 수 있어?" 그 순간 나의 모든 수치심이 씻은 듯이 사라졌다.[4]

손상된 성을 회복하라

내가 성에 눈을 뜬 것은 사랑이 아니라 정욕의 영역이었다. 그래서 결혼을 하고 사랑을 하기 원했을 때 어떻게 해야 하는지 몰랐다. 내 생각에 성은 나쁜 것이었다. 잘못된 것이고, 금지된 것이었다. 그런데 이제 결혼하고 나니, 갑자기 성이 좋은 것이고 축하할 일이고 경건한 행위가 되었다. 그 변화를 어떻게 이루어야 하는지 몰랐다.

존과 내가 단 둘이 있게 되자, 갑자기 5년 전 대학 시절에 본 성인 영화의 끔찍한 장면이 떠올랐다. 또한 예전 남자친구와의 성적 경험에 대한 부끄러운 기억 때문에 성적으로 마음 문을 닫아 버리는 나 자신을 발견했다. 정말 무서웠다.

나 자신을 온전히 남편에게 내줄 수 있어야 할 때 나는 과거에 매여 있었다. 존은 나의 모든 것을 가질 자격이 충분했으나, 나는 과거의 죄 때문에 더 이상 성적인 자유를 누릴 수가 없었다. 불순한 생각들과 이미지, 비교, 수치심과 싸웠다. 그것들을 뿌리치려고 안간힘을 썼으나 소용이 없는 것 같았다. 나는 이 시기에 영혼의 끈과 가정의 저주를 끊는 힘에 대해 배웠다.

이 책의 앞 부분에서 가정의 저주를 다루었다. 내가 말했듯이, 우리 집안에 음란과 외도의 역사가 있었다. 나는 그것을 버려야만 했다. 하지만 또한 나의 산산조각난 성을 다시 회복하기 위해선 과거의 만남들로부터 영혼의 끈을 끊어내야만 했다. 이 문제를 다루는 성경 구절을 살펴보자.

> 너희 몸이 그리스도의 지체인 줄을 알지 못하느냐. 내가 그리스도의 지체를 가지고 창녀의 지체를 만들겠느냐. 결코 그럴 수 없느니라. 창녀와 합하는 자는 그와 한 몸인 줄을 알지 못하느냐. 일렀으되 둘이 한 육체가 된다 하셨나니(고전 6:15-16).

전 남자친구들을 창녀라고 말하는 것이 아니다. 그러나 여기에 나타난 원리는 동일하다. 나는 그들과 한 몸이 되었었고, 이제는 다른 사람과 언약을 맺었다. 그렇게 합했다가 헤어질 때마다 나의 영혼은 부서졌고, 급기야 더 이상 온전치 못하고 성적으로 손상된 사람이 되었다. 성적으로 손상되었을 때 자신을 배우자에게 온전히 내준다는 것은 상상 이상으로 어려운 일이다.

왜냐하면 자신이 더 이상 온전하지 않기 때문이다.

순결하게 행하고 친밀감의 선물을 즐기기 위해 우리는 온전해야 한다. 그리고 오직 하나님만이 산산조각난 우리를 온전히 회복시켜 주실 수 있다. 죄를 짓고 치욕적인 일을 저질렀을 때 하나님만이 성을 다시 고귀하게 회복시켜 주실 수 있다. 하나님만이 불결하고 더럽혀진 것을 다시 거룩하고 순결하게 만드실 수 있다. 오직 하나님만이 재투성이인 우리를 아름답게 만들어 주실 수 있다.

과거의 음란함(난잡한 성관계, 음란물과 자위, 또는 다른 불결한 것들) 때문에 성이 손상되었다면 다시 한 번 회복을 위한 기도를 드리기를 권한다. 다시 말하지만, 기도하기 전에 영적으로 준비를 하고 오직 배우자나 친한 친구, 기도 파트너와 함께, 또는 성령님의 임재하에 기도하라. 큰소리로 기도하라.

하늘에 계신 아버지,
나의 죄에 대한 형벌을 감당하기 위해 당신의 아들을 보내 주셔서 감사합니다. 그리스도 안에 있으므로 내 삶에서 옛 것은 모두 지나갔습니다. 이제는 모든 것이 새롭게 되었습니다. 고린도후서 5장 21절 말씀대로 예수님이 내 죄를 짊어지심으로 나는 하나님의 의가 될 수 있었습니다. 그것이 오늘 내 모습입니다.
이제 성적인 죄와 모든 불결하고 왜곡되고 난잡한 성행위에 가담했던 나와 내 조상들의 모든 죄를 자백하고 버립니다. (여기서 당신이 버리는 죄들을 구체적으로 언급하라. 부끄러워하지 말고 하나님 앞에서 큰소리로 말하라. 아무것도 감출 것이 없다. 하나님은 이미 각각의 죄들을 알고 계시며 그로 인한 무거운 죄책감과 수치심을 없애 주길 원하신다. 이제 준비가 됐으면 계속 하라.)

아버지, 당신의 성령의 검으로 나의 모든 불결한 성적인 영혼의 끈을 끊어 주옵소서(성령의 음성을 듣고, 당신이 들은 대로 각 사람의 이름을 말하라. 어쩌면 당신과 성교를 갖지 않은 사람들의 이름도 나올 수 있다. 아마 성적으로나 감정적으로 배우자나 혹은 구세주와 가져야 할 관계를 그들과 가졌을지도 모른다.)

각각의 이름을 큰소리로 말한 후에는 이렇게 기도하라.

아버지, 천사들을 보내어 이 사람들에게서 내 영혼의 조각들을 다시 찾아오게 하소서. 주의 성령으로 되찾아서 온전하고 거룩하며 하나님의 기쁨을 위해 구별된 자가 되게 하옵소서.

아버지, 모든 왜곡되고 난잡한 이미지들을 떨쳐 버리려 합니다. 더럽고 왜곡된 이미지들을 내 눈 앞에 두었던 것을 용서해 주옵소서. 시편 101편 3절 말씀대로 약속하오며, 내 눈으로 들어가는 길을 막아 마음을 지키겠습니다. 악한 것들을 눈 앞에 두지 않겠습니다. 모든 더러운 영을 버리고 내 삶에 영향을 미치지 않게 하겠습니다.

아버지, 예수님의 정결케 하는 보혈로 나를 씻겨 주옵소서.

그것만이 정결케 하고 대속하는 힘이 있기 때문입니다. 이제 나 자신을 주의 성전으로 바칩니다. 주의 성령의 능력으로 이 성전에서 영과 혼과 육의 모든 더러운 것들을 없애 주옵소서. 내주하시는 주의 성령으로 충만케 하사 흘러넘치게 하옵소서. 눈을 열어 보게 하시고, 귀를 열어 듣게 하시며, 마음을 열어 주께서 나를 위해 예비하신 모든 것을 받아들이게 하옵소서. 나는 주의 것입니다. 내 삶 속에서 주의 뜻을 행하소서.

사랑을 전하며, 당신의 자녀가 기도 드립니다.[5]

03

중독에서 벗어나
자유를 누리라

존의 이야기

　　　　　　　　　　　엄밀히 따지자면 나는
아내를 위해 나 자신을 지켰다. 하지만 자위와 음란물에 빠져 있
었다. 이런 중독 상태로 결혼을 했고, 멋진 아내와 성관계를 가
지면 불결함이 치유될 거라고 생각했다. 그런데 그렇지 않았다.
결혼식을 올린 후로도 몇 년 동안 정욕과의 싸움은 계속되었다.
나의 중독은 우리의 성생활에 큰 장애물이 되었다. 나는 부끄럽
고 혼란스러웠다. 정욕에 매이고 싶지 않았으나, 아무리 노력해

도 자유로워질 수가 없었다. 뭔가 변화가 필요했다.

1984년에 우리 교회에 온 초빙강사들을 위해 운전해 주는 일을 맡았다. 하루는 그 강사들 중 한 명에게 나의 문제들을 털어놓았다. 마음 깊이 존경하는 경건한 사람이었다. 그는 축사 사역(deliverance ministry)으로 유명했다. 나를 도와줄 수 있는 사람이 있다면, 바로 그 사람일 거라고 생각했다.

그런데 그의 대답은 내가 예상했던 것과 달랐다. "그만두세요! 그저 그 행위를 그만두면 됩니다!"

"알겠습니다. 그런데 나를 위해 기도해 주시겠습니까?"

그는 기도해 주었지만 아무 일도 일어나지 않았다. '사람들이 자유로워지도록 도와주는 더 강력한 은사를 가진 사람을 찾아야 하나 보다'라고 생각했다. 그렇지만 그 사람보다 더 강력한 축사 사역을 하는 사람은 생각이 나지 않았다. 내 죄에 사로잡혀 빠져나오지 못하는 것 같았다.

그로부터 약 9개월 후, 한 친구가 자신의 콘도에서 4일간 머물게 해 주었다. 오로지 중독 문제에 맞설 목적으로 홀로 그곳에 갔다. 마침내 이렇게 말했다. "하나님, 이제 시작입니다. 반드시 끝장을 내야 합니다!" 1985년 5월 6일, 바로 그날 기적적으로, 완전히 자유를 얻었다.

몇 달 동안 자유롭게 지낸 후에 하나님께 물었다. "하나님, 이해가 안 갑니다. 왜 사역자에게 기도를 받았을 때 자유를 얻지 못한 겁니까? 나 자신을 낮추고 그 훌륭한 하나님의 사람에게 문제를 털어놓았는데 말입니다. 왜 그렇게 오랜 시간이 걸린 겁니까?"

그 즉시 하나님은 내 기도생활로 주의를 돌리셨다. 오랫동안 내 기도의 핵심은 이랬다. "하나님, 나를 사용해 주세요. 제발 나를 사용해 주세요." 내 기도의 중심은 바로 나였다. 모든 기도가 나 자신의 행복과 소명이 중심이었다. 정욕에서 자유로워지고 싶은 갈망은 하나님을 향한 사랑이나 리사를 향한 사랑에서 비롯된 것이 아니었다. 그 마음을 부추긴 것은 정욕의 문제가 언젠가 소명을 이루는 데 방해가 될지도 모른다는 두려움이었다. 이기적인 마음이 하나님과의 친밀감을 방해했고, 그 친밀감의 결핍 때문에 하나님의 변화시키는 힘을 경험하지 못했다.

그런데 마음이 변화되고 기도의 핵심이 이렇게 달라졌다. "하나님, 하나님을 알기 원합니다. 우리 사이에 아무것도 방해하는 것이 없게 해 주세요." 자기중심에서 하나님 중심으로 바뀐 것이다. 나 자신에게서 하나님께로 눈을 돌리자 삶 속에 하나님의 은혜가 들어왔다. 그는 나를 구원해 주셨고 성생활을 온전케 하셨다. 나는 성경이 말하는 '경건한 근심'을 받아들였다.

경건한 근심

하나님의 뜻대로 하는 근심은 후회할 것이 없는 구원에 이르게 하는 회개를 이루는 것이요 세상 근심은 사망을 이루는 것이니라(고후 7:10).

오랜 세월 동안 나는 중독에 대해 근심해 왔다. 앞에서 말했듯이, 나는 정욕에 사로잡히기 싫었고 나의 행위가 혐오스러웠다. 많은 사람들이 자신의 죄에 대해 근심한다. 하지만 회개와 변화에 이르는 경건한 근심이 있고, 변화 없이 정죄에 이르게 하는 세상 근심이 있다.

세상 근심은 자신에게 초점이 맞춰져 있고 교만이 그 근심을 부추긴다. 오직 인간의 한계 내에서 가능한 해결책들을 바라보기 때문에 절망과 자기혐오가 나타난다. 하나님의 능력을 아는 데서 발견되는 소망을 보지 못하므로 필히 영적 죽음에 이르고 만다.

반면에, 경건한 근심은 자기를 혐오하거나 자기중심적이지 않다. 하나님을 중심으로 한다. 비록 아픔을 동반하지만, 미래에 대한 소망을 가져온다. 거룩하게 하고, 능력을 부여하고, 구속하시는 하나님의 능력에 중점을 두기 때문이다. 경건한 근심은 잠깐 동안 아픔을 주지만 곧 기쁨과 생명이 따라온다.

세상 근심과 정죄는 내 삶을 사로잡은 정욕의 힘을 더 강하게 만들었다. 나는 하나님께 계속 나를 사용해 달라고 기도하면서 나 자신이 경건하다고 생각했다. 하지만 사실 나는 교만했다. 자유로워지고 싶은 갈망은 나의 이익을 위한 것이었다. 내가 하나님의 마음을 얼마나 아프게 하는지는 생각지도 않았다.

많은 사람들이 자유를 갈망하는 이유는 오로지 자신의 죄 때문에 후회가 쌓이고 미래의 성공이 가로막히거나 심판을 받는 것을 원치 않아서이다. 이렇게 두려워하며 자기를 방어하려는 마음을 갖고 있으면 절대 변화를 위한 힘이 생기지 않는다.

하나님의 마음을 알고 그 마음을 품지 않으면 하나님을 닮아 갈 수 없다. 하나님과의 친밀감은 항상 변화에 앞서 온다. 하나님과의 관계 안에 거할 때 죄로부터 자유를 얻고 그 자유를 유지할 수 있다. 겸손하게 하나님께 가까이 다가갈수록 하나님께서 그 자신을 계시해 주시고 우리에게 거룩해질 수 있는 능력을 주신다.

> 하나님이 교만한 자를 물리치시고 겸손한 자에게 은혜를 주신다 하였느니라. 그런즉 너희는 하나님께 복종할지어다. … 마귀를 대적하라. 하나님을 가까이하라. 그리하면 너희를 가까이하시리라. … 너희 웃음을 애통으로, 너희 즐거움을 근심으로 바꿀지어다. 주 앞에서 낮추라. 그리하면 주께서 너희를 높이시리라(약 4:6-10).

하나님은 우리를 악한 본성의 욕망과 덫에서 구해 주심으로 우리를 높여 주신다. 하나님이 우리를 해방시켜 주신 것은 자유를 누리게 하기 위함이다. 그러나 자유를 주시는 주님을 알게 되기 전까지는 자유를 발견할 수 없다. 구원을 갈망한다면 하나님의 마음을 추구하라. 하나님을 가까이하면 하나님의 뜻대로 행하지 않을 때마다 깊고 경건한 근심에 빠질 것이며, 그 근심이 하나님의 관계를 더 깊어지게 하고 자유롭게 행할 수 있는 권한을 줄 것이다.

명심하라. 당신은 하나님의 자녀이며, 당신의 삶에는 정죄가 있을 수 없다. 자유를 경험할 자신이 없다면 자신의 무능력을 자꾸 생각하지 말라. 실수로 인한 결과들을 두려워하지 말라. 대신 하나님의 위대하심과 그 은혜의 구원하는 능력을 생각하라.

> 그러므로 이제 그리스도 예수 안에 있는 자에게는 결코 정죄함이 없나니 이는 그리스도 예수 안에 있는 생명의 성령의 법이 죄와 사망의 법에서 너를 해방하였음이라(롬 8:1-2).

음란물과 성

나(존)는 결혼하고 나면 음란물에 대한 중독이 사라질 거라고 순진하게 생각했지만 사실은 정반대였다. 많은 부부들이 나와 같은 경험을 했다. 즉 음란물은 독신자들뿐 아니라 결혼한 남자와 여자에게도 영향을 끼친다. 음란물은 결혼생활에 해롭고, 부부가 진정한 친밀감을 즐길 수 없게 한다.

충격적이게도 결혼한 부부들에게 성적인 흥분제로서 음란물을 같이 보라고 가르치는 그리스도인 상담가들이 있다고 들었다. 심각한 잘못이다. 그렇게 하지 말라. 그랬다가는 이윽고 정욕의 불로 친밀한 성을 삼켜 버릴 잠자는 용을 깨웠다는 것을 알게 될 것이다. "사람의 눈도 만족함이 없느니라"(잠 27:20). 음란물은 결혼생활에 심각한 위협이 된다. 또한 배우자와 함께 있든 혼자 있든 간에, 우리는 다른 사람들의 부끄러운 모습을 구경하도록 만들어지지 않았다.

음란물은 육신의 욕망에 호소하기 때문에 일시적인 자극과 만족을 주지만, 배우자나 하나님과 친밀해질 수 있는 능력을 부식시킬 것이다. 결국 배우자와 우리 자신에게 불만을 갖게 만든다. 음란물은 성적인 경험을 자극할지 모르지만 관계 속에 내재된 근본적인 문제들은 다루지 않을 것이다. 즉효약처럼 보이지만 사실은 이미 흔들리는 기반 위에 무거운 짐을 더 얹는 것일 뿐이다. 음란물이 삶의 불꽃을 일으키는 것처럼 보이지만 사실은 치명적인 도화선에 불을 붙이는 것이다. 결국은 혼란과 불신과 불안감을 폭발시킬 것이다.

하나님은 당신의 삶을 헌신한 사람에게 당신 자신을 내줄 때에만 성적인 쾌락을 누릴 수 있게 만드셨다. 이것은 부부의 침상을 넘어 친밀감을 증진시키고 전반적인 부부관계를 향상시켜 준다. 그와 반대로 음란물에 빠지는 것은 자아의 국한된 범위 안에서 쾌락을 추구하는 것이다. 친밀감은 필요치 않고 오로지 충동과 매력적인 대상만 있으면 된다. 음란물이 주는 쾌락은 하나님이 설계하신 친밀감을 통해 경험할 수 있는 희열의 일시적인 그림자에 불과하다.

부부가 그들의 결혼생활에 음란물을 가지고 들어오면 그들의 성관계에 다른 사람들을 포함시킴으로써 부부의 침상을 더럽히는 것이다. 결코 하나님의 계획이 아니었다. 성적인 경험은 두 삶을 결합시키는 언약을 상기시키는 것이어야 하며, 부부간의 언약에는 제삼자가 끼어들 틈이 없다. 두 사람 사이에서는 성스러운 것이 많은 사람들 사이에 있으면 더럽혀진다. 하나님은 우리가 부부의 침상과 언약을 소중히 여기길 바라신다. 하나님은 그곳이 경이로운 기쁨과 지속적인 만족을 누리는 곳이 되길 바라시기 때문이다.

04

❤ — ❤ — ❤ — ❤ — ❤ — ❤ — ❤ — ❤

하나님께
달려가야만
죄를 이긴다

우리 마음을 지키자

최근까지 음란 사이트들은 가장 인기 있는 온라인 사이트였다. (소셜 미디어 사이트들이 이제 막 추월했다.) 10개 사이트 중 1개 이상은 음란 사이트다. 4천만 명 이상의 미국인들이 정기적으로 이 사이트들을 방문하며, 매초 2만 8,258명의 인터넷 사용자들이 음란물을 보고 있다.[6] 성적 욕구가 이렇게 비뚤어지게 발달하고 충족된 적이 이제껏 없었다.

위조된 성적 자극의 보급으로, 많은 성관계가 정욕으로 대

259

체되었다. 사이버 섹스(Cyber-sex)는 친밀감을 파괴하고 결혼생활을 망친다. 심지어 요즘 젊은이들도 인터넷 음란물에 대한 중독으로 자신의 성충동을 해결하다 보니 발기부전으로 고생한다. 가상 체험들은 실제 육체적인 접촉과 너무 달라 오히려 실제 여성에게서 만족감을 못 느끼는 것이다.

비단 남자들만의 문제가 아니다. 그리고 음란물 내용이 인터넷 밖으로도 확산되고 있다. 여자들 5명 중 1명이 매주 온라인으로 음란물을 보고 있다고 한다.[7] 또한 남자와 여자 둘 다 오프라인에서 잡지나 성적인 책 같은 것들로 욕구를 충족시킨다. 그런 책들은 특히 여자들 사이에서 유행이다.

음란물과 온갖 다른 형태의 성적인 죄들은 하나님의 본래의도에서 벗어난 희석된 쾌락을 제공한다. 그러나 마음속으로 또는 스크린 앞에서 하는 것이라도 불법적인 성행위는 왜곡된 성적 만족보다 더 심각한 결과들을 초래한다. 예수님은 "음욕을 품고 여자를 보는 자마다 마음에 이미 간음하였느니라"(마 5:28)고 말씀하셨다.

음란물을 보는 행위에 내재된 이런 식의 외도는 결혼생활을 위협한다. 성행위에 대한 하나님의 의도를 왜곡하면 우리 마음이 상하기 때문이다. 잠언을 보면 "모든 지킬 만한 것 중에 더욱 네 마음을 지키라. 생명의 근원이 이에서 남이니라"(4:23)고 말한다. 성적인 죄는 마음을 오염시키고 결과적으로 우리 삶과 결혼생활을 파괴할 수 있다. 슬프지만 이 사실을 확인해 주기라도 하는 듯, 이혼한 부부의 56퍼센트는 한쪽 배우자가 '음란 사

이트에 강박적 관심'이 있었던 것으로 보고되었다.[8]

모든 죄는 궁극적으로 활력을 떨어뜨린다. 사탄은 우리의 혼을 차지하기 위한 전쟁을 계속 하고 있다. 그는 우리가 죄의 결과로 수렁에 빠지기를 원한다. 우리가 생명을 풍성히 경험하는 것을 원치 않기 때문이다(요 10:10 참조).

그리스도는 우리를 죄로부터 해방시켜 주시지만, 죄가 우리 삶을 다스리면 우리는 이 자유를 경험하지 못한다. 이런 이유로 바울은 이렇게 말했다.

> 그러므로 너희는 죄가 너희 죽을 몸을 지배하지 못하게 하여 몸의 사욕에 순종하지 말고 또한 너희 지체를 불의의 무기로 죄에게 내주지 말고 오직 너희 자신을 죽은 자 가운데서 다시 살아난 자 같이 하나님께 드리며 너희 지체를 의의 무기로 하나님께 드리라(롬 6:12-13).

온전한 지체에는 성도 포함된다. 우리 자신을 온전히 하나님께 드리고 성령께 성적인 선택을 인도받을 때 하나님을 영화롭게 할 수 있다. 하나님은 우리를 얽매고 그가 의도하신 삶을 누리지 못하게 하는 것들로부터 우리를 자유롭게 하신다. 자유와 친밀감과 기쁨을 가져다주는 성적인 표현들로 우리를 인도하신다.

습관적인 성적 범죄의 횡포를 극복하는 것이 쉽다고 말하는 것이 아니다. 바울은 "항상 복종하여 두렵고 떨림으로 너희 구원을 이루라"(빌 2:12)고 했다. 성화는 하나님의 은혜로 이루어지는 일이지만, 육신을 십자가에 못박는 것은 고통스러운 과정이다. 때로는 거룩함과 온전함으로 가는 길에서 유혹과 교만에 끈질기게 저항해야 할 때가 있다. 하지만 성령이 우리 안에서 성화의 일을 하시게 하면 그 고통스러운 싸움을 훨씬 능가하는 영적인 기쁨을 누릴 수 있다.

순결함을 위한 비전

> 내가 하나님의 열심으로 너희를 위하여 열심을 내노니 내가 너희를 정결한 처녀로 한 남편인 그리스도께 드리려고 중매함이로다. 그러나 나는 뱀이 그 간계로 하와를 미혹한 것같이 너희 마음이 그리스도를 향하는 진실함과 깨끗함에서 떠나 부패할까 두려워하노라(고후 11:2-3).

결혼생활에서 순결함은 단지 우리에 관한 것만이 아니다. 순결한 신부를 위한 그리스도의 비전에 관한 것이기도 하다.

현재 정욕은 교회 안에 걷잡을 수 없이 퍼져 있다. 최근 조사에 따르면, 그리스도인 남성의 50퍼센트와 그리스도인 여성의 20퍼센트가 음란물에 중독되어 있다고 한다.[9] 이 문제와 싸우면서 많은 남성과 여성들이 자신의 성적 중독을 축소하기 위해 책임과 행동 수정의 방법들에 의존해 왔다. 변화를 갈망한다는 중요한 표시이며, 이러한 방법들은 분명 효과가 있다. 하지만 책임과 훈련만으로는 죄의 본성을 극복하기 어렵다. 어떤 사람이 성적으로 부도덕한 일에 가담하기 원한다면 자연적인 힘으로는 그들을 막지 못할 것이다. 외적인 행동은 일시적으로 제어한다고 해도, 내적인 삶은 정욕과 가책의 지배를 받을 것이다.

마음이 새로워지면 행동양식도 참으로 달라진다. "너희는 이 세대를 본받지 말고 오직 마음을 새롭게 함으로 변화를 받으라"고 바울은 간청했다(롬 12:2). 하나님의 자녀로서 우리는 죄의 힘으로부터 자유롭다(롬 6:19-23 참조). 그러나 이 자유를 누리려면 먼저 마음을 새롭게 함으로써 하나님이 우리의 행동을 거룩하게 하셔야만 한다.

하나님 말씀과 임재 안에서 시간을 보낼 때 우리의 마음은 새로워진다. 다른 방법은 없다. 하나님 말씀이 우리 마음속에 심겨지고 성령에 의해 확고히 다져지면 그 말씀이 죄로부터 자유하게 한다(시 119:11, 약 1:21 참조). 많은 그리스도인들이 자신의 성적인 수치를 한탄하지만 우리를 자유로 인도하시는 분 앞에 그 수치심을 가지고 나아가지 못한다.

많은 종교 기관들이 공포 전략과 통제 기제를 사용하여 부도덕한 행위를 바로잡으려고 애써 왔다. 이러한 노력들은 효과가 없었고 위선과 죄만 늘어났을 뿐이다. 수치심은 자꾸만 죄를 그늘로 몰아넣고, 거기서 죄는 더 번창한다.

종교적인 율법과 사람이 만든 규제로는 우리를 죄에서 구원할 수 없다. 사실 율법과 규제는 죄악의 온상을 만들어 낸다(롬

7장, 고후 3:6 참조). 하나님은 우리가 율법에 대해 열정을 갖는 것을 원치 않으신다. 하나님에 대해 열정을 갖기 원하신다. 우리는 아버지의 사랑을 경험하면서 완전해지고 아버지와의 관계를 통해 온전해진다. 성경은 이렇게 말한다.

> 그가 우리 죄를 없애려고 나타나신 것을 너희가 아나니 그에게는 죄가 없느니라. 그 안에 거하는 자마다 범죄하지 아니하나니 범죄하는 자마다 그를 보지도 못하였고 그를 알지도 못하였느니라(요일 3:5-6).

여기서 '알지도'라고 번역된 헬라어 'ginōskō'는 "개인이 직접 경험함으로써 어떤 사람을 알게 되는 것으로 관계의 지속성을 함축한다."[10] 죄의 본성으로부터의 자유는 하나님에 대한 간접적인 지식이 아니라 하나님과의 개인적인 관계 속에서 발견된다.

사도 요한은 성령의 감동을 받아, 습관적인 죄에 빠진 그리스도인은 그리스도와 친밀한 인격적 관계를 경험하고 있지 않다고 단언했다. 그러므로 결혼생활에서 친밀한 관계를 위협하는 싸움과 죄들을 해결하려면 하나님과의 친밀감이 자라야 한다.

죄가 당신을 다스리고 있다면 하나님께로 달려가라. 오직 그리스도의 사랑과 은혜를 경험하여야만 죄로부터 자유로워질 것이다. 겸손하게 하나님께 돌아가면 그가 당신의 마음을 새롭게 하시고 그리스도 안에서 자유함을 누리지 못하게 방해하는 수건을 제거하실 것이다.

> 그러나 언제든지 주께로 돌아가면 그 수건이 벗겨지리라.
> 주는 영이시니 주의 영이 계신 곳에는 자유가 있느니라. 우
> 리가 다 수건을 벗은 얼굴로 거울을 보는 것 같이 주의 영
> 광을 보매 그와 같은 형상으로 변화하여 영광에서 영광에
> 이르니 곧 주의 영으로 말미암음이니라(고후 3:16-18).

하나님은 당신이 성적인 죄, 또는 그에 관한 다른 죄와 싸
우는 것을 원치 않으신다. 오직 온전함과 거룩함으로 행하기를
원하신다. 하나님에 대한 사랑이 자랄 때, 즉 당신을 향한 하나
님의 사랑을 발견함으로써 생기는 그 사랑이 자랄 때 당신의 삶
에 새로워진 관점과 하나님을 높이려는 갈망이 가득할 것이다.
하나님의 뜻과 길에 복종함으로써 예수님처럼 살 수 있는 힘을
발견할 것이다. 바울이 빌립보 교인들을 위해 기도했듯이 우리
는 당신을 위해 이렇게 기도한다.

> 내가 기도하노라. 너희 사랑을 지식과 모든 총명으로 점점
> 더 풍성하게 하사 너희로 지극히 선한 것을 분별하며 또 진
> 실하여 허물없이 그리스도의 날까지 이르고 예수 그리스도
> 로 말미암아 의의 열매가 가득하여 하나님의 영광과 찬송
> 이 되기를 원하노라(빌 1:9-11).

우리가 그리스도를 기쁘게 해 드리려는 열정으로 성에 다가갈 때 인생의 모든 계절에 배우자와 친밀한 관계를 즐기는 법을 배울 수 있다.

05

♥ ♥ ♥ ♥ ♥ ♥

거룩한 연합을
힘써 만들어 가라

성의 계절

범사에 기한이 있고 천하만사가 다 때가 있나니(전 3:1).

삶의 여러 영역에서 타이밍은 그냥 중요한 정도가 아니라 가장 중요하다. 삶의 모든 일에 기한이 있고 모든 목적에도 때가 있다면, 우리의 성적인 표현도 예외가 아니다. 모든 해에는 사계절이 있듯이 각각의 결혼생활도 그러하다. 그러므로 이러한 개념에 비추어 성을 살펴보자.

봄 : 처음 10년

실제적인 설명을 위해 성의 각 계절을 10년간의 결혼생활에 비유하고자 한다. 평균 28세 즈음에 결혼하는 한 부부를 예로 들겠다. 그 다음에 결혼생활 처음 10년(28-38세)을 천진함과 새로운 시작의 계절로 알려진 봄으로 지정하자. 알렉산더 포프(Alexander Pope)의 말을 인용하면, 이때는 "희망이 끊임없이 솟아나는" 때다. 봄에 당신의 삶은 가능성을 잉태한다.

이 처음 10년은 당신이 새로운 성적 관점으로 삶을 시작하는 기대와 발견의 계절이다. 열정적인 기다림의 때에 잠자고 있었던 것이 이제 결혼생활의 봄에 깨어난다. 둘 다 개인적으로 자신이 누구이며 함께 산다는 것이 어떤 것인가를 발견해 간다. 둘이 함께하는 성적인 삶의 모든 면이 새롭고 신선하다.

한 가정을 꾸리려고 계획 중이라면 이 시기에 임신의 기쁨과 도전들을 경험한다. 자녀가 생기면 성이 다르게 보이고 다르게 느껴진다. 더 이상 그냥 연인이 아니라 부모가 되기 때문이다. 아이들이 휴식을 방해하거나 심지어 방에서 함께 잘 것이다.

이때는 흥미진진한 도전의 계절이다. 나(리사)는 젊은 엄마인 것이 좋았다. 우리 아이들을 키우는 것이 좋았고, 네 아들들에게 각각 2년씩 모유를 먹였다. 그런데 아이들을 키우는 데 열중하다 보니 존에게 소홀해지고 말았다. 젊은 엄마들은 절대 아이들과 배우자 중에 선택을 하도록 강요당해서는 안 되지만, 아기가 남편을 대신해 주지는 않는다는 사실을 주의해야 한다.

나는 사랑스러운 아기들을 먹이고 안아 주면서 너무나 뿌듯했기 때문에 남편에게는 충분히 신경을 쓰지 못했다. 그도 아들들을 사랑하지만 나와 똑같이 아이들에게 친밀한 유대감을 느끼진 않는다는 걸 잊고 있었다. 그에게는 내가 필요했다. 하지만 아이들의 필요가 그의 필요보다 훨씬 더 분명해 보였다. 그와 반대로 어떤 남편들은 딸들의 요구를 들어주느라 정신이 없고 딸들에게는 아낌없는 찬사를 보내면서 아내에게 소홀해지기도 한다.

아이들을 키우면서 동시에 서로의 친밀감도 키워 가야 한다. 서로에게 투자하라. 아이들을 일찍 재우고 부부가 함께 충분한 시간을 가져라. 서로 일을 분담하여 침대에서 잠자는 것 말고도 함께 시간을 보내라. 당신의 필요와 관심사에 대해 배우자와 솔직한 대화를 나누라. 때로는 "우리가 함께하는 친밀한 시간이 그리워. 어떻게 하면 그런 시간을 가질 수 있을까?"라고 말하는 것만으로도 욕구 불만을 해소하는 데 큰 진전이 있다.

처음 10년 동안 서로의 친밀한 욕구들을 발견하려고 노력하라. 어떤 성적인 패턴들이 발전하여 나중에 둘 중 한 사람이 분개하는 일이 없도록 해야 한다. 서로 대화를 나누라. 이 처음 10년 동안은 친밀한 성관계를 정원으로 여기는 것이 중요하다. 여름과 가을에 열매를 즐기려면 봄에 씨앗을 잘 심어야 하는 법이다.

여름 : 두 번째 10년

여름은 항상 가장 좋을 때다(찰스 보덴).

봄이 희망을 상징한다면 여름은 살아 숨 쉬는 비전이다. 이 계절에는 생명이 매우 충만하다. 이제는 진로가 거의 정해졌고, 부모가 될 것인지의 여부를 알 시기이다. 이미 태어난 아이들은 최고의 모습으로 성장할 때 부모도 자신이 누구인지를 깨닫는다.

여름의 황금기를 놓치고 싶지 않다! 학교의 햇살과 과외 활동들과 직장의 일로 분주한 가운데서도 친밀한 관계를 위해 시간을 내야 한다. 봄에 씨앗을 잘 심었다면 이 10년 동안은 전보다 더 많은 것을 즐길 수 있다. 처음 10년 동안 정원을 잘 보살피지 않았다면 아직 씨앗을 심기에 너무 늦지 않았다.

여름은 모든 것이 빨리 자랄 수 있는 계절이다. 잡초도 마찬가지다. 익숙함에서 나올 수 있는 과도한 성장을 막기 위해 노력하라. 친밀한 관계 속에서 건강한 것에는 계속 물을 주어라. 이미 10년 동안 토양에 신뢰의 퇴비를 주었다면 훨씬 더 빨리 자라날 것이다.

여름은 긴 낮, 웃음, 피크닉, 오후의 천둥 번개를 의미한다. 우리는 여름이라는 10년 동안 오후에 성관계를 시도하기가 가장 좋다는 걸 알아챘다. 밤에는 항상 너무 피곤했고, 아들들이 다 밖에 나가거나 학교에 있는 낮 동안이 더 좋았던 것이다.

가을 : 세 번째 10년

다음은 가을이라고 부르는 10년이다. 지금까지는 가을이 우리가 가장 좋아하는 계절이다. 우리는 상쾌하고 화창한 낮과 서늘한 밤의 조합을 사랑한다. 편안한 몸과 함께 훨씬 더 편안하고 느긋해졌다.

가을은 모든 나뭇잎이 꽃이 되는 두 번째 봄이다(알베르 카뮈).

우리는 이 계절을 사랑한다! 젊음을 다시 붙잡으려 하지 말고 가을을 축하하라. 우리는 이 계절에 친밀감이 다시 한 번 우리의 삶 속에서 더 넓은 공간을 차지하는 것을 발견하고 있다. 50대가 되니 삶에 또 다른 변화가 생겼다. 우리는 더 이상 아이들과 함께 숙제를 하거나 학교에 가거나 스포츠 행사에 참여할 일이 없다. 서로를 위해 더 많은 시간을 내줄 수 있다.

지금도 우리는 이 가을에 하고 싶은 일들을 자세히 쓰고 있다. 겨울이 불시에 다가와 깜짝 놀라는 일이 없도록 말이다. 그 일들 가운데 하나가 건강한 식습관과 규칙적으로 맑은 공기를 마시며 운동을 하여 몸을 보살핌으로써 성적인 건강에 신경을 쓰는 것이다. 우리는 의도적으로 함께 산책하는 시간을 늘리려 한다. 이것은 우리가 처음 데이트할 때 즐겨 하던 일이었다.

너무나 많은 부부들이 인생의 가을에 관계를 끊는다. 자녀들이 집을 떠나면 부부는 낯선 사람과 사는 느낌을 받는다. 이

10년 동안 우리는 모두 선택해야 한다. 잃어버린 시간을 슬퍼하며 살 수도 있고, 앞으로 올 일을 기대하며 신나게 살 수도 있다. 이 계절을 당신의 결혼생활을 새롭게 만들 기회로 삼기를 바란다. 다시 한 번 신혼부부처럼 살 수 있다. 나이가 들어가면서 더 지혜로워진다는 점만 다를 뿐이다.

겨울 : 남은 세월

> 깊은 겨울에, 마침내 내 안에 불굴의 여름이 있다는 것을 깨달았다(알베르 카뮈).

거짓말은 하지 않겠다. 늙는 것은 힘들고 지극히 부당해 보인다. 존의 부모님은 그 일을 잘해 오셨다. 비록 몇 번 건강상의 어려움들을 겪으셨지만, 꾸준히 걷고 운동하고 규칙적으로 친구들과 식사를 하는 덕에 항상 정정하시다. 게다가 귀여운 두 분은 아직도 더블침대에서 같이 주무신다. 물론 두 분이 원해서다. 성은 계절에 맞게 표현될 때 가장 아름답다.

전도서에 보면 우리의 계절을 창조하신 이가 모든 것을 "때를 따라 아름답게 하셨다"고 말한다(전 3:11). 적절한 때에 적절한 일을 하는 것이 아름다운 것이다. 우리는 함께 잘 늙으면서 계절의 리듬에 맞춰 춤을 추기 원한다.

마지막으로 생각해 볼 것이 있다. 스피도 수영복이 올림픽에서는 매우 좋지만, 나(리사)는 수영복을 입은 노인들을 보면 고개를 돌린다. 한때는 빠른 속도로 물살을 헤치고 나아가는 데 도움이 되었겠지만, 편안하게 수영하며 물에 둥둥 떠 있는 시기에는 불필요하다. 절대 수영을 그만두지 않는 것이다. 더 이상 비키니 수영복이 어울리지 않는다는 이유로 물을 싫어하지 말라는 말이다. 수영과 성관계는 둘 다 모든 계절에 즐길 수 있다. 다만 시간이 지남에 따라 다르게 보일 뿐이다.

나는 결혼생활의 봄에는 자랑스럽게 비키니 수영복을 입었고, 여름에 접어들어서는 아이 엄마로서 원피스 수영복을 입었다. 지금 가을에는 항상 민소매 상의에 반바지 수영복을 입는다. 어쩌면 겨울이라는 다음 계절이 다가오면 스커트형 수영복을 입을지도 모르겠다. 하지만 수영을 그만두지 않을 것이다.

물론 봄처럼 자주 수영을 하지 않을 테고, 여름처럼 아이들을 신경 쓰면서 수영하지도 않을 것이다. 그러나 우리는 인생의 가을과 겨울에도 수영을 할 것이다. 여러 가지 면에서 성은 우리의 영원한 여름이다.

실제적인 제안

당신이 지금 인생의 어느 계절에 있든 대화를 하라. 미혼이라면 당신의 갈망과 열망들을 하나님과 함께 나누라. 같은 가치를 추구하는 친구와 대화를 나누며 서로 격려해 주라. 결혼을 했다면 배우자와 서로 대화를 나누어라. 관심사들을 공유하라.

사실 모든 사람은 더 좋은 연인이 될 수 있다. 다만 가르침을 받을 때에만 그렇다. 남자들은 매우 고지식할 수 있다. 그들은 이렇게 생각한다. '이 방법이 열 번 동안 효과가 있었는데, 좋은 것을 왜 바꾸는가?' 여자들이여, 남편이 바뀌기 원한다면 이렇게 말하라. "난 당신이 내 목에 키스해 줄 때가 참 좋아." 남편이 추측하게 하지 말라. 바라는 것을 솔직하게 이야기하라.

성관계를 가질 수 없을 때는 하루 종일 서로 붙어 있어라. 그래야 관계를 가질 수 있을 때 편안하게 받아들일 수 있을 테니 말이다. 서로 안아 주라. 성에 대해 대화를 나눌 필요가 있을 때는 산책을 하러 나가라. 아무도 그 순간에 자신이 실수를 한 것처럼 민망하게 느끼지 않기 위해서다. 잡지책에 나오는 이야기들을 믿지 말라. 결혼생활의 다른 부분들처럼 얼마든지 당신이 원하는 성생활을 만들어 갈 권리가 있다.

도움이 필요하면 받으라. 결혼생활의 성스러운 영역을 운에 맡기지 말라. 이 책 맨 뒤에 보면 추천 도서 목록이 있고, 또 교회가 더 큰 도움을 줄 수도 있다.

우리의 전문 분야가 아니고 우리 경험이 한정되어 있기 때문에 우리의 통찰은 대개 단순한 희열보다 둘 다 친밀한 관계를 원하는 부부에게 적용될 것이다. 한 배우자가 다른 배우자에게 완전히 무관심할 때가 있다는 것을 이해한다. 이런 성적인 거절이 매우 큰 고통을 준다는 것도 안다. 다른 사람에게 의존하지 말고 하나님께 나아가라. 당신의 마음을 하나님께 쏟아놓고 하나님이 부부관계를 치유해 주실 것을 믿으라. 서로에게 성관계를 요구하는 것은 절대 성공하지 못한다.

한 배우자가 아프거나 낙담에 빠지거나 어떤 질병 때문에 성적 친밀감을 느끼지 못하는 힘든 시기를 보내고 있을지도 모르겠다. 의사를 찾아가 무엇을 할 수 있을지 알아보라.

평생의 열정을 발견하고, 하나님의 거룩한 설계 위에 세워져 과거의 상처나 실패에 아랑곳하지 않는 당신만의 성적 유산을 만들어 가라. 서로의 사랑 안에서 '항상 취해 있기를' 바란다!

DAY 01

부부의 침상을 소중히 여기라

> 젊은 시절에 너와 결혼한 아내를 즐거워하여라! 천사처럼 사랑스럽고 장미처럼 아리따운 여인이니 언제까지고 아내의 육체에서 기쁨을 얻어라. 아내의 사랑을 결코 당연하게 여기지 마라(잠언 5:19-20, 메시지성경).

1. 하나님은 인간이 타락하기 전에 성을 창조하셨다. 결혼생활 안에서 성은 매우 좋은 것이다. 사실 정말 특별하다! 남자와 여자 사이에 그보다 더 강한 사랑과 친밀한 결합은 없다. 성에 대해 어떠한 태도를 가지고 결혼생활에 임하는가? 하나님이 의도하신 순결하고 긍정적인 이미지로 보는가? 그러한 이유 또는 그렇지 않은 이유는 무엇인가?

   과거에 성에 대해 무엇을 배웠든지 간에, 하늘에 계신 아버지께서는 당신과 배우자의 성적 친밀감을 온전히 인정하시고 축복하신다는 것을 당신이 알기 원하신다. 몇 분 동안 하나님 말씀에 나오는 성에 관한 가르침들을 묵상해 보자.

   > "네 샘으로 복되게 하라. 네가 젊어서 취한 아내를 즐거워하라. 그는 사랑스러운 암사슴 같고 아름다운 암노루 같으니 너는 그의 품을 항상 족하게 여기며 그의 사랑을 항상 연모하라"(잠 5:18-19).
   > "남편은 그 아내에 대한 의무를 다하고 아내도 그 남편에게 그렇

게 할지라"(고전 7:3).

"모든 사람은 결혼을 귀히 여기고(가치 있게, 귀중하게, 값지게, 특별히 소중하게 여기고) 침소를 더럽히지 않게(치욕스럽지 않게) 하라"(히 13:4).

2. 정직하라. 결혼생활의 그림 안에 들어가 있는 성생활을 어떻게 바라보고 있는가? 억지로 참아 왔는가 아니면 축하하며 즐겨 왔는가? 이 구절들이 성을 더 긍정적인 관점으로 바라보도록 어떻게 도와주는가?

   하나님은 아가서에서 건강한 성적 친밀감을 자세히 묘사하신다. 특히 4장과 7장에 기록된 대로 이 흥미진진한 관계를 탐색해 보고, 하나님께 성에 대한 당신의 비전과 기대들을 하나님의 기준에 맞게 조정해 달라고 간구하라.

3. 성적 친밀감에 관한 가장 중요한 원리는 바로 귀하게 여기는 것이다. 최근에 당신의 어떤 행동이 부부의 침상을 더럽히고 있는가?

4. 확대역성경(Amplified Bible)에서 히브리서 13장 4절은 '귀히 여기는 것'을 단지 '침소를 더럽히지 않는 것'으로만 정의하지 않고, 결혼을 가치 있고 귀중하고 값지게, 특별히 소중하게 여기는 것으로 정의한다. 결혼생활 안에서 친밀감을 보호할 뿐만 아니라 즐기기 위해 취할 수 있는 실제적인 조치들은 무엇인가?

과거의 상처는 반드시 해결하라

상심한 자들을 고치시며 그들의 상처를 싸매시는도다(시 147:3, 확대역성경).

대부분의 사람들은 성적인 선택을 비롯하여 과거에 한 잘못된 선택들로 인해 상처와 아픔이 있다. 하지만 지혜가 무한하시고 우리와 관계 맺기를 간절히 바라시는 하늘 아버지께서 그의 아들 예수님을 통해 우리 삶을 치유하고 회복하기 위한 길을 만들어 두셨다. 바울은 디도에게 보내는 편지에서 하나님의 사랑 이야기를 이렇게 요약한다.

"얼마 전까지만 해도 우리 역시 어리석고, 완고하고, 죄에 쉽게 넘어가며, 온갖 욕망의 지배를 받고, 원한을 품은 채 돌아다니며, 서로 미워하면서 살았습니다. 그러나 우리의 인자하시고 사랑이 많으신 구주 하나님이 개입하셔서, 그 모든 것으로부터 우리를 구해 주셨습니다. 이 일은 전적으로 그분께서 하신 일이었습니다. 우리가 한 일은 아무것도 없었습니다. 그분께서 우리를 깨끗게 씻어 주셨고, 우리는 그 일로 말미암아 새 사람이 되었습니다. 성령께서 우리를 속속들이 씻어 주신 것입니다. 우리 주 예수께서 새 생명을 아낌없이 부어 주셨습니다. 하나님의 선물이 그분과 우리의 관계를 회복시켜 주었고, 우리의 삶도 회복시켜 주었습니다"(딛 3:3-7, 메시지성경).

1. 과거에, 둘 중 한사람이 상대방에게 자격이 없다고, 또는 성관계를 즐길 자격이 없다고 느낄 만한 경험이 있었는가? 몇 분 동안 조용히 기도하며 생각해 보라. 성령이 어떤 것을 떠오르게 하시면 받아 적고 기도하며 주님께 맡겨라.

   배우자와 함께 이 문제에 대한 서로의 생각을 나눠라. 기도하며 성령님이 마음을 치유해 주시고 잃어버린 것을 회복시켜 주시기를 간청하라.

2. 하나님은 우리가 그분께 드리는 것만 거룩하게 하실 수 있다. 정직하라. 성생활에서 하나님께 감추는 부분이 있는가? 당신이 출입금지구역으로 정한 부분이 있는가? 있다면 무엇인가? 기도하며 당신이 그것을 내드리지 않는 이유를 알려 달라고 성령님께 구하라. 성령님이 계시해 주시는 것을 적어 보라.

   "누구든지 메시아와 연합하면 새로운 출발을 할 수 있고, 새롭게 창조될 수 있다는 것입니다. 옛 삶이 지나가고, 새로운 삶이 싹트는 것입니다! 보십시오"(고후 5:1,7 메시지성경).

3. 온 마음을 하나님께 드릴 때 마음이 치유되고 다시 온전해진다. 다음 구절들을 깊이 묵상해 보라(신명기 6:5; 시편 119:2; 잠언 3:5-8; 예레미야 29:11-14; 마가복음 12:29-30). 이 구절을 통하여 성령님이 당신의 결혼생활과 성에 대해 무엇을 말씀해 주시는가?

중독에서 벗어나 자유를 누리라

그 안에 거하는 자마다 범죄하지 아니하나니…(요일 3:6).

성령과 교통함으로써 발견되는 그리스도와의 친밀감은 모든 죄로부터 자유를 누리기 위한 기초이다. 친밀함은 가까이 교제하는 것으로 다윗왕, 사도 바울, 마리아가 구했던 것이다.[11] 친밀한 교제는 그리스도 안에 거한다는 뜻으로 신약성경에서 거의 100번은 쓰인 문구이다. 예수님은 친밀함을 그 안에 거하는 것으로 묘사하셨다. 그리스도와의 친밀한 관계를 어떻게 얻고 유지하는가? 정기적으로 시간과 관심을 그에게 드려야 한다.

"비밀 장소가 우리의 달력과 스케줄에서 최우선순위를 차지해야 한다. 그곳은 친밀감을 기를 수 있는 곳이기 때문이다. … 주 예수님과의 인격적인 사랑의 관계를 통해 참으로 힘과 활력을 얻는 자들이 천국에서 가장 큰 힘을 가질 것이다"(밥 소르기).[12]

1. 두말할 것 없이 죄로부터의 자유는 예수님과의 친밀한 관계 속에서 발견된다. 그러면 예수님과 당신의 관계는 어떠한가? 얼마나 자주 그분께 온전한 시간과 관심을 드리는가? 그저 주님께 솔직하게 말씀드리고 은혜를 구하면 된다. 이렇게 기도하라.

"하나님, 당신을 사랑하고 당신을 알기 원합니다. 당신의 도우심이 필요합니다. 내 눈을 열어 당신을 아는 것의 비할 데 없는 가치를 보게 하옵소서. 당신을 가장 중시하지 못하게 방해하는 것은 무엇입니까? 당신을 향한 사랑의 불길이 활활 타오르기 위해 할 수 있는 일은 무엇입니까? 예수님의 이름으로 당신의 통찰과 은혜를 구합니다."

2. 성령님이 말씀해 주시는 것을 잠잠히 들어라. 기록하고 그의 말씀대로 행할 수 있는 은혜를 구하라. 하나님을 최우선순위에 두지 못하게 방해하는 것들, 하나님과의 친밀한 관계를 키우기 위해 내가 할 일을 적어 보라. 다음 성경 구절들을 더 읽어 보라(역대상 16:27; 시편 16:11; 27:4-6; 31:19-20; 91:1-16; 이사야 40:31; 요한복음 15:4-8; 히브리서 4:16)

하나님과 함께 떠나라. 예수님과 친밀하게 교제를 나누고 그의 마음을 접하며 새로운 차원의 자유를 경험하기 위한 가장 좋은 방법 중 하나는 집중적인 기도와 교제 시간을 갖기 위해 떠나는 것이다. 매일매일 당신의 관심을 요구하는 잡다한 일들로부터 벗어나, 며칠 동안 하나님과 둘만의 시간을 보내라. 당신의 삶과 결혼생활을 영원히 변하는 계기가 될 것이다. 비밀 장소의 기적을 발견하라.

하나님께 달려가야만 죄를 이긴다

내가 이르노니 너희는 성령을 따라 행하라 그리하면 육체의 욕심을 이루지 아니하리라(갈 5:16).

결혼의 순결함은 궁극적으로 그리스도가 그의 신부에게 바라시는 순결함에 관한 것이다. 성적 욕구는 나쁜 것이 아니다. 하나님이 성을 창조하셨으며 기념하신다! 하지만 잘못된 행동이나 영향력이 부부 관계를 더럽힐 때 친밀감과 싸우며 하나님이 선하다고 하신 것을 왜곡시켜 버린다. 당신의 인간적인 본성은 굶기고 영을 먹이는 것이야말로 올바른 갈망을 키우는 열쇠다.

"성경이 성에 대해 호의적이고 긍정적인 관점을 갖고 있다는 것은 의심의 여지가 없다. 일례로 아가서만 봐도 알 수 있다. 그러나 성경의 저자들은 또한 성적인 죄의 유혹을 절감하며 하나님이 주신 선물을 우리가 망치고 있다는 것을 잘 알고 있다….우리가 성적 갈망의 바다를 항해하려 할 때 결혼제도가 매우 중요한 역할을 하는 이유가 바로 이것이다. 오직 그 안에서만 성생활이 영적으로 의미있고 유익해지기 때문이다"(게리 토머스). [12]

눈과 귀를 통해 받아들이는 것은 결국 마음과 생각 속으로 받아들이게 된다. 눈과 귀는 혼과 영으로 들어가는 입구이다. 보고 듣는 모든 것이 인간의 본성을 충족시키거나 영을 충족시키는 것이다.

1. 멈추고 생각해 보라. 어떤 면에서 인간적인 본성을 충족시키고 있는가? 불순한 욕망의 불에 부채질을 하는 영화나 TV 프로그램, 또는 음악을 보거나 듣고 있는가? 당신의 마음과 생각을 오염시키는 책이나 잡지, 또는 웹사이트들을 '먹고' 있는가? 친구들과 다른 영향력들은 어떠한가? 그 중에 잘못된 태도나 행동을 부추기는 것들이 있는가? 하나님의 말씀으로 마음을 새롭게 할 때 행동의 변화가 따라온다. 다음 성경 구절들을 묵상해 보라.

   "그러므로 모든 더러운 것과 넘치는 악을 내버리고 너희 영혼을 능히 구원할 바 마음에 심어진 말씀을 온유함으로 받으라"(약 1:21).
   "여호와의 말씀이니라. 내 말이 불같지 아니하냐. 바위를 쳐서 부스러뜨리는 방망이 같지 아니하냐"(렘 23:29).

2. 어떤 구체적인 방법으로 성, 친밀함, 거룩함에 관한 하나님의 진리로 당신의 영을 먹이고 있는가? 어떻게 하면 진리의 소비를 늘릴 수 있는가? 성령님께 당신의 영을 먹이고 올바른 열망을 키울 수 있는 실제적이고 독창적인 방법들을 보여 달라고 기도하라. 성령님께 구하면 거룩함에 대한 열정을 키우고 부부간의 친밀감이 더 깊어지게 할 방법을 보여 주실 것이다.

거룩한 연합을 힘써 만들어 가라

> 오직 사랑 안에서 참된 것을 하여 범사에 그에게까지 자랄지라.
> 그는 머리니 곧 그리스도라(엡 4:15).

결혼생활의 모든 계절에 놀라운 성생활을 경험하는 비결은 대화에 있다. 많은 결혼생활에서 친밀감은 "지식의 결핍 때문에 파괴된다"(호 4:6). 배우자의 기대와 취향에 대해 정기적으로 대화를 나누지 않으면 문제가 점점 더 커진다. 서로 자신의 성적 욕구에 대해 사랑으로 진실을 말하면 하나님이 의도하신 결혼의 큰 뜻을 이룰 수 있다. 작가이자 강연자인 밥(Bob)과 오드리 마이즈너(Audrey Meisner)는 이렇게 설명한다.

"서로 가장 좋은 친구가 되고 솔직하게 대하면 성적인 즐거움을 누리는 데 큰 도움이 될 것이다. … 당신의 고민과 어려움들뿐 아니라 서로에게 기대하는 것에 대해 솔직한 대화를 나누면 성적인 관계에 온기가 생기고 서로 수용하게 된다. 성적인 욕구나 활력, 표현에 있어서 배우자를 이해하는 것을 최우선순위로 삼으라. 그리고 인내하라. 어쩌면 서로를 아주 세밀하게 알아가는 데는 평생이 걸릴 것이다."[14]

1. 다음 문장을 완성하라.

"이 계절에 우리가 사랑을 나누기 가장 좋은 때는_____라는 걸 이해한다."

"나의 배우자는_____할 때 안전하고 가장 잘 동참할 수 있다고 느낀다."

"이 시기에 우리가 정기적으로 사랑을 나누는 데 가장 큰 장애가 되는 것은_____라고 생각한다."

"지금 우리의 성적 친밀감에 대해 배우자와 나누고 싶은 가장 중요한 사실
은_____이다."

2. 당신이 좋아하는 것과 싫어하는 것을 배우자에게 솔직하게 이야기한 적
   이 있는가? 상대방은 당신의 마음을 읽을 수 없기 때문에 두 사람이 안전
   한 환경에서 서로 솔직한 대화를 나눌 수 있는 특별한 시간과 장소를 계
   획할 것을 권한다. 사랑 안에서 진리를 말하고 배우자의 필요와 갈망을
   이해하고 받아들일 수 있도록 하나님의 은혜를 구하라.

   내가 성적으로 배우자와 함께 가장 즐겁게 하는 일 :
   내가 성적으로 배우자와 함께 하기 싫은 일 :

3. 남편들이여, 아내보다 일이나 아이들에게 더 많은 시간과 관심을 쏟고 있
   는가? 아내의 성적인 필요를 더 잘 채워 주기 위해 할 수 있는 일은 무엇
   인가? 아내 앞에서 자신을 낮추고 아내의 조언을 구하며 함께 기도하라.

4. 아내들이여, 남편과 성적 친밀감을 기르는 것보다 가족이나 일을 더 우선
   시해 왔는가? 어떻게 하면 남편의 성적 필요를 더 잘 채워 줄 수 있을까?
   남편 앞에서 자신을 낮추고 그의 조언을 구하며 함께 기도하라.

1. 창세기에 따르면, 하나님은 흙으로 남자를 만드시고 그 후에 여자를 만드셔서 남자에게 데려가셨다. 창세기 2장 21-25절을 주의 깊게 읽어 보라. 자기 아내를 처음 보고 함께 있게 된 남자의 반응에서 무엇이 눈에 띄는가? 그들이 하나님께 불순종한 후로 상황은 어떻게 달라졌는가(창 3:6-8 참조).

2. 언제든 하나님의 자비, 용서, 은혜를 받을 수 있고 그로 인해 어떠한 죄도 처리할 수 있다고 믿는가? 그렇다면 왜 많은 사람들이 성적인 죄와 관련하여 자유를 받아들이기가 그렇게 어렵다고 생각하는가? 이러한 딜레마로 씨름하는 사람과 이야기를 나눈다면 그들이 과거의 죄를 벗어 버리고 하나님의 용서와 은혜를 받아들이도록 어떻게 권면하겠는가?

3. 당신 부부의 침소를 귀히 여기는 것이 무엇을 의미하는지 표현해 보라. 실제적인 측면에서 어떤 모습으로 나타나는가? 부부의 침소가 어떻게 더럽혀지는가?

4. 하나님과의 친밀감은 성적인 죄를 비롯하여 모든 죄로부터의 자유

를 경험할 전조이다. 잠시 멈추고 생각해 보라. 만일 우리가 우리 자신의 힘으로 죄로부터의 지속적인 자유와 구원을 경험할 수 있다면 무슨 일이 벌어지겠는가? 그것이 하나님과 우리의 관계, 또 다른 사람들과의 관계를 어떻게 변화시키겠는가?

우리 자신의 육적인 능력에 어떤 가치가 있는가?(로마서 7:18; 요한복음 15:5; 빌립보서 3:3; 고린도전서 10:12을 점검해 보라)

5. 하나님과의 친밀한 교제를 나누는 것과 더불어, 사회가 지지하는 왜곡되고 불결한 이미지, 기준, 행위들로부터 우리의 눈과 귀, 마음과 생각을 지키기 위해 할 수 있는 실제적인 행동들은 무엇인가? 사람들 앞에서뿐 아니라 개인적으로 우리가 할 수 있는 일들을 제안해 보라.

6. 성적으로 순결을 지키는 비결 중 하나는 안전한 결혼생활 안에서 성적인 만족을 누리는 것이다. 하나님이 고린도전서 7장 2-5절에서 사도 바울의 펜을 통해 우리에게 주시는 솔직한 교훈을 잘 읽어 보라. 각 구절에서 성령님이 보여 주시는 것은 무엇인가? 이 구절들이 일반적으로 성에 대해, 그리고 구체적으로 배우자를 섬기는 것에 대해 당신의 관점을 어떻게 변화시키는가?

PART 6

"아직 늦지 않았다,
오늘 시작하라"

우리 가정,
다시 에덴으로!

그 후로 죽 행복하게 사는 것은 매일 그렇
게 살아야 가능한 것이다(마가렛 보난노).

01

모퉁이만 돌면
돌파구가 보인다

약속된 보물을 바라보라

아들들이 어릴 때 나(리사)는 한 가난한 남자에 관한 동화를 읽어 주었다. 그 남자는 사과나무 아래 묻혀 있는 보물을 발견하는 생생한 꿈을 꾸었다. 그 나무의 정확한 위치는 분명치 않으나 그 꿈을 꾼 남자의 마음은 희망으로 가득 찼다.

이 남자는 크고 오래된 과수원을 가지고 있었는데 생산이 점점 줄어서 그렇게 가난해진 것이었다. 그 꿈을 꾸기 전에 그는

290

과수원을 팔 생각이었다. 그러나 꿈을 꾸고 난 뒤부터 의지와 활력을 가지고 일하기 시작했다. 그 나무를 찾으려면 수많은 시간 동안 힘들게 수고해야 했다. 그는 의연하게 각 사과나무 주변의 땅을 체계적으로 파기 시작했다. 보물이 발견되지 않을 때마다, 남은 나무들 아래서 보물을 발견할 가능성이 더 높아졌다. 하지만 마지막 나무 주변에 참호를 팠는데 여전히 꿈에서 보았던 보물을 발견하지 못하자 그는 절망과 탈진 상태에 빠져 쓰러졌다.

다음 해 봄이 되어서야 그는 보물을 발견했다. 과수원을 거닐다가 깊게 숨을 들이마시니 사과 꽃향기가 가득했다. 오래된 모든 나무들이 꽃으로 가득 덮여 있었다. 향기 나는 꽃봉오리들은 가을에 열릴 사과에 대한 약속이었다.

가난한 남자는 늘 자신에게 있었던 것을 보살핌으로써 보물을 발견한 것이다. 각 나무 주변 땅을 팠을 때 그는 자기도 모르게 뿌리에 공기가 통하게 하고 흙을 뒤집어 주었다. 이 과정 덕분에 나무들이 풍성한 열매를 맺은 것이다. 한때 황량하기만 했던 땅이 다시 살아났다. 그해와 그 후 여러 해 동안 그와 가족은 꿈꿨던 것보다 훨씬 더 풍성한 수확을 누렸다!

이 책을 통해 여행을 시작했을 때 결혼생활을 나무에 비유한 적이 있다. 나무 주변 토양이 단단하게 굳어 있으면 뿌리가 그 안에 갇혀 뻗어 나가지 못해 나무가 자라는 데 필요한 물과 영양분을 흡수하지를 못한다. 이 책의 처음 5장은 그 토양에 새로운 활기를 불어넣는 일을 도와주기 위해 쓰였다. 우리를 약하고 움츠러들게 하는 죄와 두려움, 이기심의 결과들을 제거함으로써 뿌리에 공기가 통하게 했다. 과감하게 꿈을 꾸고 가치와 역할과 목표를 세우기로 결심했으니 이제 가지에서 소망의 약속을 보고 미래의 보물을 보아야 한다.

모든 결혼생활에는 아직 실현되지 않은 수확에 대한 약속이 있다. 우리는 마음과 가정을 지킴으로써 우리 할 일을 하고 하나님은 우리의 연합에 축복을 명하심으로써 그의 일을 하신다. 여린 가지들이 달린 어린 나무, 오래된 가지들을 가진 성숙한 나무, 그리고 아직 싹트지 않은 작은 씨앗도 모두 잠재된 힘을 가지고 있다. 하나님은 메마른 나무를 풍성하게 만드신다. 오래된 것을 새것으로 만드시고, 죽은 것도 살아나게 하신다.

모든 것을 새롭게 하신다

사랑은 과거를 지우지 않는다. 다만 미래를 다르게 만들 뿐이다(게리 채프먼).[1]

마지막으로 이 모든 일이 시작된 에덴동산으로 다시 주의를 돌려보자.

하나님이 사람을 창조하시되 하나님을 닮게 창조하시고 하나님의 본성을 드러내게 하셨다. 하나님께서 사람을 남자와 여자로 창조하셨다. 하나님께서 그들에게 복을 주시며 말씀하셨다. "자녀를 낳고, 번성하여라! 온 땅에 가득하여라! 땅을 돌보아라! 바다의 물고기와 공중의 새와 땅 위에 사는 온갖 생물을 돌보아라!"(창 1:27-28, 메시지성경)

바로 우리를 향한 하나님의 목적이다. 우리의 과거, 두려움, 주변 환경에서 오는 압박감과 왜곡들이 창조주의 본래 의도를 오염시키거나 약화시키고 있다. 어쩌면 에덴동산의 사명을 마땅히 당신의 것으로 받아들이기에는 거기서 너무 멀어진 것 같을 수 있다. 용기를 내라. 모든 삶과 결혼생활은 다시 태어날 수 있고 새로운 기원을 받아들일 수 있다.

보좌에 앉으신 이가 이르시되 보라 내가 만물을 새롭게 하노라(계 21:5).

하나님은 단순히 과거를 개조하지 않으신다. 그는 만물을 새롭게 만드신다. 우리의 타락을 상징하는 에덴동산의 나무들을 가져다가 다르게 만드셨다. 우리를 그의 영원한 성으로 들어오게 하시려고 그 아들을 보내어 사망의 나무를 지나게 하셨다. 열방을 치유하는 잎사귀를 가진 생명나무의 고향으로 우리를 들어오셨다. 모든 잃어버린 것들은 하나님의 능력으로 되찾을 수 있다. 여기에는 결혼생활도 포함된다. 그는 만물을 새롭게 하심으로 우리가 다시 시작할 수 있게 하신다.

당신의 과거는 지나갔다. 시간의 연대기에 고정되어 있으며 인간의 노력으로 닿을 수 없다. 하지만 시간 밖에 존재하는 분이 계시니, 그는 시간의 한계에 얽매이지 않으신다. 그는 "지극히 존귀하며 영원히 거하시는" 분이다(사 57:15). 하나님은 당신의 미래 이야기를 쓰시듯이 과거의 잘못들을 구속하실 것이다. 하나님 나라에서는 어제의 고통이 내일의 가능성을 막지 않는다. 매일 하나님의 자비가 새롭고 그의 약속들이 당신을 기다리고 있다. 그는 당신을 위해 불가능한 일들을 가능케 만드는 것을 좋아하시며 또 열망하신다.

> 우리 가운데서 역사하시는 능력대로 우리가 구하거나 생각하는 모든 것에 더 넘치도록 능히 하실 이에게(엡 3:20).

하나님이 개인적으로 당신에게, 또 당신의 결혼생활에 가져다주실 수 있는 풍성한 결실과 효능과 만족은 당신이 이해하기 어렵다. 지난 며칠 또는 몇 주 동안 결혼생활을 위해 기록한 꿈과 목적, 열망들을 생각해 보라. 하나님은 단지 그 비전을 충족시켜 주기를 원치 않으신다. 그보다 더 넘치게 주기를 원하신다. 친밀감이 더 깊어지고 영향력이 더 확대되어서 두 사람의 결합을 통해 이 땅에 거룩한 하나님 나라가 세워지길 원하신다. 그는 근본적이고 전례 없는 방법으로 당신 안에서, 또한 당신을 통해서 일하기 원하신다. 어쩌면 앞의 장들을 읽으면서 담대하게 꿈을 꾸지 않았을 것이다. 지금 담대하게 꿈을 꾸기 바란다!

하나님은 어떤 일을 이루기 위해 우리의 도움을 필요로 하지 않으시지만 우리의 협력을 기쁘게 받으신다. 이는 하나님과 함께하는 삶의 기본 원칙이다. 그는 우리의 도움을 요구하지 않으시지만 우리의 개입을 원하신다. 우리는 불가능한 일들을 이루는 일에 동참할 수 있다. 바로 결혼생활을 다시 시작할 때 지금 불가능해 보이는 것을 목표로 삼는 것이다.

특히 어떻게 불가능한 일이 이루어질 수 있는지에 대해 통찰력을 주는 이야기가 있다. 인간 역사에서 약간 뜻밖의 순간에, 즉 땅에 충만하라는 하나님의 명령을 인류가 거역했을 때 일어난 일이다. 우리 조상들은 널리 흩어지는 대신 함께 모여서 건물을 지으려 했다. 아담과 하와가 에덴동산에서 살았던 것처럼 천상의 영역에 속한 곳을 만드는 걸 목표로 삼았던 것이다. 하나님이 바벨탑 건설에 어떻게 개입하셨는지 이미 알고 있을 것이다.

여호와께서 사람들이 건설하는 그 성읍과 탑을 보려고 내려오셨더라. 여호와께서 이르시되 이 무리가 한 족속이요 언어도 하나이므로 이같이 시작하였으니 이 후로는 그 하고자 하는 일을 막을 수 없으리로다. 자, 우리가 내려가서 거기서 그들의 언어를 혼잡하게 하여 그들이 서로 알아듣지 못하게 하자 하시고 여호와께서 거기서 그들을 온 지면에 흩으셨으므로 그들이 그 도시를 건설하기를 그쳤더라(창 11:5-8).

이 시도는 하나님에게서 비롯한 것이 아니었다. 하지만 하나님이 그들의 일을 방해하지 않으셨다면 아마 두 가지 이유에서 그 일은 성취되었을 것이다. 첫째, 언어가 같았고, 둘째, 한 족속이었다.[2] 이 두 요소들이 불순종한 백성들에게 불가능해 보이는 일도 이룰 수 있게 했다면, 그리스도 안에서 한 몸인 이들에게는 얼마나 더 큰 능력을 부여할 수 있겠는가?

통일된 언어와 목적을 갖는 것은 하나님이 결혼생활에 "넘치도록 채워 주시는" 것을 받아들이고 다시 시작할 때 당신에게 반드시 필요하다. 언어부터 시작해서 두 가지 원동력을 자세히 살펴보자.

02

생명의
말을 하라

하늘의 언어

이 책 전체에 걸쳐 먼저 하나님이 당신 마음속에서 일하시게 하는 것의 중요성을 여러 차례 강조했다. 우리 자신을 성령님께 내드리고 그의 말씀에 복종할 때 변화가 일어난다. 우리가 말했듯이, 행동의 수정으로 내적인 변화를 대신할 수는 없다. 그러나 내적으로 변화되기 시작할 때 외적인 세계도 다시 만들어질 것이다. 하나님이 마음속에서 행하시는 일의 첫 번째 증거는 입에서 나오는 말들 속에서 발견된다.

마음에 가득한 것을 입으로 말함이니라(눅 6:45).

모든 상황 속에서 우리는 선택할 수 있다. 하늘의 언어로 말할 것인가, 땅의 언어로 말할 것인가? 땅은 분명한 현실을 말한다. 하늘은 더 높은 진리의 근원을 따라 말한다.

이는 내 생각이 너희의 생각과 다르며 내 길은 너희의 길과 다름이니라. 여호와의 말씀이니라. 이는 하늘이 땅보다 높음같이 내 길은 너희의 길보다 높으며 내 생각은 너희의 생각보다 높음이니라. 이는 비와 눈이 하늘로부터 내려서 그리로 되돌아가지 아니하고 땅을 적셔서 소출이 나게 하며 싹이 나게 하여 파종하는 자에게는 종자를 주며 먹는 자에게는 양식을 줌과 같이 내 입에서 나가는 말도 이와 같이 헛되이 내게로 되돌아오지 아니하고 나의 기뻐하는 뜻을 이루며 내가 보낸 일에 형통함이니라(사 55:8-11).

하나님의 언어로 말하려면 먼저 그의 말씀을 알아야 한다. 그 말씀이 비전을 바꾸고, 우리로 하여금 보이지 않는 것을 보고 아직 일어나지 않은 일을 말하게 한다. 우리의 말을 믿음의 방언으로 변화시킬 것이다. 단순히 긍정적인 말이나 감정적인 낙관론에 관한 것이 아니다. 약속된 것에 대한 확실한 믿음에 관한 것이다.

여기에 하늘의 언어와 땅의 언어가 어떻게 다른지를 보여 주는 몇 가지 예가 있다.

> 땅은 '이혼'이라고 말한다. 하늘은 '연합'이라고 말한다.
> 땅은 '희망이 없다'고 말한다. 하늘은 '모든 것이 가능하다' 고 말한다.
> 땅은 '거절'이라고 말한다. 하늘은 '수용'이라고 말한다.
> 땅은 '너는 나에게 빚을 졌어!'라고 말한다. 하늘은 '내가 거 저 줄게'라고 말한다.
> 땅은 '보복'을 말한다. 하늘은 '용서'를 말한다.
> 땅은 '나는 너의 종이 되지 않을 거야'라고 말한다. 하늘은 '나는 너의 종이 될 거야'라고 말한다.
> 땅은 '나는 너의 약점을 경멸해'라고 말한다. 하늘은 '나는 너의 가능성을 보고, 내 사랑으로 너의 약점을 덮어 줄 거 야'라고 말한다.
> 땅은 '넌 나의 필요를 충족시켜 주지 않아'라고 말한다. 하 늘은 '나는 너의 필요를 채워 주기 원해'라고 말한다.

이 말들은 그 자체로도 고무적이지만, 더 깊은 하나님 말씀의 진리에 뿌리를 둘 때 더 지속적이고 권능을 부여한다. 결혼생활 속에서 모든 태도와 말을 성경 말씀과 조화시키는 법을 배움으로써 하늘의 언어를 받아들이기를 바란다. 하나님의 사람으로서 "우리가 잠시 받는 환난의 경한 것이 지극히 크고 영원한 영광의 중한 것을 우리에게 이루게 함이니 우리가 주목하는 것은 보이는 것이 아니요 보이지 않는 것이니 보이는 것은 잠깐이요 보이지 않는 것은 영원함이라"(고후 4:17-18)는 것을 안다.

혀는 살리는 힘과 죽이는 힘을 가지고 있고, 우리는 믿음으로 아직 없는 것들도 있는 것처럼 부를 수 있다(잠 18:21, 롬 4:17 참조). 하나님의 말씀이 당신의 세상을 만들게 하라.

진리를 말하라

사랑 가운데 진리를 말하며 범사에 머리 되시는 그리스도에게까지 자라나야 합니다(엡 4:15, 우리말성경).

하늘의 언어로 말한다는 것은 항상 진리를 말하는 것을 의미한다. 하지만 진리를 말하는 모든 방식이 옳은 것은 아니다. 하나님의 언어로 말하는 것은 우리가 '사랑 가운데' 진리를 말하는 것을 의미한다.

많은 부부들이 두 가지 극단적인 방법 중 하나를 선택함으로써 잘못을 범한다. 어떤 이들은 하나님 말씀을 사용하여 배우자를 공격하거나 비하한다. 진실을 말하지만, 불만과 분노, 보복, 또는 악의로 말하는 것이다. 또 다른 이들은 고통을 초래하거나 다툼을 일으키고 싶지 않아서 진실을 말하지 않고 피상적인 가짜 사랑으로 행한다. 이는 시간이 지나면서 반드시 깊은 실망감과 불쾌감을 초래하며, 결국은 일종의 폭발을 일으킨다. 이러한 접근법들은 어느 것도 하나님이 의도하신 목적을 이루지 못한다. 그 목적은 우리가 점점 더 그리스도를 닮는 것이다.

남편 혹은 아내로서 당신은 아무도 모르는 배우자의 약점들을 알고 있다. 그래서 그 특별한 지식을 이용해 쉽게 배우자에게 상처를 주거나 부끄럽게 하거나 비난할 수 있다. 하지만 우리는 더 높은 소명을 받았다. 그렇지 않은가? 우리는 배우자의 가장 훌륭한 종이 되어 그들의 최고 이익을 추구하기로 다짐했다. 진리의 말들은 배우자가 그리스도를 닮아 가도록 도와줄 수 있다. 하지만 혀를 상처 입히는 무기로 사용한다면 절대 영원한 가치가 담긴 말들을 할 수 없다.

결혼생활이 건강하기를 원한다면 파괴적이거나 잘못된 행동을 다루어야 한다. 그러나 그렇게 하기에 적절한 때와 장소가 있다. 말다툼 중에 배우자의 단점을 지적해 봐야 절대 긍정적인 변화를 가져올 수 없다는 것을 아는가? 더 나쁜 행동과 해로운 상호작용을 조장할 뿐이다. 무언가에 대해 의논해야겠다는 생각이 들면 진정될 때까지 기다려라. 심각한 문제라면 좀 더 친밀한 분위기에서 생각을 나눌 수 있도록 데이트를 계획하는 것도 좋은 생각이다. 이렇게 하면 배우자가 좀 더 잘 들어줄 분위기를 조성할 수 있다.

나(리사)는 하나님이 내게 이렇게 말씀하셨던 것을 분명히 기억한다. "리사, 상대방이 네 말을 들어주기 원한다면 듣고 싶게끔 말을 해라." 여기에 이렇게 덧붙이기 쉽다. "그 말을 듣고 싶을 때 해라." 한창 말다툼 중일 때 건설적인 비판을 하는 것은 대개 적절하지 않다. 배우자가 마음이 편안하고 수용적일 때 잘못을 지적하는 것이 가장 좋다. 피곤할 때는 말을 그만하는 것이 좋다. 용서하고, 서로 안아 주고, 아침에 다시 이야기하기로 하라.

예민한 사실은 사랑에 흠뻑 젖은 상태에서 말해야만 한다. 자신의 실패나 잘못에 대해 듣는 걸 좋아하는 사람은 아무도 없다. 그러나 잘 배우는 사람들은 성장 가능성이 있는 영역들을 깨달음으로써 유익을 얻는다.

충고하기 전에 먼저 자신의 동기를 살펴라. 스스로 질문해 보라. '나는 사랑으로 이 말을 하고 있나, 아니면 나 자신의 이익을 추구하거나 나를 보호하려 하는 것인가? 정말로 배우자의 행복을 걱정하는가, 아니면 내가 받은 상처를 갚아 주려고 하는 것인가?' 말다툼 중에 행동에 대해 충고한다면, 이기심에서 나온 말일 가능성이 크다. 결국 배우자가 당신의 기분을 어떻게 해 주냐에 따라 반응하는 것이다.

감정적으로 위태로울 때 사랑 안에서 진리를 말하기는 매우 어렵다. 그러나 하고 싶은 말을 참으면 둘 중 한 가지 일이 일어난다. 즉 당신이 잘못했다는 걸 깨닫고 아무 말도 하지 않은 것을 다행으로 생각하거나, 배우자가 꼭 들어야 할 말을 차분하고 정확하게 전달할 수 있다.

우리는 사소한 죄들은 하나님께 맡기고 못 본 척 넘어가는 것이 항상 최선이라는 걸 알았다. 하지만 어떤 상처들은 잊어버리기 힘들다. 습관적이고 파괴적인 행동의 경우, 오히려 말을 하지 않는 것이 해롭다. 그렇지만 당면할 필요가 있다고 해서 상처 줄 자격이 있는 것은 아니다. 다음과 같이 함으로써 사랑 안에서 진리를 말할 수 있다.

* 하나님의 말씀에 비추어 당신의 동기를 살핀다.
* 배우자가 아니라 문제를 공격함으로써 갈등을 해결한다.
* 파괴적으로 말하지 않음으로써 혀를 제어한다.
* 자비롭게 대한다.
* 정직하게 대한다.
* 부드럽게 대답한다.
* 항상 희망을 준다.
* 상대방에게 듣고 싶은 말투로 말한다.
* 정면 대결할 시간과 장소, 적절한 말을 지혜롭게 선택한다.[3]

솔로몬은 "철이 철을 날카롭게 하는 것 같이 사람이 그의 친구의 얼굴을 빛나게 하느니라"(잠 27:17)라고 말했다. 관계 속에서 경건한 마찰과 다툼이 있을 수도 있다. 올바르게 다룬다면 이러한 갈등의 순간들이 삶에 경건함을 이룰 것이다.

부부의 연합을 위태롭게 할 수 있는 문제들을 다루는 것은 매우 중요하다. 작은 상처들을 제대로 처리하지 않으면 깊은 상처가 될 수 있고, 많은 경우에 배우자는 자신이 고통을 주고 있다는 것을 인식하지 못한다. 하나님과 서로를 향한 사랑으로 관심사를 논의할 때 우리는 더욱 화합하고 더 좋은 배우자가 될 수 있다.

03

배우자의
사랑 코드를
이해하고 존중하라

배우자가 원하는 사랑의 언어

지금까지 다소 전통적인 의미의 언어를 이야기했다. 즉 우리가 하는 말과 말하는 태도에 초점을 두었다. 이제는 초점을 약간 조정하여 함께 사용하는 언어의 다른 면을 이야기해 보겠다. 앞서, 우리가 배우자를 섬기는 방식대로 배우자가 우리를 섬기지 않을 수도 있다는 것을 깨달으면 결혼생활이 더 강해질 거라고 이야기했다. 마찬가지로, 사람들은 다양한 방식으로 사랑을 주고받는다. 여러 가지 사랑의 방언들을 해석하는 데 도움을 주는 탁월한 책이 있다. 우리 관계에도 큰 도움을 준 책이다. 바로 게리 채프먼의 《5가지 사랑의 언어》(*The Five Love Languages : How to Express Heartfelt Commitment to Your Mate*)이다.

서로의 언어를 이해하는 것이 왜 중요한가를 이해하는 데 도움을 주기 위해 우리의 결혼생활을 예로 들겠다. 내가(리사) 주로 사랑을 나타내는 방법은 함께하는 시간과 봉사의 행위를 통해서이다. 그래서 신혼 때 존을 향한 충만한 사랑을 보여 주기 위해 바쁘게 일을 했다. 빨래, 타일 깔기, 요리, 청소, 아이들 돌보기, 페인트칠하기, 정원 손질 등. 또한 내가 사랑이라고 생각하는 일들을 하면서 존과 함께 깊고 의미 있는 대화를 나누려고 노력했다.

나(존)는 리사와 다른 생각이었다. 내가 사랑을 표현하는 방식은 다르다. 즉 스킨십과 인정하는 말이 나의 사랑의 언어다. 리사는 맛있는 요리를 하고, 카펫을 청소하고, 타일을 깔며 열심히 봉사했지만 나는 "사랑해요"라는 말을 듣지 못했다. 또 나는 열심히 격려하는 말을 하고 그녀에게 신체적인 애정 표현을 했지만 그녀 역시 "사랑해요"라는 말을 듣지 못했다. 우리 둘 다 마치 외국어로 말하는 것 같았다.

결혼생활이 건강해지려면 두 사람이 행복하다고 충분히 사랑받고 있다고 느껴야 한다. 모든 사람은 자기가 들을 수 있는 방식으로 사랑받을 자격이 있다. 이렇게 볼 때 자신이 어떻게 사랑의 언어를 들을 수 있는지를 서로 알리는 것은 결코 잘못이 아니다. 채프먼 박사의 책을 읽거나 5lovelanguages.com에서 무료 평가를 해서 어떤 방식으로 사랑을 표현하는지 서로 알게 되길 바란다. 평가 결과에 대해 이야기를 나누라. 당신들만의 특별한 관계 속에서 서로의 언어로 이야기한다면 어떤 모습일 것 같은 가? 이 대화는 친절하고 비난하지 않는 태도로 하는 것이 가장 좋다. "나는 당신이 …할 때 사랑받고 있다고 느껴요"라는 식으로 말한 다음, 더 자세히 이야기하라.[4]

배우자가 애정을 표현하는 방식을 알고 그에 맞게 의도적으로 말이나 행동을 하면 두 사람의 관계 속에서 사랑의 어휘가 더 확장된다. 이는 하늘의 언어를 사용하고 사랑 안에서 진리를 말함으로써 형성하는 기반을 더욱 견고하게 한다. 이러한 요소들이 모두 모여 결혼생활 안에서 공동의 언어를 형성한다.

다음에는 불가능한 일, 즉 연합을 가능케 하는 두 번째 방법을 살펴보겠다.

같은 사명을 가지고 행하라

예수님이 사역하시는 동안 자주 강조하신 것 중 하나가 연합의 중요성이었다. 예를 들어 요한복음에 기록된 이야기를 보자. 예수님이 배신당하시던 날 밤, 그는 우리가 하나 되어 살게 해 달라고 기도하셨다.

나는 그들을 위해서만 아니라 그들 때문에, 그리고 나에 대한 그들의 증언 때문에 나를 믿게 될 이들을 위해서도 기도합니다. 그들 모두 한마음 한뜻이 되고 아버지께서 내 안에 계시고 내가 아버지 안에 있듯이, 그들도 우리와 한마음 한뜻이 되는 것, 이것이 내 기도의 목적입니다.

그래서 아버지께서 참으로 나를 보내셨다는 것을 세상이 믿게 해 주십시오. 아버지께서 내게 주신 영광을 나도 그들에게 주었습니다. 이는 내가 그들 안에 있고 아버지께서 내 안에 계시듯이, 그들도 우리처럼 하나가 되어 함께하게 하려는 것입니다. 그들이 이 하나 됨 속에서 성장해서 아버지께서 나를 보내셨다는 것을, 아버지께서 나를 사랑하신 것 같이 그들도 사랑하셨다는 것을 하나님을 모르는 세상에 증언하게 해 주십시오.

(요 17:20-23, 메시지성경)

하나 됨은 하나님의 영광을 나타낸다. 이는 하나님의 아들이 이루신 화해의 힘을 증명한다. 많은 사람들이 추론이나 강력한 주장으로 복음을 증명하려고 노력해 왔다. 하지만 세상을 향한 하나님의 사랑을 보여 주는 첫 번째이자 가장 좋은 증거는 바로 하나님의 사람들 사이에서 나타나는 그의 사랑이다.

하나 됨은 하나님의 왕국 밖에 있는 사람들에게 호소력이 있을 뿐만 아니라 우리에게도 유익한 것이다. 하나 되는 자리에서 하나님은 축복을 명하신다(시 133편 참조). 이런 식으로 하나 됨은 어둠의 왕국에 두 배로 위협을 가한다. 즉 하나님의 사람들에게는 은혜를 가져다주고, 동시에 잃어버린 자들에게는 그들을 향한 하나님의 사랑을 주목하게 만든다.

그러므로 원수가 어떻게 해서든 당신의 결혼생활에 불화를 일으키려 하는 것은 당연한 일이다. 그리고 마음속에 있는 이기심이나 두려움은 원수의 목적을 이루는 데 도움이 될 뿐이다. 하나 됨을 유지하려면 원수와 싸워야 하고 또 인간적인 본성과도 싸워야 하기 때문에 결코 쉬운 일이 아니다. 성령의 은혜가 필요하고, 또 순간의 어려움을 초월하는 분명한 목적을 의식하고 있어야 한다. 이를 마음에 새기고 에베소서 5장 21절 말씀을 다시 한 번 살펴보자.

그리스도를 경외함으로
피차 복종하라

헌신적인 종으로서 서로 복종하는 두 배우자의 역할에 대해 앞 장에서 이야기했다. 이제는 복종에 대한 이해를 더 넓히고 어떻게 우리가 하나 되도록 도와주는지를 알게 하려 한다.

복종(submission)이라는 단어에서 접두사 'sub'는 'under'(아래)라는 뜻이고, 'mission'은 임무를 뜻한다. 종합해 보면, 복종은 '똑같은 임무 또는 사명 아래'라는 뜻이다.[5] 이미 결혼생활의 목표를 자세히 기록하고 그 목표를 이루는 데 필요한 단계적 전략을 세우며 의미 있는 시간을 보냈다. 그러므로 서로 복종하라는 이 명령을 듣고 기억할 것은, 결혼에 대한 모든 목적은 하나님의 사랑과 영광을 나타내는 궁극적인 목적 아래 있다는 사실이다. 두 배우자는 하나님이 주신 이 사명의 권위에 복종해야 하며, 그럴 때 하나 될 수 있다.

이러한 관점을 가질 때 두 배우자가 모두 결혼생활 속에서 강해질 수 있다. 복종은 한 배우자가 강하고 다른 한쪽은 약해질 것을 요구하지 않는다. 결혼은 어느 개인보다 훨씬 더 크고 중요한 사명을 띠고 있기에, 강한 두 사람이 강한 연합을 이루어야 한다. '강한'이라는 단어는 성격이나 물질적인 것을 말하는 것이 아님을 이해하기 바란다. 두 사람의 기여를 말하는 것이다. 앞에서도 말했듯이, 결혼은 지배가 아니라 통치에 관한 것이다. 세력권을 주장하는 것이 아니라 땅을 차지하는 것이다.

결혼과 가정생활에서 내가(존) 리사보다 더 잘하는 부분들이 있다. 리사는 그러한 부분에서 기꺼이 내 의견을 따른다. 마찬가지로 리사가 나보다 훨씬 더 잘하는 부분들이 있다. 그러한 문제들에서는 내가 기꺼이 아내의 통찰과 지식을 따른다. 우리는 동일한 사명 아래 하나가 되었고, 우리 사명을 이루려면 두 사람 다 가장 좋은 것을 내놓아야만 한다.

존은 항상 재정 관리에 탁월했다. 그는 하나님이 우리의 필요를 채워 주시고 우리의 삶을 축복해 주실 거라는 사실을 믿는 데 전혀 어려움이 없었다. 우리가 살았던 집은 다 존이 찾아낸 것이었다. 존이 청구서를 처리하면 마치 커다란 돌덩이가 내(리사) 어깨에서 나가떨어진 것 같았다. 존의 잦은 출장과 바쁜 스케줄 때문에 내가 재정을 관리한 적이 있었다. 그런데 내가 그 일로 힘들어하는 걸 보더니 존이 다시 그 일을 맡겠다고 했다. 나에게는 너무나 힘들고 부담스러웠던 일이 존에게는 아주 쉬웠다. 그는 집, 자동차, 그밖에 큰 것을 구매하는 일에 탁월했다. 또 경쟁이나 게임, 그와 비슷한 활동들을 통해 아들들과도 잘 놀아주었다.

그에 반해 나는 우리 집을 관리했다. 항상 가족이 함께 둘러앉아 식사를 하는 공간이 되길 바랐다. 우리 가족을 먹이는 것이 좋았고, 아들들이 친구들을 데려오는 것도 대환영이었다. 또한 존이 여행을 마치고 돌아왔을 때 긴장을 풀 수 있는 집이 되길 원했다.

당신과 배우자가 가장 잘 이끌어 갈 수 있는 부분이 어디인지 찾으라. 각자 은사를 받은 영역에서 서로를 존중하고 따르는 법을 배워라. 서로가 강한 분야에서 상대방의 리더십에 기꺼이 따르면 공동의 사명을 이룰 수 있을 것이다.

04

삶의 우선순위를
배우자에게 두라

우선순위

사명과 우선순위는 같은 것이 아니다. 그러나 나란히 함께 간다. 같은 뜻을 품고 같은 우선순위를 지지하는 것이 하나 됨을 유지하는 데 반드시 필요하다.

두 사람이 한 사람보다 나음은 그들이 수고함으로 좋은 상을 얻을 것임이라(전 4:9)

우선순위는 우리의 가장 큰 목적에 따라 정해진다. 이는 하나님의 사랑을 알고 그 사랑을 나타내는 것이다. 모든 그리스도인들은 같은 우선순위를 가질 수 있다. 비록 행하기 위한 전략은 부부마다, 때마다 다르겠지만 말이다. 우선순위를 이런 식으로 바라볼 것을 제안한다.

1. 하나님. 실제로 하나님은 '첫 번째'가 아니다. 그는 다른 모든 것 위에 계시며, 그와의 관계는 삶의 모든 영역에서 성공과 신실함을 이루는 데 반드시 필요하다. 하나님은 모든 우선순위를 총망라하고 그 안에 거하셔야만 한다. 하지만 명확성을 위해 우리는 하나님을 이 목록의 첫 번째로 지명한다. 따라서 어떤 면에서 보면 하나님이 제일 우선이다.

그러나 하나님의 관계는 우리가 그를 위해 하는 일과 다른 것이다. 특히 사역자들이나 교회에서 봉사하는 사람들이 가족보다 사역을 더 우선시하려는 유혹을 받는다. 이런 왜곡된 생각으로 가정을 희생시키지 말라.

2. 배우자. 여기에도 미묘하지만 대가가 큰 왜곡의 가능성이 있다. 자녀들은 중요하다. 하지만 자녀들을 보살피느라 배우자를 방치해서는 안 된다. 자녀들은 언젠가 성숙하여 당신의 보살핌에서 벗어날 테지만, 배우자와는 평생 언약의 관계에 있다. 자녀들이 다 집을 떠나더라도 두 사람이 여전히 가장 좋은 친구로 남을 수 있도록 함께 삶을 만들어 가라.

3. 자녀들. 각 배우자가 자녀 양육에 관여하는 부분과 상세

한 역할은 때에 따라 다르다. 특히 다음 우선순위, 즉 소명이 무엇이냐에 따라 달라진다. 만약 둘 중 한 사람이나 둘 다 직장 생활을 한다면 사업이나 사역의 영역에서도 맡은 책임들이 있을 것이다. 만약 지금 소명을 행하는 것이 집에서 아이들과 함께 지내는 것이라면, 이 우선순위와 다음 우선순위를 구분할 필요가 없다. C. S. 루이스가 말했듯이 "가정주부는 최고의 직업이다."

4. 소명. 사실 소명은 이 목록에 있는 모든 것, 그리고 당신 삶에 있는 모든 것을 포함한다. 그러나 이번에도 명확성을 위해 이 용어의 범위를 제한한다. 우리가 말하는 '소명'은 하나님이 정부, 사업, 건강관리, 교육, 사역, 예술, 미디어, 또는 다른 분야에서 당신과 배우자에게 개인적으로 맡기신 일을 뜻한다.

나와 리사의 경우는 공교롭게도 공유하는 영역이지만, 많은 부부가 배우자와 같은 사회적 영역에서 일하거나 봉사하지 않는다. 당신 부부가 그런 경우라면 서로의 일에 관심을 가지면서 서로 꼭 필요한 지원을 할 수 있다. 솔로몬의 말처럼, 두 사람이 함께 일하면 서로 성공하도록 도와줄 수 있다.

5. 휴식. 안식일은 사람이 아니라 하나님이 정하신 것이다. 우리가 쉴 때 다른 모든 우선순위들이 더 잘된다. 하나님은 우리 삶에 정기적인 휴식과 여가가 포함되어 있기를 원하신다. 이는 게으른 것과는 다르다. 우리를 영적, 육체적, 감정적으로 회복시켜 주는 일들에 시간을 사용하면서 쉬는 것이다. 결혼생활에서는 혼자 쉬는 것이 아니라 함께 쉴 수 있는 방법을 찾는 것이 중요하다. 우리 부부에게는 함께 즐길 수 있는 공통의 관심사들을

발견하는 것이었다. 이를테면 자연 속에서 함께 시간을 보내며 가정과 사역에 대한 꿈을 이야기하는 것이었다. 함께 쉬면서 즐기는 법을 배우는 것도 두 사람의 삶을 하나로 만드는 일의 한 부분이다.

6. 공동체. 너무나 많은 부부가 완전히 분리된 사회생활을 하고 있다. 남자 또는 여자끼리 시간을 보내고 배우자 외의 사람들과 우정을 쌓는 것도 중요하지만, 건강한 결혼생활은 부부의 사회생활이 서로 교차하는 점이 있다. 친구들은 우리를 격려해 주고, 지지해 주고, 강하게 하는 중요한 역할을 한다. 우리는 한 몸이기 때문에 우리 두 사람을 다 알고 사랑하는 친구들이 많이 있어야 한다.

의도적으로 부부의 하나 됨을 축복해 주는 친구들이 있는 것이 얼마나 중요한지는 아무리 강조해도 부족하다. 우리 두 사람은 삶 속에서 배우 다양한 역할을 하는 친구들이 있다. 나(존)는 오직 여가 시간만 함께 보내는 골프 친구들이 있다. 또 함께 골프를 치면서 내 마음과 영혼을 쏟아 놓을 수 있는 친구들도 있다. 나의 어려움과 약한 부분들을 함께 나누는 친구들은 리사와 나를 둘 다 사랑한다.

나(리사)에게는 정말로 모든 사랑의 영역에서 더 깊이 성장하도록 도전을 주는 마음의 친구들이 있다. 나의 삶과 결혼생활에 등장하는 독특한 도전들을 이해하는 여자 친구들이다. 어떤 친구들은 사역에서 어려움이 생길 때 제일 좋은 친구들이고, 또 어떤 친구들은 관계 속에서 갈등이 생길 때 상담하기에 가장 좋은 친구들이다. 우리는 그 모든 친구들을 금보다 더 귀하게 생각한다.

예전에는 친구들이었지만 결국 거리를 두어야만 했던 사람들도 있었다. 그들은 우리 둘 중 한 사람을 더 좋아했고, 우리 부부의 하나 됨을 도와주지 않았다. 어떤 친구가 당신들 두 사람을 다 위하지 않는다면 그들과 어울리지 말라. 그들은 반드시 당신의 결혼생활에 분열을 일으킬 것이다.

사랑을 선택하라

그러므로 너희는 하나님이 택하사 거룩하고 사랑 받는 자처럼 긍휼과 자비와 겸손과 온유와 오래 참음을 옷 입고 누가 누구에게 불만이 있거든 서로 용납하여 피차 용서하되 주께서 너희를 용서하신 것 같이 너희도 그리하고 이 모든 것 위에 사랑을 더하라 이는 온전하게 매는 띠니라(골 3:12-14).

사랑은 우리를 온전하게 매는 띠이다. 하나 됨의 기초이며, 불가능한 일들을 보기 위한 참된 열쇠이다.

에베소서 5장 28절에서 바울은 "이와 같이 남편들도 자기 아내 사랑하기를 자기 자신과 같이 할지니"라고 말한다. 매우 강한 의무임을 강조하는 것이다. 위의 구절에서 말하는 더 중요한 원리, 즉 남편과 아내에게 둘 다 적용되는 원리는 우리가 어떻게 느끼느냐에 상관없이 서로 사랑해야 한다는 것이다.

우리 문화는 사랑을 감정으로 묘사한다. 억제할 수 없고 오로지 대응할 수만 있는 감정으로 나타낸다. 사랑을 느끼면 사랑에 빠진 사람들처럼 행동하게 되어 있다. 사랑의 감정이 항상 존재하지 않는다는 걸 발견하기까지는 오래 걸리지 않지만, 사랑은 언제나 선택이다. 하나님은 우리를 사랑하기로 선택하셨다. 만일 사랑하기로 선택한다면 결국 행동에 감정이 따라올 것이다. 분명한 느낌이 없어도 사랑을 나타내는 믿음의 행위는 산을 옮길 수 있다. 하나님은 우리 행위들을 축복해 주기 원하신다. 디트리히 본회퍼(Dietrich Bonhoeffer)의 말을 들어 보자.

사랑이 결혼생활을 지탱하는 것이 아니라 결혼생활이 사랑을 지탱하고 있다.

결혼생활이 사랑을 지탱할 수 있으려면 성령님과의 교감으로부터 감정적, 영적인 만족을 얻어야 한다. 잘못된 원천, 즉 우리 자신의 힘에 의존할 경우 감정의 부재로 시험을 받으면 사랑이 실패하고 만다. 그러나 하나님의 사랑 안에 뿌리를 내리고 있으면 감정이 흔들릴 때에도 사랑의 행위로 하나 됨을 유지할 수 있다.

오해하지 말라. 결혼생활은 본래 감정 없이 살아야 하는 것이 아니다. 그러나 C. S. 루이스는 이렇게 말했다.

> 우리 모두를 위한 원칙은 완전히 단순하다. 당신이 이웃을 '사랑'하는지 안 하는지 고민하면서 괜한 시간을 낭비하지 말고 사랑하는 것처럼 행동하라는 것이다. 이렇게 하는 즉시 가장 중요한 비밀 중 하나를 발견하게 된다. 누군가를 사랑하는 것처럼 행동할 때 지금 그 사람을 사랑하게 될 것이다.[6]

사랑의 감정을 경험하지 못할 때에도 계속해서 배우자에게 사랑을 보여 줄 수 있다. 섬기고, 칭찬해 주고, 지지해 주기로 선택할 수 있다. 당신의 삶이 사랑을 따를 때 감정도 결국 행동이 보여 주는 사랑을 긍정하게 될 것이다.

05

· ♥ ♥ ♥ ♥ ♥ ♥ ♥ ·

당신만의
아름다운 결혼생활을
디자인하라

배우자의 잠재력을 발견하라

솔로몬은 "지혜로운 여인은 자기 집을 세우되"라고 했다(잠 14:1). 지혜로운 여인들은 자기 집을 세우고 지혜로운 남자들은 아내를 세워 준다! 서로 세워 줌으로써 우리는 배우자에게 그리스도 닮은 모습을 보여 준다. 결혼에 대한 하나님의 최선을 발견하는 것은 곧 서로 안에서 가장 아름다운 모습을 이끌어 내는 것을 의미한다.

그리스도의 사랑은 교회를 온전하게 합니다. 그리스도의 말씀은 교회의 아름다움을 일깨웁니다. 그분의 모든 행동과 말씀은 교회를 가장 아름답게 만들며(엡 5:26-27, 메시지성경).

배우자를 사랑하는 것은 하늘나라의 일에 협력하는 행위이며 하나님의 사랑에 동의하는 것이다. 하나님은 당신의 배우자를 바라보실 때 약점을 보지 않고 그의 은혜와 사랑의 관점에서 바라보신다. 하나님은 배우자의 잠재력을 중요시하시며 당신에게도 그와 같이 할 것을 권유하신다.

리사는 젊었을 때 암으로 시력을 잃었다. 그래서 리사는 사람들 앞에 서는 것을 굉장히 두려워했다. 나(존)는 리사의 두려움에 대해 알았지만, 또한 하나님이 그녀에게 특별한 지혜를 선물로 주셨다고 확신했다.

내가 청년부 담당 목사였을 때 리사에게 가끔 청년부 자매들을 위해 말씀을 전하면 좋겠다고 말했다. 그러면 그녀는 "절대 안 돼요!"라고 거절했다. "난 패키지 상품이 아니에요. 교회가 청년부 목사로 고용한 사람은 당신이지 내가 아니라고요."

그 거절은 두려움 때문이지 하나님이 주신 은사를 거역하려는 마음에서 나온 것이 아니었다. 리사는 말하는 것을 매우 두려워했지만, 그녀가 말씀을 전할 때마다 사람들은 예배 후에 나를 찾아와 리사의 메시지에 깊이 감동받았다고 말하곤 했다. 그래서 그녀가 항변할 때는 이렇게 대답했다. "오늘밤 데리러 갈 테니 준비하고 있어요."

나(리사)는 존이 나를 내가 아닌 다른 사람으로 만들려고 한다고 생각했다. 그는 청년부 자매들이 삶 속에서 여성의 목소리를 들을 필요가 있다고 생각했지만, 나는 심각하게 자격이 부족하다고 생각했다. 존이 그 자매들을 위해 모범이 될 만한 사람을 찾고 있는 것과 더불어 나의 은사를 더 키워 나갈 환경을 조성하려고 애쓴다는 것을 몰랐다. 내가 나 자신 안에서 보지 못하는 것을 그가 내 안에서 보고 있었다. 그래서 때로는 존에게 제발 나를 강사로 세우지 말라고 밤새도록 졸랐으나 그는 하나님이 내 안에서 그의 최선을 이끌어 내시도록 계속 나를 세우려 했다. 그때는 그게 참 싫었다. 하지만 지금 생각해 보니, 그는 나의 두려움과 한계를 넘어서도록 사랑으로 나를 압박하고 있었다.

존이 나를 도왔던 것처럼 나도 여러 가지 면에서 존에게 나의 힘을 빌려주었다. 초기에는 굉장히 적극적으로 그의 책들을 편집하고 글들이 그의 마음을 정확하게 전달하는지 확인하는 일을 했다. 우리가 함께 사역할 기회가 많이 생겼던 것은 서로 사랑하면서 성장해 갔기 때문이다.

어쩌면 당신 부부는 아직 서로에게서 가장 아름다운 모습을 이끌어 내는 법을 배우지 못했을지도 모른다. 심지어 정반대의 행위에 빠져, 친밀한 위치와 영향력을 이용해 서로를 깎아 내리려 했는지도 모른다. 오늘이 새롭게 시작하는 날이 될 수 있다. 당신은 새로운 기준을 세울 수 있다.

오늘 새로 시작하라

다시 시작하기에 결코 늦지 않았다. 배우자에게서 가장 아름다운 모습을 이끌어 내는 법을 배우기 원한다면 배우자와 함께 기도할 수 있는 조용하고 개인적인 시간과 장소를 찾기 바란다. 그리고 하나님께 이렇게 말씀드려라.

하늘에 계신 아버지, 우리 둘 사이에 이루신 연합을 우리가 홀대했던 것을 회개합니다. 우리의 결혼은 하나님의 걸작품인데, 그에 합당하게 귀히 여기며 관리하지 않았습니다. 우리가 다시 시작하도록 우리 삶에 새로운 자비를 베풀어 주셔서 감사합니다. 성령님, 당신의 사랑을 통해 서로를 바라볼 수 있도록 필요한 은혜를 주옵소서. 우리에게 더 큰 통찰력을 주셔서 어떻게 서로를 칭찬하고 섬길 수 있는지를 깨닫게 하옵소서. 하나님이 우리 각 사람 안에서 증폭시키기 원하시는 은사와 강점들을 볼 수 있는 눈을 주시고, 어떻게 우리가 주의 일을 위해 싸울 수 있는지 보여 주옵소서. 혼자일 때보다 같이 있을 때 더 강하다는 것을 믿습니다. 우리 삶과 연합이 하나님이 당신의 영광을 위해 의도하신 충만한 모습으로 성장해 가기를 원합니다. 예수님의 이름으로 기도합니다. 아멘.

다음은 배우자에게 직접 해야 할 말을 적어 보았다. 배우자의 눈을 바라보며 이렇게 말해 보라.

남편 :

나의 강점들을 이용해서 당신을 제압하고 압박하려 했던 것을 용서해 줘요. 당신의 장점과 아름다움, 지혜와 친절함에 대해 말하지 않은 것을 용서해 줘요. 당신이 발전할 수 있는 환경을 만들어 주지 않은 것을 용서해 줘요. 대화 속에서, 함께하는 시간에, 그리고 침대에서 내가 이기적으로 행동했던 것을 용서해 줘요. 하나님이 우리의 결혼생활을 치유하시고, 회복하시고, 영화롭게 하실 수 있다고 믿어요. 능력 주시는 하나님을 통해 무엇이든 할 수 있다고 믿어요. 우리는 예수님의 이름으로 함께 다스리며 생육하고 많은 열매를 거둘 것입니다.

아내 :

나의 강점들을 이용해서 당신의 약점들을 지적하려 했던 것을 용서해 줘요. 당신을 무시하고 대화를 나눌 때 이기적으로 행동했던 것을 용서해 줘요. 이제부터는 나의 말들로 당신의 삶을 세워 줄게요. 당신의 마음을 안전하게 보호해 주지 못했던 것을 용서해 줘요. 난 당신을 믿고, 또 우리를 믿어요. 하나님이 모든 것을 새롭게 만드실 수 있다고 믿어요. 당신을 사랑하고 용서하기로 선택합니다. 오늘은 자비와 진리로 가득한 새 날이에요. 다시 한 번 사랑하며 꿈을 꿈시다.

가장 좋은 모든 것들이 아직 당신 앞에 있다. 하나님의 은혜로, 당신의 유산과 친밀감과 영향력은 당신의 바람과 기대를 훌쩍 뛰어넘을 수 있다. 서로 하나 됨으로써, 또 성령의 능력과 감화로, 당신은 세상에 그리스도의 사랑을 전하는 이야기를 쓸 것이다. 그 이야기는 또한 하늘 보좌에 앉아 계신 분께 큰 기쁨을 드릴 것이다.

다시 시작할 수 있는 권한은 일종의 신임 투표와 같다. 일생에 한 번 주어지는 기회가 아니다. 생명이 있는 한 계속 주어지는 기회. 다시 시작한다는 것은 앞에 놓인 일을 생각하면서 과거의 일은 잊어버리고 현재를 사는 것이다.

궁극적인 능력을 가지신 분께 결혼생활을 맡기지 않으면 여기서 이야기한 것들은 다 좋은 생각들에 지나지 않는다. 유다서 1장 24-25절은 앞으로 일어날 모든 일들을 계시해 준다.

능히 너희를 보호하사 거침이 없게 하시고 너희로 그 영광 앞에 흠이 없이 기쁨으로 서게 하실 이 곧 우리 구주 홀로 하나이신 하나님께 우리 주 예수 그리스도로 말미암아 영광과 위엄과 권력과 권세가 영원 전부터 이제와 영원토록 있을지어다 아멘.

하나님은 우리를 보호해 주신다. 오직 그분만이 우리의 결혼생활을 모든 그늘에서 벗어나게 하실 수 있다. 우리가 하나님을 영화롭게 하도록 하나님이 결혼의 기쁨과 영광을 우리에게 맡기신다. 우리가 사랑하며 잘 성장해 가는 모습을 지켜보는 다른 이들에게 우리 삶은 살아 숨 쉬는 메시지가 된다.

해마다 돌아오는 봄은 새로운 시작이다.

겨울도 지나고 비도 그쳤고 지면에는 꽃이 피고 새가 노래할 때가 이르렀는데…(아 2:11-12).

DAY 01

모퉁이만 돌면 돌파구가 보인다

내가 산 자들의 땅에서 여호와의 선하심을 보게 될 줄 확실히 믿
었도다. 너는 여호와를 기다릴지어다. 강하고 담대하며 여호와를
기다릴지어다(시 27:13-14).

1. 하늘에 계신 아버지께서는 당신 부부를 열정적으로 사랑하신다. 그는 당
신이 행복한 결혼생활을 하기 원하신다. 사실 그는 당신에게 은혜를 베
푸시려고 기다리고 계신다(사 30:18). 문제는 당신이 지금 자신의 결혼생
활에 대해 어떤 기대를 가지고 있느냐는 것이다. 당신은 하나님께 영감
을 받아 어떤 가능성들에 대해 믿고 기도하고 있는가? 기대에 관한 하나
님의 말씀을 묵상하는 시간을 갖자.

"주께서 강림하사 우리가 생각하지 못한 두려운 일을 행하시던 그
때에 산들이 주 앞에서 진동하였사오니 주 외에는 자기를 앙망하는
자를 위하여 이런 일을 행한 신을 옛부터 들은 자도 없고 귀로 들은
자도 없고 눈으로 본 자도 없었나이다"(사 64:3-4).
"주의 말씀을 열면 빛이 비치어 우둔한 사람들을 깨닫게 하나이다.
내가 주의 계명들을 사모하므로 내가 입을 열고 헐떡였나이다. 주의
이름을 사랑하는 자들에게 베푸시던 대로 내게 돌이키사 내게 은혜
를 베푸소서"(시 119:130-132).

2. 비현실적인 기대가 갖는 위험성을 이야기했다. 이 구절들로부터 우리가 알게 된 바에 의하면, 올바른 기대를 가짐으로써 어떤 유익들이 있는가? 가장 큰 기대들은 하나님의 약속과 인격과 계획에 대한 지식에서 비롯된 기대들이다.

3. 하나님께는 너무 어렵거나 불가능한 일이 없다(창세기 18장 13-14절, 마태복음 19장 26절, 마가복음 9장 23-24절, 누가복음 1장 36-37절, 에베소서 3장 20절을 읽으라). 하나님이 그의 측량할 수 없는 힘과 능력에 대해 무엇을 말씀해 주시는가?

> "보라 내가 새 일을 행하리니 이제 나타낼 것이라 너희가 그것을 알지 못하겠느냐"(사 43:19).

4. 우리는 모든 것을 새롭게 하시는 하나님을 섬긴다. 어떤 것이 새로워지기를 원하는가? 새로운 사랑, 새로운 꿈들, 새로운 연합, 또는 새로운 친밀감이 필요한가? 아버지께 구할 때 그가 새 일을 행하실 것을 기대할 수 있다. 새로워지길 원하는 것을 적고, 하나님께 맡기며 기도하라.

DAY 02

생명의 말을 하라

> 과일이 배를 채워 주듯 말은 마음을 만족케 하고 좋은 말
> 은 풍성한 수확 같은 만족을 준다. 말은 사람을 죽이기도
> 하고 살리기도 하니, 독으로 쓸지 열매로 삼을지 선택하
> 여라(잠 18:20-21, 메시지성경).

세상의 언어와 하늘나라의 언어 중 당신이 가장 많이 쓰는 언어
는 무엇인가? 전자는 죽음을 낳지만 후자는 생명을 낳는다. 당신이 직
면하는 모든 상황에서 둘 중 어느 언어로 말할지 선택할 수 있다. 지미
에반스(Jimmy Evans) 목사는 다음과 같이 말한다.

> "두 사람의 삶을 이어 주는 커뮤니케이션 행위들은 다른 사람의
> 마음과 생각에 자유롭게 다가갈 수 있다. 커뮤니케이션은 그냥
> 결혼생활에 중요한 정도가 아니라 반드시 필요하다 … 말에는 믿
> 기 힘든 능력이 있다. 상처를 주거나 치유하는 힘이 있고, 파괴하
> 거나 세우는 힘이 있다. 우리는 서로 세워 주고, 강하게 하고, 격
> 려하고 치유하는 말을 하도록 스스로 단련해야 한다."[7]

1. 모든 일에는 때가 있다. 즉 말할 때가 있고 침묵해야 할 때가 있다. 가만
   히 생각해 보라. 배우자의 문제를 지적하기에 가장 안 좋은 때는 언제인
   가? 또 가장 좋은 때는 언제인가? 왜 그런가?

2. 지금 당신과 배우자가 직면하고 있는 가장 힘든 상황을 짧게 설명해 보라. 당신이 이 문제에 대해 이야기할 때 입에서 자주 나오는 부정적인 단어나 문구는 무엇인가?

잠시 멈추고 기도하라.
　　"성령님, 더 이상 부정적인 말을 하고 싶지 않습니다. 내 입술에서 두려움과 분노를 제거하도록 도와주옵소서. 긍정적인 생명의 말, 즉 하늘의 언어를 주셔서 결혼생활에 대해 믿음으로 말하게 하옵소서. 예수님의 이름으로 기도합니다."

하나님의 말씀에 대한 지식이 자람으로써 하늘나라의 언어에서 당신의 어휘를 확장할 수 있다. 다음 구절들을 주의 깊게 읽으라. 그 다음에 이 구절들의 영감을 받아 당신의 결혼생활에 대해 정기적으로 말할 수 있는 긍정적인 선언문을 적어 보라. 예를 보여 주기 위해 첫 문장은 우리가 채워 넣었다.

성경 말씀　　　　　　　**하늘의 언어가 말해 주는 것**

잠언 5:18-19　　　　"우리 부부는 사는 날 동안 항상 성적으로 서로 즐기며 만족할 것이다."

에베소서 4:15, 29

에베소서 4:26-27

에베소서 5:21-33

빌립보서 2:3-5

시편 133

고린도전서 13:4-8

배우자의 사랑 코드를 이해하고 존중하라

여러분의 생명이 사랑에 달려 있다는 듯이, 온 힘을 다해
사랑의 삶을 추구하십시오(고전 14:1, 메시지성경).

사랑은 여러 가지 언어를 가지고 있다. 배우자가 가장 유창하게
사용하는 언어가 있을 것이고, 당신이 가장 또렷하게 사랑을 전달하는
언어가 있을 것이다.《5가지 사랑의 언어》저자인 게리 채프먼 박사는
이렇게 설명한다.

> "당신의 감정적인 사랑의 언어와 배우자의 언어는 중국어와 영어
> 처럼 서로 다르다. 당신이 영어로 사랑을 표현하려고 아무리 애
> 를 써도 배우자가 중국어밖에 알아듣지 못한다면 결코 서로 사랑
> 하는 법을 이해할 수 없다. … 우리가 효과적으로 사랑을 전달할
> 수 있으려면 배우자의 가장 중요한 사랑의 언어를 기꺼이 배워야
> 한다. 나의 결론은 … 기본적으로 5가지 감정적인 사랑의 언어가
> 있다는 것이다. 즉 사람들이 감정적인 사랑을 표현하고 이해하는
> 5가지 방법이 있다."[8]

채프먼 박사에 따르면 5가지 사랑의 언어는 인정하는 말, 함께하
는 시간, 선물, 봉사, 스킨십이다. 우리 자신을 포함하여 많은 사람들이
첫 번째 사랑의 언어와 두 번째 사랑의 언어를 다 가지고 있다는 걸 알
게 된다. 앞에서도 말했듯이, 채프먼 박사의 책이나 웹사이트를 통해

제공되는 자료를 참고하면 당신의 사랑의 언어에 대해 더 많이 알 수 있을 것이다.

1. 다음과 같은 질문들에 답함으로써 역동적인 결혼생활 속에서 사랑의 언어가 어떤 역할을 하는지 알 수 있을 것이다. 배우자가 어떤 행동을 할 때 내가 가장 사랑받고 있다고 느끼는가? 그들이 어떤 일을 하지 못할 때 내가 가장 깊이 상처를 받는가?

2. 당신과 배우자가 사랑을 표현하는 방식이 서로 다르다는 걸 알고 있었는가? 그렇다면 이것이 당신의 결혼생활에 어떤 도움이 되었는가? 그렇지 않다면 이것이 문제나 오해를 초래했었다는 걸 이제 알게 되었는가?

3. 두 사람이 사랑을 주고받는 방식에 대해 함께 이야기를 나누어 보라. 배우자에게 이렇게 물어보라. "내가 당신을 사랑한다는 걸 당신의 언어로 표현하기 위해 할 수 있는 실제적인 일 세 가지는 뭐가 있을까?" 상대방의 대답을 여기에 적어 놓으라.

삶의 우선순위를 배우자에게 두라

형제들아 내가 우리 주 예수 그리스도의 이름으로 너희를
권하노니 모두가 같은 말을 하고 너희 가운데 분쟁이 없이
같은 마음과 같은 뜻으로 온전히 합하라(고전 1:10).

연합에는 큰 힘이 있다! 우리가 서로 하나 되는 것은 하나님이 아직 그를 모르는 사람들에게 사랑을 보여 주시는 방법이다. 결혼생활 속에서 누리는 연합의 기회는 다른 어디에서도 가질 수 없다. 결혼에 대한 동일한 비전과 목표를 세웠다면, 그 사명을 뒷받침해 주는 매일의 우선순위들에 대해 생각해 보길 권한다.

1. 삶의 '첫 번째'이자 가장 중요한 우선순위는 바로 하나님과의 관계다. 하나님을 가장 우선시하는 것이 왜 그토록 중요하며, 모든 일들 속에서 그를 공경하는 것이 당신에게는 어떻게 보이는가? 하나님과의 건강한 관계가 결혼생활과 가정, 사역, 삶의 다른 모든 일들에 어떻게 긍정적인 영향을 끼치는가?

2. 하나님이 주신 사명과 목적을 이루는 것은 곧 배우자, 자녀들, 소명, 휴식, 공동체를 순서대로 우선시하는 것을 의미한다. 지금 이렇게 기도하라. "하나님, 내 우선순위들이 잘못되었습니까? 어디가 잘못되었습니까? 적절한 순서를 정하고 유지하기 위해 내가 할 수 있는 실제적인 일들은

무엇입니까?" 하나님이 보여 주시는 통찰과 행동 단계들을 기록해 보라.

3. 관계의 현 상태를 볼 때, 당신 부부는 가장 좋은 친구로서 생을 마감할 준비가 되어 있는가? 서로의 소명과 진로를 지지해 주기 위해 애쓰고 있는가?

4. 결혼생활에서 어떤 행위들이 가치를 전달하고 하나 됨을 격려하는가? 당신의 어떤 태도나 행위들이 두 사람의 연합을 약화시키는가? 전도서 4장 9절과 골로새서 3장 12-14절을 읽으라. 그리고 이렇게 기도하라.

> "하나님, 당신께서 우리 부부를 택하여 거룩하고 사랑받는 자가 되게 하셨습니다. 성령으로 은혜를 주셔서, 내 아내(남편)에게 자비와 다정함과 겸손과 온유함과 인내를 보여 주게 하옵소서. 말과 행위로 배우자의 삶을 더 좋게 만들도록 도와주옵소서. 서로 잘되도록 도와줄 수 있기 때문에 따로 있을 때보다 함께 있을 때 더 잘되리라 믿습니다. 지혜롭게 우선순위를 매길 수 있도록 우리에게 지혜를 주셔서, 하나님을 더 잘 알고 서로 잘 섬길 수 있게 하옵소서. 예수님의 이름으로 기도합니다. 아멘."

당신만의 아름다운 결혼생활을 디자인하라

> 모든 기회를 선용하십시오. 말할 때에는 은혜가 넘치게
> 하십시오. 대화할 때는 다른 사람을 깎아내리거나 제치는
> 것이 아니라, 그들에게서 가장 좋은 점을 이끌어 내는 것
> 을 목표로 삼으십시오(골로새서 4:5-6, 메시지성경).

　남편과 아내로서 당신과 배우자는 하나이다. 모든 것을 서로 나
눈다는 뜻이다. 배우자가 성공하면 당신이 성공하는 것이다. 배우자가
성취감을 느끼면 당신도 더욱 성취감을 느낄 수 있다. 배우자 안에서
가장 좋은 것을 이끌어 냄으로써 당신 자신 안에 있는 가장 좋은 것을
이끌어 낼 수 있다. 예수님이 신부인 우리를 다루시는 방법이다. 성경
은 이렇게 말한다.

> "그리스도의 사랑은 교회를 온전하게 합니다. 그리스도의 말씀은
> 교회의 아름다움을 일깨웁니다. 그분의 모든 행동과 말씀은 교회
> 를 가장 아름답게 만들며…"(엡 5:25-27, 메시지성경).

1. 배우자의 은사, 재능, 강점들은 무엇인가?

2. 이러한 강점들이 일이나 봉사와 관련하여 이미 다른 사람들에게 유익을
　주고 있다면, 배우자가 계속 성장하록 그의 열정과 헌신을 어떻게 지지

할 수 있겠는가?

> "서로 돌아보아 사랑과 선행을 격려하며…"(히 10:24).
>
> "그러므로 우리는 기회 있는 대로 모든 이에게 착한 일을 하되 더욱 믿음의 가정들에게 할지니라"(갈 6:10).

3. 히브리서 10:24; 갈라디아서 6:10; 골로새서 4:5-6을 주의 깊게 묵상하라. 어떤 실제적인 방법으로 배우자 안에 있는 가장 좋은 점을 자극하여 이끌어 낼 것인가? 어떻게 상대방을 축복하고 상대방이 성장하는 것을 볼 수 있을 것인가?

오늘 이 질문들에 대한 모든 답을 배우자와 함께 나누는 시간을 가져라. 어떤 점들에 동의하는가? 서로 새롭게 알게 된 사실은 무엇인가? 잠시 멈추고 배우자를 축복하는 기도를 하라.

> "배우자를 연구하라. 당신 자신을 연구하라. … 당신이 발견하는 사실에 깜짝 놀랄 것이다. …결혼의 모험은 배우자가 정말 어떤 사람인지를 발견하는 것이다. 또한 배우자가 앞으로 어떤 사람이 될지를 발견하는 것은 매우 신나는 일이다"(노먼 라이트).[9]

1. 하나님이 아담과 하와에게 지시하신 것은 생육하고 번성하여 땅에 충만하라는 것이었다. 몇 세대가 지난 후에, 이 명령에 순종하지 않는 사람들의 사회가 생겨났다. 창세기 11장 1-6절을 잘 읽어 보라. 사람들은 어떤 식으로 하나가 되었는가? 불순종하는 사람들의 하나 됨이 그들을 성공으로 이끌 수 있었다면, 결혼생활과 그리스도 안에서 하나가 되고 하나님께 순종하려고 애쓰는 우리는 어떻게 되겠는가?

2. 연합하면 큰 능력과 보상이 따른다. 다음 구절들을 살펴보고 부부관계에 구체적으로 적용해 보라(시편 133편, 마태복음 18:19-20, 요한복음 17:21, 23, 고린도후서 13:11). 부부가 연합하여 살 때 어떤 축복들이 나타날 수 있을까?

3. 한 사람이 마지막으로 남기는 말은 매우 중요하다. 예수님의 마지막 말씀은 또한 굉장히 예언적이었다. 요한복음 17장 9-11절과 20-23절을 읽어 보라. 십자가를 지시기 직전에 우리를 위해 기도하신 내용이다. 예수님과 아버지 하나님의 하나 됨을 주목하라. 이 구절을 통해 성령님이 무엇을 계시해 주시는가? 당신 부부가 하나가 되도록 동기를 부여하는가?

4. 하나님은 새로운 시작의 하나님이시다! 그는 만물을 새롭게 하고 있다고 선언하신다(계 21:5 참조). 우리가 결혼해서 사는 동안 새로운 교제, 소망, 믿음, 성적 친밀감, 꿈들을 경험하고 배우자와 함께 나누기를 원하신다. 남편과 아내로서 우리는 실제적으로 어떻게 서로를 도울 수 있을까?

5. 잠언 14장 1절은 지혜로운 여인이 자기 집을 세운다고 말한다. 이 말은 지혜로운 남자는 자기 여자를 세워 줄 거라는 뜻이다! 여자들이여, 아내로서 집을 세울 수 있는 실제적인 방법들은 무엇일까? 남자들이여, 남편으로서 아내를 세워 줄 수 있는 실제적인 방법들은 무엇일까?

6. 어떤 부부들은 사업이나 사역을 함께하기도 하지만, 많은 부부들이 그렇지 않을 것이다. 그래서 긴밀한 관계를 유지하며 각자 소명과 관심사에 대해 서로 격려하는 것이 더욱 중요하다. 남편과 아내가 서로 지지하며 긴밀한 관계를 유지할 수 있는 실제적인 방법들은 무엇일까?

먼저 구원의 문제를 해결하라

네가 만일 네 입으로 예수를 주로 시인하며 또 하나님께서 그를 죽은
자 가운데서 살리신 것을 네 마음에 믿으면 구원을 받으리라. 사람이
마음으로 믿어 의에 이르고 입으로 시인하여 구원에 이르느니라(롬
10:9-10)

배우자와 하나님의 사랑을 함께 나누려면 먼저 하나님의
아들, 예수 그리스도를 통해 하나님의 사랑과 구원을 받아야 한
다. 하나님은 예수님의 죽음과 부활을 통해 당신이 사랑받는 아
들, 딸로서 하나님 나라에 들어갈 수 있는 길을 열어 주셨다. 예
수님이 십자가 위에서 치르신 희생으로 당신이 영원하고 충만한
삶을 자유롭게 누릴 수 있게 되었다. 구원은 당신에게 주신 하나
님의 선물이다. 구원을 받기 위해, 또는 구원받을 자격을 갖추기
위해 당신이 할 수 있는 일은 없다.

이 귀한 선물을 받으려면 먼저 창조주와 상관없이 살았던 죄를 고백하라. 당신이 범한 모든 죄들의 근원이기 때문이다. 회개는 구원을 받는 데 있어 반드시 필요한 부분이다. 베드로는 사도행전에서 5,000명이 구원받은 날에 분명히 이야기했다. "그러므로 너희가 회개하고 돌이켜 너희 죄 없이 함을 받으라"(행 3:19). 성경은 우리 각 사람이 죄의 종으로 태어났다고 말한다. 뿌리는 아담의 죄에 있다. 그는 맨 처음에 고의적으로 불순종하는 본을 보였다. 회개는 우리 자신과 거짓의 아비인 사탄에게 순종하지 않고 새 주인인 예수 그리스도께 순종하기로 선택하는 것이다. 그리스도는 당신을 위해 그의 생명을 주신 분이다.

삶의 주권을 예수님께 드려야 한다. 예수님을 '주'로 모신다는 것은 내 삶(영, 혼, 몸)과 나 자신, 내가 가진 모든 것의 소유권을 그에게 드리는 것을 뜻한다. 우리 삶에 대한 예수님의 권한은 절대적인 것이다. 이렇게 하는 순간 하나님은 우리를 어둠에서 구원하시고 하나님 나라의 빛과 영광으로 들어가게 하신다. 우리는 사망에서 생명으로 옮겨 가며, 하나님의 자녀가 된다!

예수님을 통해 구원을 받기 원한다면 이렇게 기도하라.

하늘에 계신 하나님, 나는 죄인이며 당신의 의의 기준에 미치지 못했음을 고백합니다. 내 죄로 인해 영원히 심판을 받아야 마땅합니다. 이런 상태인 나를 버리지 않으신 것을 감사드립니다. 하나님이 독생자 예수 그리스도를 보내어 동정녀 마리아에게 태어나게 하시고 나를 위해 죽으시고 십자가에서 내 심판을 해결해 주신 것을 믿습니다. 예수님이 3일 만에 다시 살아나셨고 지금은 나의 주님이요 구세주로서 하나님의 오른편에 앉아계신 것을 믿습니다. 그래서 오늘 하나님과 상관없이 살았던 것을 회개하며 내 삶을 온전히 예수님의 주권에 맡깁니다.

예수님, 당신을 나의 주요 구세주로 고백합니다. 성령을 통해 내 삶 속에 들어오셔서 나를 하나님의 자녀로 변화시켜 주옵소서. 한때 의지했던 어둠의 일들을 버리고, 오늘부터 더 이상 나 자신을 위해 살지 않겠습니다. 다만 주의 은혜로, 나를 영원히 살게 하려고 자신을 내주신 주님을 위해 살겠습니다.

하나님, 감사합니다. 이제 내 삶은 온전히 주의 손 안에 있습니다. 그리고 주의 말씀대로 나는 결코 부끄러운 일을 당하지 않을 것입니다.

하나님의 가족이 된 걸 환영한다! 이 흥미진진한 구원의 소식을 다른 그리스도인에게도 나눌 것을 권한다. 성경을 믿는 지역 교회에 등록하여 당신의 새로운 믿음을 격려해 줄 사람들과 교제를 나누는 것도 중요하다. 날마다 하나님을 아는 지식과 그의 사랑 안에서 자라 가기를 기도한다!

주

PART 1

1. "생산연령의 여성들", 미국 노동부(United States Department of Labor), http://www.dol.gov/wb/stats/recentfacts.htm#age.

2. 이 부분에 속한 일부 내용은 다음 책에서 각색한 것이다. Lisa Bevere, *Fight Like a Girl : The Power of Being a Woman* (New York : Warner Faith, 2006), 5-6.

3. "Ambassador," Dictionary.com, http://dictionary.reference.com/browse/ambassador?s=t.

4. C. Soanes와 A. Stevenson, *Concise Oxford English Dictionary* (Oxford : Oxford University Press, 2004).

5. "6절 상반절은 인류가 타락하고, 율법이 주어지고, 예수님과 함께 하나님 나라가 임한 후에도 이 창조의 법칙이 여전히 유효하다는 것을 분명히 말하고 있다. 6절 하반절은 수많은 결혼식에 의해 유명해진 말씀을 나타낸다. 즉 인간은 하나님이 정하신 거룩한 결혼의 연합을 갈라놓기 위해 그 어떤 일도 해서는 안 된다는 것이다. 4절부터 6절 상반절까지가 없었다면 6절 하반절의 의미를 일부 결혼은 하나님이 정하신 것이 아니라는 뜻으로 받아들일 수도 있을 것이다. 그러나 문맥상 이러한 관점은 옹호할 여지가 없다. 반대로 하나님은 모든 결혼이 영원하기를 원하시기 때문에 우리는 감히 결혼생활을 위태롭게 할 만한 일을 해서는 안 된다." Craig Blomberg, *The New American Commentary* Vol.22 : *Matthew* (Nashville : Broadman & Holman Publishers, 1992), 290.

6. Soanes and Stevenson, *Concise Oxford English Dictionary*.

7. Linda J. Waite, Don Browning, William J. Doherty, Maggie Gallagher, Ye Luo, and Scott M. Stanley, *Does Divorce Make People Happy?* (New York : Institute for American Values, 2002), 5.

8. Timothy and Kathy Keller, *The Meaning of Marriage : Facing the Complexities of Commitment with the Wisdom of God* (New York : Riverhead Books, 2011), 64.

9. Gary Thomas, *Sacred Marriage* (Grand Rapids, MI : Zondervan, 2000), 21.

10. Charles R. Swindoll, *Growing Strong in the Seasons of Life* (Portland, OR : Multnomah Press, 1983), 13.

11. "Marriage Quotes by Max Lucado," Fierce Marriage, http://fiercemarriage.com/quote-author/max-lucado.

12. Rick Renner, *Sparkling Gems from the Greek* (Tulsa, OK : Teach All Nations, 2003), 55.

PART 2

1. W. Arndt, F.W. Danker, and W. Bauer, *A Greek-English Lexicon of the New Testament and Other Early Christian Literature* (Chicago : University of Chicago Press, 2000).

2. Ibid.

3. C. S. Lewis, *Mere Christianity*(San Francisco : HarperSanFrancisco, 2001. 《순전한 기독교》, 홍성사 역간), 204.

4. Ibid., 124.

5. Ibid., 109.

6. 에베레스트 등반가들이 여행 중에 사망하는 경우는 1.6퍼센트인데 반해, 초혼의 40-50퍼센트가 이혼으로 끝난다. 출처 : [1] "Death on Mount Everest," About.com, http://climbing.about.com/od/mountainclimbing/a/Death-On-Mount-Everest.htm. [2] *The State of Our Unions : Marriage in America* (Charlottesville, VA : The National Marriage Project and the Institute for American Values, 2012), 1.

7. Bob and Audrey Meisner, *Best Friends, Best Lovers* (Huntsville, AL: Milestones International Publishers, 2006), 52.

8. F. B. Meyer, Abraham, *Or The Obedience of Faith* (Chattanooga, TN : AMG Publishers, 2001), 70-71.

9. Andrew Murray, *Humility* (Fort Washington, PA : CLC Publications, 2006), 13, 42.

10. Bill and Pam Farrel, *Men Are Like Waffles － Women Are Like Spaghetti*(Eugene, OR : Harvest House Publishers, 2001 《와플 같은 남자 스파게티 같은 여자》, 생명의말씀사 역간), 140, 142-143.

11. H. Norman Wright, *The Secrets of a Lasting Marriage* (Ventura, CA : Regal Books, 1995), 70.

PART 3

1. "Clear," Oxford Dictionaries, http://www.oxforddictionaries.com/us/definition/american_english/clear.

2. Mike MacKenzie, *Seatalk, The Dictionary of English Nautical Language*(Nove Scotia : 2005), keyword "clear the deck." www.seatalk.info

3. Lisa Bevere, *Be Angry But Don't Blow It*! (Nashville : Thomas Nelson, 2000), 56.

4. G. L. Borchert, *The New American Commentary* Vol. 25B : *John* 12-21 (Nashville : Broadman & Holman Publishers, 2002), 311.

5. Bevere, *Fight Like a Girl*, 60.

6. Lisa Bevere, *Out of Control and Loving It*! (Lake Mary, FL : Charisma House, 1996), 106-107.

7. 이 부분은 다음 책의 내용을 각색한 것이다. Lisa Bevere, *Kissed the Girls and Made Them Cry : Why Women Lose When They Give In* (Nashville : Thomas Nelson, 2002), 123-124.

8. "How common is divorce and what are the reasons?", Utah Divorce Orientation, http://www.divorce.usu.edu/files/uploads/Lesson3.pdf.

9. "Quotes on Forgiveness and Unforgiveness," Daily Christian Quote, http://

dailychristianquote.com/dcqforgive2.html.

10. Joyce Meyer, *Battlefield of the Mind* (New York : Faith Words, 2003), 192.

11. "Expectation," Oxford Dictionaries, http://www.oxforddictionaries.com/us/definition/american_english/expectation.

12. Patrick M. Morley, *Two-Part Harmony* (Nashville : Thomas Nelson, 1994), 138.

13. Ibid., 139.

14. "Quotes on Forgiveness and Unforgiveness."

PART 4

1. 리사는 *Fight Like a Girl*에서 이 주제에 대해 이야기했다. 여기서는 121-122, 128페이지에 나온 그녀의 글들을 일부 각색했다.

2. Bevere, *Fight Like a Girl*, 124.

3. Keller, *Meanings*, 27.

4. Ibid.

5. Bevere, Fight Like a Girl, 109.

6. 리사는 *Out of Control and Loving It!*(87-93페이지)에서 이 이야기를 나누었다. 그녀의 이야기 중 일부를 여기서 각색하였다.

7. Dr. Henry Cloud and Dr. John Townsend, *Boundaries in Marriage* (Grand Rapids, MI : Zondervan, 1999), 122.

8. Adapted From Noah Webster's 1828 *American Dictionary of the English Language* (San Francisco : Foundation for American Christian Education).

9. Jimmy Evans, *Marriage on the Rock*(Dallas : Marriage Today, 2012), 87.

10. Cloud and Townsend, *Boundaries*, 163.

PART 5

1. Keller, Meaning, 260.

2. "10 Surprising Health Benefits of Sex," WebMD, http://www.webmd.com/sex-relationships/guide/sex-and-health.

3. Bevere, *Kissed the Girls*, 121.

4. Ibid., 178-179.

5. Ibid., 121-125.

6. "The Stats on Internet Pornography," Daily Infographic, http://dailyinfographic.com/the-stats-on-internet-pornography-infographic.

7. "How Many Women Are Addicted to Porn? 10 Stats that May Shock You," Covenant Eyes, http://www.covenanteyes.com/2013/08/30/women-addicted-to-porn-stats.

8. Covenant Eyes, *Pornography Statistics : 2013 Edition*, 11. http://www.covenanteyes.

com/pornstats/

9. Ibid., 18.

10. J. P. Louw and E. A. Nida, *Greek-English Lexicon of the New Testament : Based on Semantic Domains* (New York : United Bible Societies, 1996).

11. 시편 27:4; 빌립보서 3:10-14; 누가복음 10:39-42 참조.

12. Bob Sorge, *Secrets of the Secret Place*(Lee's Summit, MO : Oasis House, 2005 《내 영이 마르지 않는 연습》, 스텝스톤 역간), 180, 182.

13. Thomas, *Sacred Marriage*, 205.

14. Meisner, *Best Friends*, 127-128.

PART 6

1. Gary Chapman, *The Heart of the Five Love Languages* (cHicago: Northfield Publishing, 2007 미니 《5가지 사랑의 언어》, 생명의말씀사 역간), 72.

2. Lisa Bevere, *Girls with Swords : How to Carry Your Cross Like a Hero* (Colorado Springs, CO : WaterBrook Press, 2013), 127.

3. Bevere, *Be Angry*, 120.

4. 이 부분의 일부 내용은 다음 책에서 각색한 것이다. Lisa Bevere, *Nurture : Give and Get What You Need to Flourish* (New York : FaithWords, 2008), 166-168.

5. Lisa Bevere, *Lioness Arising : Wake Up and Change Your World* (Colorado Springs, CO : WaterBrook Press, 2010), 94.

6. Lewis, *Mere*, 131.

7. Evans, *Marriage on the Rock*, 213.

8. Gary Chapman, *The Five Love Languages*(Chicago : Northfield Publishing, 1995), 15.

9. Wright, *Secrets*, 129.